体育
与
文化人类学

龚方 著

SPORT
AND
CULTURAL
ANTHROPOLOGY

社会科学文献出版社
SOCIAL SCIENCES ACADEMIC PRESS (CHINA)

C目录 ontents

第二部分 方法论探索

绪　论　体育与文化人类学

在普通人的日常生活中很少有活动像体育那样可以将身体、情感、政治、经济和道德都融合在一起。我们可以看到，在中国的公园、巴西的足球场、古巴的棒球场、斐济的橄榄球场等，人们都会花费大量的金钱和时间去挑战身体的极限，以此展示人们认为对自己生活至关重要的价值信念。体育在界定群体边界、区隔人与物的普通和卓越、将普通百姓的生活与国家连接在一起等方面一直都发挥着巨大的作用。因此，虽然体育很容易被视为我们生活中并不重要的面向，但是仔细观察省思之后，我们又会发现体育其实是我们生活的缩影，正如著名的社会学家埃米尔·涂尔干（Émile Durkheim）所言，体育为严肃的生活提供了一个窗口。

在我们的生活中，体育可以把原本被认为相互矛盾的事物和谐地融合在一起，如娱乐休闲和严肃工作、个人主义和集体主义、和平与暴力、等级与平等公平等。在世界上不同的地区和历史上不同的时期，体育运动可以很好地缓和这些矛盾。而且即使是遥远年代的体育活动也会引起当代人的共鸣，我们从收藏在美国大都会艺术博物馆（Metropolitan Museum of Art）的墨西哥纳亚里特州出土的精美陶土模型可以窥见西墨西哥地区古代社会的日常生活中普通人观看球赛非常普遍。公元前 8 世纪在古希腊举行的古代奥林匹克运动会集中了代表各个城邦国家的运动员，这些城邦国家不会在奥林匹克圣地交战，因为宣誓保护了奥运会不受政治干扰。

历史上在迥然不同的文化背景下产生的体育项目中，有一些在今天已经具有了截然不同的含义。一些古代的运动会比较暴力，以至于有些参加比赛的人可能会在比赛中丧命，而在今天的大多数运动中暴力行为受到了严格的限制。比赛时发生的意外也被视为事故，而不再被作为比赛结果的一部分，体育比赛的应急危险处理也是如此。此外，今天固定的体育项目在任何地方都可以按照相同的规则进行，但在运动方式和人们对运动的评价上会有所不同。当代的足球运动在北美一般与白人中产阶级和西班牙裔等少数族裔群体相关，而在阿根廷足球则是普通民众的狂欢运动。体育已经被嵌入普遍意义上的社会生活之中，因为它可以从绝大多数人具备的身体能力中汲取社会意义上的重要性。总之，生活在全世界范围内的人们以基本相似的方式组织在一起，但又受到特定环境的影响。因此，通过文化人类学可以比较深刻地思考体育作为一种兼具普遍性和特殊性的人类活动的本质。

第一节　体育是什么

一些人类学家提出现代体育的起源可追溯到 19 世纪中期的英国，不过体育运动也曾在历史上很多地区以多种形式出现过。今天有些历史上的体育运动项目已经消失，有一些地方性的体育运动则因为在世界各地出现的特定体育项目的全球传播而逐渐被边缘化。在现代体育运动发展起来之前，并没有一个固定的词语来定义竞技体育。古希腊的奥林匹克运动会囊括了音乐、体育、辩论等活动。在英文文献中，体育一词最早出现于 1863 年，其含义是受规则约束的身体活动。现代体育与体育纪录则是同时出现的，这反映了现代测量和数字记录技术在体育运动中的重要作用。

尽管体育运动是人类的普遍行为，但是有明确输赢的竞技体育活动并不具有全人类的普遍性。历史学家和人类学家都曾努力证明这一点：在社会中由公平规则确定的竞技比赛的不确定结果常常令人惴惴不安。长者和社会精英倾向于控制比赛的结果以巩固自身的地位，在这种情况下如果体育竞赛会挑战精英的社会地位，那么很少有人愿意冒这个险。在现代社会，人们优先将体育比赛与游戏捆绑，使其兼具竞技性和娱乐性；而在古代社会，体育比赛一般具有神圣的仪式性。

关于可以将哪些活动界定为体育有时候也存在一些文化和政治上的预设，其中国际体育界一直讨论的议题就是哪些体育项目可以被纳入奥运会比赛项目名录。柔道于 1964 年首次进入当年在日本举办的夏季奥运会，但我们中国的武术仍未被纳入奥运会的正式比赛项目。决定纳入或不纳入某些项目的依据不仅是体育与非体育的本质特征区别，还包括文化背景的不同以及话语权的悬殊。今天许多传统体育活动中对竞技性的追求已经被其他需求所替代。在南美举行的射箭比赛中，村庄的男性成员在欢乐和喜庆的气氛中比赛射箭，这些比赛并不会真正产生赢家或输家。因此，今天人们与其争论是否将棋类运动、赛马、斗鸡、电子竞技等纳入体育运动，倒不如把更广泛的体育锻炼和竞技活动纳入视野，以此扩大体育概念的涵盖范围。今天当我们对体育进行概括性的定义时，需要注意体育与日常其他身体活动的区别，一些地方体育活动的特征如何被其他地区的人们所理解，以及地方体育活动如何与国际主流的体育活动博弈，等等。

第二节　体育的人类学定义

人类学对体育的定义引起了有关体育实践的历史和文化方面的关注。首先应该指出，现代体育具有非常深远的历史背景，史前社会人们就将运动作为其信仰哲学的一部分，体育活动通常被当作"安抚人们未知的力量的仪式"（Bairner，2013）。现代奥林匹克运动会延续了古希腊运动会的体育项目，包括短跑、跳远、掷标枪和摔跤等。在 19 世纪晚期英国人将民间游戏和中世纪的娱乐消遣逐渐发展为今天的现代体育运动。当时英国年轻男性中常常会出现的酗酒、赛马、赌博、打架等这些不守规矩的行为在学校秩序教育中逐渐被改掉，取而代之的是足球、橄榄球、曲棍球、壁球和田径等被系统地制度化的运动（King，2016），后来这些体育运动通过海外贸易和帝国扩张被带到了全世界。

澳大利亚、新西兰和南非等前殖民地地区也受到了英国体育文化的影响。1859 年澳大利亚确定了澳式足球规则。在印度和加勒比地区，板球受到当地人的喜爱，尽管土著逐渐改变了这项运动的文化属性。1947 年印度民族独立后，卡巴迪（Kabaddi）经历了现代体育运动的标准化过程，不同地方的比赛准则得到了统一，比赛程序也被标准化。北美的贵族和中产阶级都喜欢网球、马球和板球，但直到 1914 年新的北美体育传统才得以确立。从 19 世纪中叶开始，棒球由军队传到劳动人民中并受到了广泛的欢迎；精英大学的年轻男子喜欢参加美式足球比赛；宗教帮助篮球确立了在美式运动中作为主要运动项目的地位；在加拿大，冰球和曲棍球被确立为国家体育运动。在中欧体操文化尤其受到大众的青睐，19 世纪初弗里德里希·雅恩（Friedrich Jahn）在德国创立了特恩弗赖因（Turnverein）体操协会，其推动形成了一套将体操与军事训练相结合的民族主义体育项目。"瑞典体操"由佩尔·亨里克·林格（Pehr Henrik Ling）于 19 世纪初创立并迅速地传播开来，19 世纪 30 年代，英国中产阶级妇女也开始进行体操练习。法国人对现代体育运动发展的一大贡献就是被誉为奥林匹克之父的皮埃尔·德·顾拜旦男爵（Baron Pierre de Coubertin）创立了现代奥林匹克运动会；此外，法国也参与创立了 1904 年建立的足球管理机构——国际足联（FIFA）；法国还有其独特的体育赛事——环法自行车赛。尽管足球在欧洲的地位很牢固，但在北欧国家射击和高山运动也很受欢迎。爱尔兰为抵制英国的文化帝国主义而发明的盖尔式足球得到爱尔兰人的大力支持。在拉丁美洲，足球占主导地位，但棒球在中美洲也非常受欢迎。在亚洲，不同形式的传统体育逐渐演变为现代国际竞技体育项目，如中国的龙舟竞速运动，其诞生于 2000 多年前。因此，尽管足球、篮球、网球等全球性运动具有超越国界的吸引力，但不同国家和地区普遍存在的地方体育传统、风格和文化差异也比较大。

第三节　文化人类学中的体育

自勃洛尼斯拉夫·马林诺夫斯基（Bronislaw Malinowski）在 20 世纪 20 年代提出人类学的田野调查方法以来，人类学就确立了其学科特征之一——民族志的书写，即人类学者与他们的观察对象进行长期和深入的接触，并深入研究社区进行参与观察。进入 21 世纪以来民族志又被包括社会学、文化研究、传媒研究在内的其他学科所接纳，民族志研究也开始进入对传媒、电视和网络观众进行研究的时代。在新时代人类学和民族志的结合的一个新趋势源于人们意识到知识生产中充满了权力不对等的情况。这大大削弱了人类学家对他们自己可以中立地描述社会和文化事实的信心，他们开始呼吁将民族志转变为一个主体间性的自我反省的工具。此外，多点民族志、数字民族志和网络民族志也先后出现并吸引了越来越多的年轻人类学家的关注。

今天民族志书写面临的挑战主要来自其对微型社会的过度关注，因为人类学家受研究方法的限制，很难解读宏观社会。但是，体育主题的民族志则为应对这一挑战提出了解决方案。一方面，体育涉及身体的细微动作；另一方面，这些动作又与世界范围内的体育系统相联系，这些系统涉及政府、跨国公司、国际媒体集团和全球文化产业链等。体育为进行当代世界的多维度分析提供了丰富的资源，在这些分析中区域、国家、大洲和全球并不是独立的分析层次，而是结合在一起构成权力网络的组成部分。训练场上的运动员在全球范围内进行跨国流动，从而追寻竞技场上的胜利与主导权。米歇尔·福柯（Michel Foucault）用生物力量的概念来捕捉这种权力的多态性，权力竞争不仅存在于国家之间，还会渗入阶级、性别、族群等社会类别之间，最终渗透到日常的身体实践中。

在当今的世界秩序中，体育运动发展的一个趋势是沿着资本的路径发展，这留下了人类学家可以追踪的痕迹，由此他们可以看到被个人、机构和社交网络藏匿起来的路径。体育民族志显示了民族志在多个时空维度上的作用，它将日常生活与看似无关的区域联系起来，从而扩大民族志的视野，而又没有将重点放在基于当地环境的地方民族志叙事上。大型体育赛事提供了场域来进行对全球系统的民族志研究，在这些体育活动中重要的政治人物、主流媒体和其他名人都会聚集在一起。

体育活动特别是与全球体育体系相关的体育活动可以将本地与全球联系起来。人们对足球、篮球、橄榄球、棒球的关注程度远超过本土传统运动。同时，我们也很清楚地意识到世界体系内部和外部活动之间不断变化的关系，这种关系反映了传统与现代之间普遍存在的紧张关系。民族志所要求的高强度的局部参与赋予了人类学分析的机会。虽然与人类学相比，其他学科尤其是社会学和历史学关注体育运动的历史更久，但是人类学特定的研究方法、理论框架和整体观，使其可以利用体育作为认识人类行为的窗口，以不同于其他学科的方式阐明重要的社会问题。文化人类学中对于体育的研究可以追溯到最经典的人类学作品，如克利福德·格尔兹（Clifford Geertz）对巴厘岛斗鸡的研究，以及民族志纪录片《特布赖恩德板球》（*Trobriand Cricket*）中的经典分析，它们都是今天人类学入门课程的重要内容。1987年韩国人类学家姜新杓（Kang Shin-pyo）与美国人类学者约翰·马克阿隆（John MacAloon）邀请了人类学家罗伯托·达马塔（Roberto DaMatta）、伊迪丝·特纳（Edith Turner）、马歇尔·萨林斯（Marshall Sahlins）、乌尔夫·汉纳兹（Ulf Hannerz）和阿尔俊·阿帕杜赖（Arjun Appadurai）等参加国际会议。这些学者的研究主题来自他们对体育赛事的观看和亲身参与，自此体育人类学也开始受到主流学术界的关注。如今体育已成为文化人类学的一个重要主题，文化人类学方法对体育所能做出的独特贡献在于基于人类学的方法论可以提出不同的问题并探索体育与人类社会发展的联系。文化人类学方法在揭示体育的文化意义方面独树一帜，对体育的关注也为人类学开拓了新的思路。

第四节　体育与文化人类学的关键词

本书选择体育与文化人类学作为关键词。在开始讨论人类学、文化人类学、体育人类学等这些概念之时，首先需要区别人类学和文化人类学两个学科概念，这能让我们了解选择文化人类学作为本书核心关键概念的缘由所在。人类学包括对人类和相关灵长类动物的研究，涵盖了生物学、考古学、语言学和文化研究，它研究人类行为、生物学、历史以及各个时代和地方的语言。文化人类学特别关注人类的社会和文化建构，它研究文化是如何形成、维持和转变的，探索仪式、信仰、家庭结构以及与其他文化的互动等领域。人类学的不同分支领域采用不同的研究方法，生物人类学涉及遗传学和生物识别等方面的科学技术，考古人类学使用现场发掘和材料分析技术，语言人类学则关注语言的发展、使用和进化。文化人类学使用民族志和参与观察作为其主要研究方法，文化人类学家沉浸在文化群体中，从内部视角了解他们的社会实践和观点。人类学旨在揭示人类存在的全面图景，从生物起源到现代社会结构，它整合了人类生活的各个方面，以了解人类如何进化、适应和发展不同的文化。文化人类学旨在记录和分析文化的差异和相似之处，以了解人类生活如何受到社会和文化背景的影响。

在文化人类学中，体育与国家的关系一直都是讨论度很高的话题，19世纪后期以来的大型体育赛事，如奥运会和国际足联世界杯（FIFA World Cup）都可以唤起国家之间的竞争精神，虽然它们曾经是作为对欧洲民族国家间战争和帝国遗产处理问题的解决方案而被提议举办的。这类大型体育赛事也顺势成为国家之间竞争的焦点，有时甚至会加剧国际紧张局势。许多学者曾探讨体育实践与国家认同之间微妙且错综复杂的关系，也将它们与人类学经常提到的民族、族群、种族等议题联系在一起。

马克斯·韦伯（Max Weber）在1919年题为《政治作为志业》（Politics as a Vocation）的演讲中提到，国家即在给定领土上行使对暴力手段的垄断。但是这无法概括历史上所有国家，即使是现在我们也倾向于反对拥有其他形式的权力结构的国家，这些权力结构需要不同的群体通过使用暴力来争夺领土和控制人群。国家的含义同样与维护法律秩序有关，因此也与对人口的法律层面的管辖权有关。历史上国家形成的过程通常被视为对国家效忠的前奏，其基于对被指定为同一国家一部分的其他人的强烈情感归属感和关怀义务（Tilly，1990）。国家内部的安抚可以在紧急、持续和不断加剧的国家冲突的背景下存在，在这种情况下贵族统治者首先依赖其他贵族成员作为盟友。社会成员相互依存的程度和性质向特定方向转变，改变了国家组成群体之间的权力平衡。即使没有冲突的威胁，随着商业化、工业化和城市化的发展，中下阶层群体在国家内部的权力平衡中也会获得更有利的地位。这不是一个自然而然的过程，而是取决于社会组织的各个层级，以及改变治理模式的集体行动。

历史上殖民化的过程是国家扩张的一种形式，实际上被殖民群体对其他国家扩张的反应和感受取决于殖民者与被殖民者之间的关系。对于被殖民的群体而言，他们本身往往是依据族群区隔而被组织起来的，以前的统治精英试图将外来群体也纳入民族解放斗争之中。对于殖民者统治集团的精英来说，他们反而较少依赖其本国的被统治阶层。可以说国家发展过程中，支配和反抗之间是一种互嵌的流动关系。有许多历史史实证明了这一点——民族认同关乎社会团结。虽然国家本身不是自然形成的，但与他人建立情感联系的需要则是自然的需要。随着国家组成变得越来越复杂，精英阶层试图通过教育来培育对逐渐变得广泛和分散的群体的忠诚，但这种能在更高水平上整合社会的归属感，也受到了将曾经被排除在外的阶层重新纳入治理结构的影响。

不同的合并轨迹在国家认同方面产生了强弱不等的凝聚力，有些人拒绝接受这种认同是因为以前在地区层面已经建立了归属感。即使与地理领土相对应的民族国家的构想在国际社会中被接受，统治者对优先的国家认同的情感选择也可能会有很大差异，在历史上处于国家权力的边缘的地区尤其如此。通过体育我们可以认识到国家认同的重要性，重大体育赛事部分涉及超国家层面的竞争，除了国际层面的体育运动，竞争更频繁地发生在同一民族国家内的俱乐部之间。

运动员和体育迷之间经常围绕民族情感争论不休，在关于民族和民族主义的学术话语中，也有很多关于民族的相关争论。大多数学者认为民族国家的出现与"现代性"或"现代化"有关，其中包括工业化和商业化，以及新的通信方式使更大范围内的人们联系起来（安德森，2011）。交通、通信和工业化的变革性作用能够提高社会联系的频率和密度，但民族主义不是突然出现而没有与先前的种族联系形式的连续性的，尽管这种连续性也受制于关于起源和血统的神话（Smith，1986）。

民族主义的"发明"在很大程度上是无计划的，尽管社会精英可能将民族主义用作政治较量中提出反对或获得支持的资源。由此体育也可以被看作一种文化传统，其目的与通过象征仪式确保人们顺从和服从的政治价值有关。如果这些仪式被操纵，那么体育也可以被视为国家权力的工具，并通过一种虚拟的国家意识来对抗其他国家。在这种情况下体育和民族主义都可以被视为社会控制的工具。民族主义为情感和社会团结提供了空间，在民族认同中存在选择的因素，比如学校教育内容包括国家体育运动，这有助于塑造国家认同和保持国家传统，即使在学习足球等世界运动时，也可以教孩子按照民族风格踢球从而保持民族传统。

针对民族认同的"发明论"，诺伯特·埃利亚斯（Norbert Elias）强调社会变革的无计划性，由于民族确实在历史时间中发展，其发展是一个社会化的过程，国家的形成是淘汰赛和超越小团体的生存单位的扩大的结果。任何个人的计划都不可能完美地实现，因为大部分个人计划是在他人的预期计划和行动之下形成的，并且是利用特定社区的社会和文化资源制订的，这是一种超越发明的社会遗产或控制。埃利亚斯证明了体育的发展是 17 世纪英国发展进程的一部分，由于英国贵族和绅士较少受到君主的集中控制，与法国贵族相比他们通过与下层阶级的互动而具有更大的文化创新而不是发明空间。早期的民间游戏为实行更加标准化和可控的规则提供了素材，从而实现了更广泛领域的竞争。交通、贸易和通信网络的发展增强了基于地域之外其他要素的归属感，也使体育运动在全国范围内得到发展。对于埃利亚斯而言，体育传统会随着时间而改变，但一些群体之间的竞争具有历史延续性，这对特定运动的发展轨迹至关重要。体育全球化过程涉及地方传统的潜在流失，因为由跨地区文化混合形成的新的精致标准化运动足以取代地方体育习俗，前者包含更多的参与以及更少的暴力，将游戏文明化为体育运动。此外，体育可以发挥分裂和整合的功能，在北爱尔兰虽然像足球这样的运动也可以跨越族群鸿沟，但盖尔运动几乎完全与民族主义关联，而曲棍球和橄榄球则得到了工会的支持。

总之，我们在此试图将体育与民族主义的研究置于国家和民族的发展轨迹中，将它们融入近乎普遍的民族国家政治范畴。争论和分歧持续不断，毕竟理论和历史解释的发展与完善是一个渐进的过程。在民族国家的建构过程中，体育不仅是过程的结果，还发挥了巨大且重要的作用。

第五节　本书的内容与思路

本书的写作以"体育与文化人类学"课程为基础，并受到中央高校基本科研业务费（2022XSZZ002）资助出版。写作立意之初在于把文化人类学的基本概念引入体育研究之中，以此书作为课程"体育与文化人类学"的配套教材。因此在写作的过程中，本书尽力在内容中将一些人类学基本概念阐释清楚，并详细介绍了在书中出现的每一位研究体育的人类学家、社会学家、历史学家、哲学家、文学家，列举了他们的基本观点、代表著作、对体育研究的贡献等，以便于非人类学专业读者进行入门阅读。全书除绪论和结尾的讨论部分外共有11章，可大致分为三部分。第一部分从人类学的理论出发，选择了文化人类学若干较为典型的理论流派和研究主题，对其影响下所形成的关于体育与仪式、体育与游戏的两个理论谱系进行了详细梳理，同时深入剖析了关于体育与殖民主义、社会结构、民族主义等人类学核心议题的关系的研究成果。第二部分则掉转方向，从方法论出发，选择了文化研究、全球化、世界体系与大型活动等人类学经常使用的分析方法和概念，由此出发讨论在人类学的视阈之下如何对体育话题进行解读。第三部分回归研究案例，以社区专题为例分别剖析了不同国家与体育有关的实践过程，主要选取了来自英国和澳大利亚的专题案例。

本书的第一部分为"理论背景"，包括以下四章。

第一章关注了体育活动在社会、文化和身体经验层面的意义和影响。体育与文化人类学的理论研究了体育如何通过身体表达、竞争和社交活动塑造个人和社会群体的身份认同。它们通过比较不同文化中的体育实践和观念，揭示了文化相对主义的重要性，探讨了体育如何反映和塑造社会结构、权力关系与社会变革。这些理论和概念提供了研究体育与人类学关系的框架，能帮助我们理解体育在社会和文化中的重要地位与影响。

第二章讨论了体育与殖民主义、帝国主义之间存在的密切的联系和相互影响。在殖民主义时期体育被用作殖民者对被殖民地进行控制和影响的手段之一，体育在殖民主义、帝国主义传播中被用作一种社会控制和身体管制的工具。尽管体育在殖民主义、帝国主义传播中被用作一种控制手段，但它也成为被殖民地人民反抗和争取民族解放的重要领域。后殖民主义理论就关注了体育如何在殖民主义历史的背景下维持和改变权力关系，分析了殖民主义对体育的影响，以及被殖民地人民如何通过体育来重塑自己的身份认同和文化表达。

第三章关注体育与社会结构之间存在的密切关系。体育活动在社会中被视为一种社会组织形式，它涉及各种社会角色、规则和等级。同时，体育在塑造个体和群体的社会身份认同方面发挥重要作用。体育也可以成为身份认同的重要载体和表达方式。此外，体育活动还在社会变革和政治中发挥着重要作用。可以通过探索体育与社会结构之间的关系，深入了解体育如何在社会中塑造社会结构和受到社会结构的影响。

第四章分析了体育与民族主义之间存在的紧密联系和相互影响。体育活动在塑造和表达民族主义情感、促进民族认同和加强民族团结方面发挥了重要作用。同时，体育活动可以成为民族认同和团结的重要媒介。而且体育竞技提供了一个竞争与对抗的舞台，激发了民族主义情感和敌对态度。政治力量常常利用体育来推广和强化民族主义的理念。此外，体育活动也可以成为民族反抗和解放的重要领域。体育与民族主义之间的关系是复杂而多样的，它既可以促进民族团结和认同，也可以被利用以达到政治目的。

本书第二部分为"方法论探索"，包括以下四章。

第五章转向了体育与文化研究方法论，它涉及关于体育活动与文化之间关系的研究方法和理论取向。通过体育人类学的方法进行体育文化比较，旨在比较不同文化背景下的体育实践、价值观和社会意义。通过比较不同文化中的体育，我们可以发现共同性和差异性，深入理解体育在不同文化中的变化和适应。

第六章追溯自 20 世纪 90 年代初以来，全球化与体育之间的联系。全球体育应侧重于确保社会行为者在不同文化环境中的关键作用和参与。新自由主义在全球体育运动中的强大作用往往会阻碍这些目标的达成。与此同时，全球化进程促进了不同文化之间联系的强化，从而使公众能够更好地体验和理解体育是如何在不同的背景下以不同的方式被组织和解释的。

第七章指出体育与世界体系的形成之间存在着复杂而多样的关系。体育在世界体系的形成中起到了推动市场化和全球化的作用。体育产业成为全球化经济的一部分，体育比赛和赛事成为全球媒体和商业机构关注的焦点。同时，体育活动促进了跨国交流和文化传播。此外，体育活动促进了跨文化理解和认同的发展。体育与世界体系之间是相互作用的关系，体育受到世界体系的影响，同时也通过体育活动和实践影响着世界体系的演变。

第八章解析了体育与大型活动之间的密切关联。大型体育活动提供了一个国际舞台，吸引了全球的关注和参与。通过举办和参与大型体育活动，国家和城市能够展示自己的实力、文化和形象，提升国际影响力。大型体育活动在结束后留下的体育遗产和社会影响也是重要的方面。可以通过对大型体育活动的分析，探索其对社会、经济、文化和城市发展的影响，以及体育、政治和社会的相互关系。

本书第三部分为"专题剖析"，包括以下三章。

第九章指出体育与社区之间存在着紧密的联系和相互影响。体育在社区中扮演着重要的角色，对社区的发展、凝聚力和社区成员的身心健康有着积极的影响。通过参与和支持体育活动，社区成员可以表达对自己社区身份的认同。体育活动在社区治理方面发挥着积极作用。体育与社区之间的关系是双向的，体育活动受到社区的支持和影响，同时也对社区的发展和社会资本产生影响。

第十章指出体育不仅是英国社会的重要组成部分，也成为塑造英国国家认同的一种方式。体育不仅是一种娱乐形式，更是英国国家认同的重要组成部分。通过足球、板球、橄榄球、网球等各种体育运动，英国展现了其历史、文化、价值观和全球影响力。这些体育运动不仅塑造了英国的国家形象，也在国家认同的表达和建设中起到了关键作用。

第十一章延续了第十章的主题，分析体育在澳大利亚国家认同中的重要作用。澳大利亚是一个热爱体育的国家，体育活动在澳大利亚社会中被广泛参与和重视。澳大利亚人对体育有着热情和骄傲，视体育为一种国民活动。澳大利亚是一个文化多元的国家，体育在促进不同族裔群体的融合方面起着重要作用。体育活动提供了一个平等和包容的环境，不论种族、背景或性别，人们都可以通过参与体育活动来建立联系、开展交流和获得认同。体育在澳大利亚国家认同中扮演着重要的角色。它不仅是一种娱乐和竞技活动，也是澳大利亚人民的共同爱好和文化特征，体现了国家的凝聚力和多元文化的融合。

最后，在本书的结尾笔者提到了一些我们社会持续关注的体育议题，尽管尚未形成系统性思考，但是在未来可以对这些议题结合体育与文化人类学的知识来继续进行讨论。希望这些尚不太成熟的想法可以抛砖引玉，为体育学和人类学领域的同学、老师、朋友带来一些不一样的灵感。

本章推荐人物阅读

1. 皮埃尔·德·顾拜旦（Pierre de Coubertin），全名查尔斯·皮埃尔·弗雷迪·德·顾拜旦（Charles Pierre Fredy de Coubertin），是现代奥林匹克运动会的创始人。顾拜旦是法国教育家和历史学家，他深受英国的教育体制影响，特别是对体育在学校教育中的重要性有深刻的认识。顾拜旦男爵在 1894 年成功地推动了现代奥林匹克运动的复兴，他的目标是通过体育来促进国际和平与理解。他的努力最终带来了 1896 年在希腊雅典举行的第一届现代奥运会。顾拜旦强调的是运动员的业余身份和奥林匹克的理想，即在公正的竞赛中展现出最好的体育精神。顾拜旦的工作和理念对国际体育有着深远的影响，他也因此被誉为"奥林匹克之父"。他的思想和倡议不仅促进了体育运动的发展，也推动了国际文化交流和理解。

2. 埃米尔·涂尔干（Émile Durkheim）是法国社会学家，被誉为现代社会学的奠基人之一。他的研究集中在社会结构、集体意识、宗教、道德以及现代社会中的社会整合问题上。涂尔干的理论和方法对社会学的发展产生了深远的影响，他也是第一个将社会学作为一门独立的学科在大学教授的人。涂尔干认为社会是一个独立的现实存在，具有独有的特征和规律。他主张社会现象应被视为"社会事实"，这些事实是外在于个人的，并且对个人有约束力。他强调研究社会现象时，应该像研究自然科学现象一样，采用客观和系统的方法。在他的著作《社会分工论》（*The Division of Labour in Society*，1893 年）中，涂尔干探讨了社会分工在社会整合中的作用，区分了"机械团结"和"有机团结"两种社会整合形式。涂尔干的研究对社会学的发展具有奠基意义。他不仅为社会学确立了研究对象和方法，还通过其理论为理解现代社会提供了深刻的洞见。他的思想对功能主义学派的发展具有深远影响，并且他的研究方法和理论框架至今仍被广泛应用于社会学、教育学、宗教研究、伦理学等领域。

3. 勃洛尼斯拉夫·马林诺夫斯基（Bronislaw Malinowski）是波兰裔英国人类学家，被誉为现代人类学的奠基人之一。他以参与观察法方面的开创性工作和对文化功能主义理论的贡献而闻名，对田野调查方法和人类学研究产生了深远影响。马林诺夫斯基是现代人类学中使用参与观察法的先驱者。他深入研究对象的日常生活，直接观察和记录他们的行为、习俗和信仰，以获得第一手资料。马林诺夫斯基的田野工作方法要求人类学家与研究对象共同生活，理解他们的世界观和文化脉络。这种方法后来成为人类学研究的标准实践。马林诺夫斯基最著名的田野调查发生在西太平洋的特罗布里恩群岛（Trobriand Islands），其成果记录在他的经典著作《西太平洋上的航海者》（*Argonauts of the Western Pacific*，1922 年）中。在这部作品中，他详细描述了特罗布里恩人的社会结构、经济体系和宗教仪式，特别是他们的交换系统——库拉圈（Kula ring）。库拉圈是一种涉及大量海上航行的复杂礼物交换系统，马林诺夫斯基通过这个系统展示了礼物在社会关系中的重要作用。马林诺夫斯基是文化功能主义的主要倡导者之一，他认为每个文化要素在社会中都有其特定的功能，能帮助维持社会的平衡与稳定。他的观点强调，文化现象（如宗教、经济、法律）应被理解为满足人类基本需求的手段。他的这种功能主义视角对人类学理论的发展起到了重要作用。马林诺夫斯基不仅重视理论的构建，还强调理论必须通过实践验证。他主张人类学家必须亲自进行田野调查，而不是仅依赖第二手资料或理论推测。马林诺夫斯基对现代人类学的影响是深远的，他奠定了田野调查的标准方法，并通过文化功能主义理论为理解社会结构和文化功能提供了新的视角。他的研究方法和理论至今仍然在社会科学中具有重要的影响力，被广泛应用于各种社会和文化现象的研究中。他的工作帮助确立了人类学作为一门实证科学的地位，并将其推向了更高的学术水平。

4. 米歇尔·福柯（Michel Foucault）是 20 世纪最重要的哲学家和社会理论家之一。他的研究涵盖了权力、知识、社会结构和历史等多个领域。福柯以其对现代社会和历史的批判性分析而闻名，特别是在权力关系和知识体系如何影响社会结构方面。他的重要著作包括《规训与惩罚》（*Discipline and Punish*）、《知识考古学》（*The Archaeology of Knowledge*）和《性史》（*The History of Sexuality*）等。福柯的理论对社会学、政治学、人类学等学科产生了深远的影响。

5. 克利福德·格尔兹（Clifford Geertz），美国文化人类学家，象征人

类学代表人物，著作有《文化的诠释》《剧场国家》《地方知识》《农业的
内卷化：印度尼西亚生态变迁的过程》等。他主要在摩洛哥、印尼包括爪
哇、巴厘岛等地对当地的社会文化做了深入的田野调查研究，并以此为基
础，对文化、知识的性质提出新的看法。在他最重要的著作之一《文化的
诠释》中，他对于文化概念的深入探讨和诠释，以及他提出的深描等概念
的影响超出人类学范围而延伸到社会学、文化史、文化研究等方面。此
外，他的另一部重要著作《地方知识》以实例来深入探讨人类学通过对个
别地区的研究所获得的种种知识，因而具有重要意义。

6. 约翰·马克阿隆（John MacAloon）是体育人类学和社会学领域的著
名学者，尤其以他对奥林匹克运动会和大型体育赛事的研究而闻名。他的
研究集中在体育如何在社会和文化中发挥作用，以及如何影响全球和地方
社会结构方面。约翰·马克阿隆对现代奥林匹克运动会的起源、发展和社
会文化意义进行了深入分析。他的著作 *This Great Symbol: Pierre de Couber-
tin and the Origins of the Modern Olympic Games* 探讨了奥林匹克运动会的创
始人皮埃尔·德·顾拜旦（Pierre de Coubertin）及其对现代奥林匹克运动
的影响。他在对文化表演的研究中提出了"社会剧"（social drama）和
"仪式化"（ritualization）的理论，探讨了体育和仪式如何在社会中发挥作
用。他分析了大型体育赛事的组织和管理，并研究了这些赛事如何影响主
办城市和国家的社会、文化与经济结构。通过民族志的方法，他研究了体
育和仪式如何影响和反映社会文化，其中包括对仪式、节日和体育表演的
观察和分析。约翰·马克阿隆的研究为理解体育在现代社会中的角色提供
了深刻的见解，并对体育人类学和社会学领域的理论发展做出了重要
贡献。

7. 诺伯特·埃利亚斯（Norbert Elias），德国人，是重要的社会学家，
他最著名的贡献是在社会学和历史学领域，特别是他的作品《文明的进
程》（*The Civilizing Process*）。在这部作品中，埃利亚斯探讨了欧洲文明中
长期的行为和情感模式的变化，尤其是暴力、礼仪、性行为和其他社会习
惯的规范化。他提出了"文明化过程"的概念，说明了随着社会结构的发
展，个体行为变得更加自我控制和规范化，反映了更复杂的社会互动和权
力结构。埃利亚斯强调个体与社会结构之间的关系，尤其是所谓的"无形

的权力机制"对个体行为和心理状态的形塑。他探讨了社会中个体自我约束的增加，这种自我约束与社会的政治和经济结构紧密相关。埃利亚斯研究了社会中象征性人际关系的形成，特别是其在体育、艺术和其他文化活动中的表现。诺伯特·埃利亚斯的理论对社会学、历史学以及相关学科产生了深远的影响。他的工作帮助了学者们理解社会行为的历史和文化背景，并分析这些行为背后的深层社会结构和力量动态。他的研究提供了一个框架，用以解释个体行为如何反映更广泛的社会进程。埃利亚斯的思想在当代社会学和文化研究中仍具有重要意义，特别是在研究社会动态、权力关系和文化变迁方面。

第一部分

理论背景

体育与文化人类学的跨界结合开拓了一个丰富的研究领域，在其中可以深入探讨体育作为一种文化实践如何发挥作用，反映和塑造社会价值观、身份和社会结构。我们在本书的第一部分，将会介绍这一研究领域的理论背景。文化人类学是人类学的一个分支，它专注于研究文化差异，通过解析阐释日常实践、仪式和社会制度呈现与维持的方式来理解人类行为和思想的潜在模式。体育是文化的一个重要方面，也是更广泛的社会动态的缩影，它为我们提供了一个视角来审视身份、权力、全球化等问题。作为一种文化表达形式，体育反映并延续了其所处社会的价值观、规范和意识形态。

与体育研究相关的文化人类学的理论包括以下几个。第一，功能主义理论，其认为社会的每个方面都有其功能，有助于维持社会整体的稳定和运作。功能主义理论研究关注体育如何增强社会凝聚力、强化集体认同和社会规范。第二，符号互动论，其侧重于个人和团体对体育的意义的解释。它探讨如何在微观层面体验和理解体育，强调符号、仪式和互动在塑造体育文化方面的重要性。第三，冲突理论，其将体育视为权力动态和社会不平等的舞台。它批判性地审视了体育如何反映和再现社会等级制度，涉及阶级、种族、性别和民族主义问题。第四，后现代理论，其质疑体育具有的固定意义和其中的宏大叙事，强调体育身份实践的流动性和争议性。第五，全球化理论，其对体育参与者、体育思想和文化实践的跨国流动进行理论解读。

在这五个理论之外，我们将会在本书中介绍其他有关体育与文化人类学研究的重要理论和经典民族志。了解体育和文化人类学的理论背景，可以深入理解体育作为一种文化实践如何发挥作用。通过应用各种人类学理论，研究人员可以探索体育反映和塑造社会价值观、身份与社会结构的复杂方式，这些理论也为分析体育的文化维度提供了一个全面的框架。

第一章　体育与人类学的历史

　　人类学家很早就开始关注体育，但是将体育作为人类学的一个正式研究领域，将其与文化人类学结合起来研究的历史并不是很长。1974 年跨学科学者围绕"游戏"的概念组织起来并成立了游戏人类学研究协会，在这一契机之下 1985 年肯德尔·布兰查德（Kendall Blanchard）和艾丽丝·切斯卡（Alyce Cheska）出版了《体育人类学》，这也标志着人类学家开始涉猎这一主题。与政治、经济、语言等人类学研究核心议题不同，体育并没有被视作可以使人类学取得重大理论突破的主题。因此，它也就没有经过脉络明确清晰的理论发展而形成一个成熟且统一的研究领域，而只是基于随着时间的变迁在更广泛学科领域中产生的体育研究兴趣而形成了一个新兴研究领域。

第一节　古代的奥林匹克运动会

　　古典主义时期的体育运动研究已经积累了大量成果，而人类学发展成为一门学科并开始关注体育的历史并不长。工业革命使距离遥远的人们开始联系起来，西方学者也开始对全球的文化地理进行探索，并将世界逐渐分成了"西方"与"东方"。20 世纪之前西方的精英教育教授的是古希腊和古罗马经典，"东方学"在 18 世纪晚期出现，人类学则于 19 世纪中叶伴随殖民贸易的扩张和达尔文生物进化论的出现而产生，传统的人类学着重研究所谓的"野蛮人"。西方学界对作为他者的"东方"和"野蛮人"进行研究的目的是在社会精英之间建构认同意识。而这些精英受过古典教育，并深信自己代表"西方文明"成就。这种共同体的身份出现在以君主和信仰为基础的西方旧社会秩序崩塌之时，取而代之的新体系则是现代民族国家，社会秩序的重建也伴随着残酷的战争。受过西方经典教育的精英们认为，历史上古希腊城邦间的战争与现代民族国家之间的战争有相似之处。在古代体育运动一直是外交的重要手段，因此他们试图复兴古代奥林匹克运动会以解决现实的政治顽疾。复兴古代奥运会的呼声始于1790年的法国，法国大革命时期的思想家将体育与古希腊思想联系在一起。

1875年最大的考古成就是对希腊奥林匹亚的古代奥运会遗址的发掘，发掘该遗址的考古团队由柏林大学古典考古学教授恩斯特·库蒂乌斯（Ernst Curtius）领导，并由德国皇帝威廉一世资助。考古学在当时已成为西方列强的工具，西方列强不仅试图通过殖民加强对领土的控制，还对宏大的考古遗址宣示所有权，以此证明他们对过去历史的象征性控制。政府和商人资助探险队寻找考古遗址和民族艺术品，数以百万计的艺术品被运往西方博物馆收藏展览，以展示他们文明和进步的文化形象。因此，奥林匹亚的考古发掘在当时是非常具有象征意义的。恩斯特·库蒂乌斯与当时的希腊政府通过谈判达成了一项协议，除选定文物之外其他所有文物都将留在希腊（Yves-Pierre，1994）。恩斯特·库蒂乌斯首先将古希腊的体育运动、游戏视作竞技精神的象征，他认为这种精神使西方人成为历史的主宰并征服世界。他强调古希腊人对竞技的重视程度远超其他民族，他们的竞争精神是西方文明的重要特征之一，这种精神解释了为什么希腊人的后代可以广泛地影响世界历史的进程。

1896年，皮埃尔·德·顾拜旦（Pierre de Coubertin）发起举办了第一届现代奥林匹克运动会。顾拜旦是一位接受过西方古典教育的法国贵族。此后奥运会一直都代表着体育运动的最高水准，某种程度上而言它也巩固了现代体育、西方殖民主义和帝国主义三者之间的关系。在体育领域，对体育史的研究影响尤其重大，历史合法化是社会发展的动力之一，这种动力中特定的人为历史建构是为了佐证世界上某些地区具有超越其他地区的力量。但是受到马克思主义影响的人类学家埃里克·沃尔夫（Eric Wolf）在其作品《欧洲与没有历史的人们》一书中提出，看似孤立的地区实际上1400年前就通过贸易和其他力量而紧密地联系在一起（沃尔夫，2018：

185）。他认为西方知识传统将有历史的人——欧洲人——视为历史变革的驱动力，将无历史的人——初民社会的成员——视为原始的和不变的遗存。埃里克·沃尔夫倡导一种新的全球人类学以推翻以西方为中心的历史观，并坚持认为世界历史始终是由西方与非西方地区之间的双向互动所构成的。

国际奥委会一直提倡将古希腊人文主义的奥林匹克价值观作为现代奥林匹克运动的基础。现代奥林匹克运动与古代西方文明的历史通过一系列神话关联起来，奥林匹克运动源自古希腊是毋庸置疑的。实际上古代奥林匹克运动会是在公元前 8 世纪初出现的，这是地中海东部和近东文明之间相互交流不断加强的时期，被称为"东方化时期"。因为古希腊地处东西方文明交汇地带，希腊艺术从当时较发达的叙利亚、亚述、腓尼基、以色列和埃及学习了大量的图案纹样，希腊人开始成为整个地中海的海上商人。从公元前 6 世纪到前 4 世纪希腊人的主要敌人是庞大的波斯帝国，当时的波斯帝国从今天的希腊东北部一直延伸到印度的印度河谷。这些互动使希腊文化影响力流回到了大陆，4 年一度的奥运会让希腊运动员产生了凝聚在一起的向心力，并在体育之中引入了新的思想和实践，这个时代的体育文化也是通过贸易、殖民征服和帝国统治进行传播的。

古代奥运会为交战的城邦提供了一个契机建立统一的希腊身份认同，来自马其顿和罗马的征服者在展示了他们的力量的同时也对希腊文化表示了钦佩。实际上最大规模的奥林匹克运动会出现在罗马时代，当时参加奥运会的选手不仅限于在希腊出生的人，地中海所有优秀的运动员都可以报名参加比赛，至此这项赛事涉及了更大的地理范围，同时将希腊的艺术、文化和哲学传播到了世界上更广泛的地区。奥林匹克运动将现代奥运会与古代奥运会紧紧地联系在一起，从古埃及人到古希腊人，从罗马帝国到英美，这样的文化传承一直进行着，但同时，跨越千年的复杂考古记录经常被简化。尽管历史学家和考古学家关注希腊罗马历史，但他们也会在如体育赛事、体育理想、社会游戏、专业精神和民族主义等方面受到现代性的影响。考古学家不仅关注历史遗址和文物，还越来越多地试图在过往的竞技场与当代体育之间建立起联系。历史学家将文化批评与历史文本分析相结合，提供了一些有关古代体育的有启发性的分析。

除了古希腊和罗马以外，体育运动在其他文明中也曾广泛开展，但学术界对其关注并不是很多。大多数西方体育考古发现集中在地中海世界，这一区域被公认为西方文明的发源地。体育史学家奈杰尔·克劳瑟（Nigel Crowther）在 2010 年出版的《古代体育》一书中提到了来自中国、日本和韩国等东亚地区的体育活动（Crowther，2010）。法国学者马塞尔·格雷内特（Marcel Granet）对中国古代文化的诠释给人留下了深刻的印象，他称竞技在中华文明的发展中发挥着重要作用，甚至比希腊世界中的竞技更为重要（Huizinga，1950：55）。但是许多古代历史研究学者坚持认为竞技的文化核心为古希腊人所独有（Scanlon，2002），荷兰著名的历史学家、语言学家、游戏理论的奠基者约翰·赫伊津哈（Johan Huizinga）是少数反对西方竞技刻板印象的学者之一。19 世纪末 20 世纪初，德国是世界古典主义的中心之一，许多重要的古典体育学术研究都来自德国。德国学者对古希腊和雅利安文明尤为关注，二战后德国学者批评了古典体育史研究中对非西方文化的疏漏，比如在古希腊之前古埃及就已经拥有了丰富的体育文化传统。尽管许多中外古代体育史研究都借鉴了人类学理论，但现实中很少有人类学家在这一领域中深耕，因此与人类学的合作可以使体育史研究获得新的突破和革新。

第二节　体育与人类学中的游戏

东西方世界的古代文化中都有大量的体育遗存遗迹，体育活动并非现代发明，也不是西方特有的产物。然而体育也并不具有全人类层面的普遍性，因为它会根据实践的特定历史、社会和政治环境而发生改变。虽然今天的体育运动也不是普遍的，但是休闲娱乐是大多数体育运动产生和发展起来的核心要素，这也是受到人类生物性的驱使的缘故。有些动物捕食时也和猎物嬉戏玩耍，这些嬉耍游戏会锻炼动物逃避捕食者所需的技能。狼群幼崽的主要游戏也是模拟捕食，这有助于它们培养成群捕猎所需的个体和群体技能。狼崽锻炼肌肉协调能力和增强协作能力，磨炼在狩猎中有用的技能，并在群居体系中逐渐确立自己的威信和地位。那为什么狼在成年之后还会嬉耍？观察嬉耍的狼或其他具有社交属性的动物，会发现其实它们的游戏规则与人的有一些相似的地方。如果游戏的参与者行为变得过于激烈，嬉耍就会突然停止。对于依赖群体而生存的动物来说，群体中牢固的信任基础是非常重要的（Packard，2007）。年轻人可以通过锻炼适应性的游戏学习生存所需的必要技能，而且游戏有助于在一个社会群体的成员之间保持团体凝聚力。因此，游戏是人类生活中生物意义与文化意义相互交织的一方面，人类进行体育活动的原因远比生物学解释中的人类本能要复杂许多。

1930年新西兰人类学家弗思（Raymond Firth）发表了一篇有关"飞镖比赛"的文章，这个比赛是在所罗门群岛的蒂科皮亚（Tikopia）岛上举行的。弗思的分析将该项比赛的研究重心从物质方面转移到其社会功能上，并通过比赛解读论证了他的老师——马林诺夫斯基倡导的人类学的功能理论。弗思指出，体育作为许多初民社会中不可或缺的活动，为他的田野调查提供了进入路径。这些体育活动涉及组织问题。社会组织将随意的游戏活动与定期举行的、具有明确流程的游戏区分开来，并使后者在各个方面都受到严格规则的限制和约束（Firth，1930：95）。弗思探索了飞镖比赛的动机、情感以及比赛与当地人整体生活的关系，尤其是与经济学、美学和哲学等的联系。赫伊津哈在《游戏的人》一书中提出，游戏是文化产生的基础和必要条件，游戏也是对世界的一种理解方式。游戏蕴含着社会创造力，标志着随时可以即兴发挥，并有能力在不断变化的情况下采取行动，游戏会带来意想不到的结果。法国学者罗杰·卡约瓦（Roger Caillois）质疑赫伊津哈对游戏竞争性的过度强调（Caillois，1961），他认为在发挥想象力和付出努力之后，通过技能和知识这两个要素可以将游戏分类，这个分类又存在于技能和机会博弈之间。游戏涵盖了这个分类下的所有可能性，所以卡约瓦认为现代运动是由角斗场竞技和休闲运动结合产生的，而这正是他不同意赫伊津哈之处。卡约瓦还指出赌博也是一种游戏，就像人为创造的机会均等的博弈一样，目的是与对手在理想的条件下相互对抗，从而为获胜者的胜利提供无可争议的价值。对卡约瓦而言，赌博是一种运气博弈，因为对人类而言运气具有特殊的风险，可以创造人类特有的游戏形式（Caillois，1961）。

卡约瓦认为可以用六个核心特征来描述游戏：游戏是非强制性的；游戏与日常生活区分开来，占据了特定的时间和空间；游戏的结果是不确定的，因此需要人的主观能动性；游戏不是生产，因为它不能创造任何财富；游戏受制于法律和行为规则，参与者必须严格遵守；游戏的虚幻可能会使参与者认为存在与现实生活相对立的虚构现实（Caillois，1961：10）。英国人类学家格雷戈里·贝特森（Gregory Bateson）致力于将系统论和控制论扩展至社会行为科学领域，他看到旧金山动物园的两只小猴子在玩耍时依序进行互动后，贝特森就开始重新考虑玩耍的方式即单位元动作，他意识到只有猴子能够进行"元通信"，游戏才可能发生（Bateson，1972：179）。在这种情况下，猴子表现出类似于打架的行为，但是它们以某种方式传达了"这就是游戏"的信息。游戏的矛盾之处在于嬉戏的咬伤有时候也会包含恶意伤害，但这也算作游戏动作的一个部分。这意味着动物正在交流并不真实存在的东西，并且它们能够区分出"元交流"思维。如果动物能够形成如此复杂的思维结构，那么人类的思维构造则更加复杂。贝特森提出人类的仪式体现出一种类似的"元交流"思维。此后人类学家和历史学家马克阿隆（John MacAloon）将贝特森的"元通信"概念整合到了自己的奥林匹克民族志分析框架理论之中。综上所述，游戏是人类学切入体育研究的起点，并且对游戏的研究在 20 世纪 70~80 年代非常活跃，但是随着时间的流逝，关注游戏研究的人类学者逐渐减少。

自 20 世纪 70 年代中期以来，尽管人类学家对游戏进行了持续反复的研究，但对游戏的定义一直没有确定下来。游戏被日常生活所"包围"的特点以及它在物质上的特立独行，使它与现代资本主义社会所强调的价值理念形成了鲜明的对立。并且游戏有逃避现实世界的倾向，在休闲活动中现代社会中的个人可以自由地玩耍（Sutton-Smith，1997）。然而在闲暇时理性地选择逃避并不具有人类普遍性，而是植根于资本主义的核心价值规范。将休闲娱乐与工作分开之后现代体育也就不能算作娱乐，因为现代体育植根于工业资本主义，从而深陷对物质利益的过度关注。现代体育的制度化和系统化使它脱离了对"好玩"的强调，因此专业精神不再是真正的游戏精神，运动中的严密配合和有条不紊的机械化重复动作对人类游戏没有实质意义。从赫伊津哈的观点来看，运动与游戏无关，尽管在体育活动过程中可能会无意之中出现一些"好玩"的元素。

今天我们认为游戏需要一个特定的文化框架，该框架在一种全新且具有整体观的系统化语境下被重新诠释。正如上文中所论述的，任何游戏规则都会协调参与并帮助参与者暂时逃离现实。游戏参与者可能会变得疲倦或无聊，甚至希望退出游戏，因此需要鼓励参与者按照游戏的规则来完成游戏。这种结构使时间和空间井然有序，有助于将"单纯的行为"变成有边界的完整"事件"（Boellstorff，2008）。游戏有正式的开始和结束时间，将其与其他日常活动放在一起，可以减轻生活的苦恼，同时又能确认日常生活的重要性，这些要素其实也可以在仪式理论中看到。在人类学中大家一般更多关注儿童游戏，而对成人游戏很少关注，但是今天网络游戏和其他形式的线上互动游戏又吸引了越来越多人类学者尤其是年轻学者的注意，这又变成了另外一种新的发展趋势。

第三节　体育与人类学中的仪式

20 世纪 70 年代，历史学家普遍主张现代西方体育与历史的和非西方的传统体育有着本质上的不同。历史学家阿伦·古特曼（Allen Guttmann）的著作《从仪式到纪录：现代体育的本质》（*From Ritual to Record: The Nature of Modern Sports*）指出了现代体育的本质，"传统的"前现代体育具有礼仪性，它随着工业社会的出现而消失，取而代之的是对成绩的强调，比如体育纪录（古特曼，2012）。尽管两者之间并没有直接关系，但现代体育与工业资本主义是同时发展起来的，它们都由 17 世纪的科学革命和 18 世纪的数学创新所驱动。不过，阿伦·古特曼否认了工业经济可以直接促进体育发展。马克思主义历史学家则认为，现代体育与资本主义一起兴起的主要原因是体育运动可以通过提升工人的身体素质和服从意识来加强资本主义对工人的剥削。与古特曼的观点相对的是，研究人员发现在其他文化和时代中也有对体育纪录的保存，所以一些学者也认为体育纪录并不仅仅是现代社会的实践。当然对纪录保存和量化统计的关注并不是现代社会所特有的，人类学的研究有助于解答下列疑问：谁来保存纪录？人类社会为什么需要纪录？谁有权力掌握和操纵纪录？

亨宁·艾希伯格（Henning Eichberg）指出体育纪录与资本主义生产相关，因为厘米、克和秒等度量单位在工业生产中被广泛使用，但他反对阿伦·古特曼从仪式到纪录单线解读体育的进化过程。他认为尽管现代体育在纪录中产生，但体育礼仪在现代语境中也在蓬勃发展，现代体育平衡了纪录与礼仪。在纪录产生之前，一个人的社会位置是由社会结构中的既定归属状态所决定的；有了纪录之后，一个人的社会地位由生产力即开放经济中的成绩表现所决定。著名的人类学家马克斯·格拉克曼（Max Gluckman）和维克多·特纳（Victor Turner）提出了仪式理论，将传统和现代社会性区隔开来。维克多·特纳将其游戏研究中的观点融入了他的仪式理论之中，他认为人类最有创造力的空间位于社会结构的边缘或间隙区域，也就是玩耍、嬉戏和非正式游乐的区域。特纳对与游戏相关的"高度专注"和"愉悦的心理状态"这样的主题特别感兴趣，心理学家又将其称为"流"（Csikszentmihalyi，1975）。仪式与体育、戏剧和其他表演体裁的共享状态是嬉戏，从中还可以发现自我的全新表达，尽管体育比赛可能会受到规则的限制。这里可以回到前面赫伊津哈等提出的观点——游戏是生活中完全自愿、具有创造性的力量、不受社会习俗的束缚的活动。游戏将情感、认知和道德等融合进清晰的个人需求。这些活动使个体能力得到锻炼增强，进而还可以加强社会团结。因此，特纳指出游戏是早期仪式中一种"极限"活动的展现，它也是规范的日常生活的一部分，但处于"中间状态"（Turner，1979）。各种规模和复杂程度的游戏在社会中所表现出来的往往是一种边缘状态，它们在特殊的时间和空间中进行，与工作、饮食和睡眠的时间与区域相区隔开来（Turner，1988：25）。

20世纪80年代之后，新的理论、方法和话题开始进入人类学研究视域，也为体育研究提供了新的思路，比如后殖民主义、后现代主义、女权主义、身体、现代性、民族主义、国家、跨国主义以及全球化等。在20世纪90年代艾伦·克莱因（Alan Klein）撰写了三本体育人类学的重要民族志，他也是第一位使用20世纪80年代以来出现的理论系统地梳理体育的人类学家。他的研究成果包括运用安东尼奥·葛兰西（Antonio Francesco Gramsci）的霸权和抵抗理论分析民族主义和对美国文化帝国主义的抵制，将性别话题纳入健美运动研究，以及开创了一种新型的民族志。

第四节　克利福德·格尔兹的巴厘岛斗鸡

撰写有关体育运动的文章最多的人类学家当属克利福德·格尔兹（Clifford Geertz），研究体育与文化人类学时有一篇文章是必须提及的，那就是他的《深度游戏：关于巴厘岛斗鸡的笔记》（Geertz，1973）。虽然格拉克曼和特纳等人的研究都有影响到格尔兹，但是社会学象征性互动主义学派之父艾尔文·戈夫曼（Erving Goffman）对其研究影响更为深刻。格尔兹研究的持久吸引力源于他出色的讲故事能力。《深度游戏：关于巴厘岛斗鸡的笔记》在开头叙述了警察对在印度尼西亚巴厘岛农村发生的斗鸡比赛的一次突袭，包括格尔兹和他的妻子在内的所有人都逃离和躲藏了起来，这一经历引发了他对印度尼西亚的斗鸡游戏的思考。他在文章中提出了"深度游戏"的概念：从功利主义的角度来看，斗鸡赌注如此之高，以至于一般男性根本不能参与其中。男性的社会地位越高、参与比赛的程度越深，呈现给观众的斗鸡比赛越有趣。格尔兹在巴厘岛进行田野考察时发现，斗鸡及其周围的赌博活动对巴厘人极为重要，即使印度尼西亚政府已明令禁止斗鸡并将其取缔。虽然看起来斗鸡比赛没有任何社会功能，但是它使人们的一些日常生活体验变得可理解。它能显示出普通人的社交热情，由于斗鸡比赛的胜负，个人的地位可能会受到威胁，但仅是象征性威胁：个人有可能会瞬间得到肯定或受到侮辱，但实际上他的社会身份并不会被真正改变。格尔兹认为巴厘人通过斗鸡比赛讲述自己的故事。这些隐喻意味着在体育研究中也可以读到一些东西：体育是社会的一面镜子，是对整个文化的表达，是一个我们介绍自己的故事，是人类学家竭力阅读和解释的文本。

格尔兹对巴厘岛斗鸡活动的分析后来成为解释人类学的典范，20 世纪 70 年代和 80 年代在人类学和其他学科中占有重要的地位。但是，威廉姆·罗斯伯里（William Roseberry）尖锐地批评了格尔兹对巴厘岛斗鸡的解读中的一些问题（Roseberry，1982）。尽管格尔兹的文章以描述警察突袭的小插曲开头，但他忽略了国家在定义人们的生活中的重要性，国家及政府机构对组织体育活动具有相当大的影响。在巴厘岛妇女基本不参加斗鸡活动，实际上丈夫和其他男性亲属在斗鸡中的赌博经常使他们的家庭财务状况发生极大波动，巴厘岛女性在家庭收入和储蓄方面占有很重要的地位。格尔兹对性别的忽视体现出当地人普遍将妇女边缘化，以及世界上许多社会中存在体育使男性气质自然化的常规认知。巴厘岛男子在斗鸡比赛中会耗损家庭积蓄，但是对于格尔兹的研究来说这只是为了挽回面子，因此也是象征性的。但是我们不能忽视斗鸡比赛的物质影响，就像我们应关注现代体育运动中获胜或失败所带来的物质影响一样。格尔兹对巴厘岛斗鸡的解释比较缺乏对历史的关注，其实斗鸡活动早已被荷兰殖民当局宣布为非法。威廉姆·罗斯伯里对格尔兹的批评提醒我们研究体育运动发展历程需要回顾历史，以更好地解读当前所观察的现实活动。

小　结

梳理体育与文化人类学的发展历程，二者的交集在学术研究中有着悠久的历史。处于这一交集中的研究主要探讨体育活动在不同文化和社会中的角色与影响，以及这些活动如何反映和塑造社会结构与文化认同。19 世纪末至 20 世纪初，体育与文化人类学的交集主要集中在文化和社会功能的研究上。20 世纪中叶，体育与文化人类学作为一个相对独立的研究领域开始形成，研究者们开始系统地探讨体育活动在全球范围内的社会和文化意义。20 世纪 60~70 年代，体育与文化人类学的结合得到进一步发展，人类学家开始关注现代体育在全球化背景下的变化。20 世纪 80~90 年代，体育与文化人类学的研究领域拓展到了跨文化比较、全球化的影响以及体育与其他社会现象的关系上，近年来的趋势则是数字化成为关注的新焦点。

本章推荐人物阅读

1. 阿伦·古特曼（Allen Guttmann），著名的美国体育历史学家和文化研究者，他的研究主要集中在体育史和现代体育的社会文化方面。古特曼在对体育历史的研究中强调现代体育的特征，包括对打破纪录的追求、专业化、规则的标准化、全球化等。他的《从仪式到纪录：现代体育的本质》讨论了体育如何从传统的社会仪式演变为现代的竞技活动。在这本书中，古特曼探讨了现代体育的七个特征，以及它们如何体现现代性的不同方面。古特曼的研究有助于我们理解体育在现代社会中的角色，以及它如何通过体现现代价值观（如竞争、效率和国家主义）来形塑社会和文化身份，他的研究对体育研究领域产生了重要影响，是理解现代体育历史和文化的关键资料。

2. 亨宁·艾希伯格（Henning Eichberg），德国社会学家和文化理论家，以其对体育社会学、民族主义以及文化身份的独特见解而知名。艾希伯格的研究涵盖了体育、民族主义以及民族文化活动的社会和政治含义，他对体育运动作为社会和文化表达的媒介的研究尤其深刻。艾希伯格研究了体育如何反映和塑造社会结构和文化身份。他特别关注体育在不同文化和社会环境中的多样性，并批评了全球化过程中体育文化的同质化趋势。他深入探讨了民族主义如何通过体育和其他文化活动得到表达和强化。他提出体育赛事和民族文化活动可以强化民族身份，也可以作为跨文化交流的桥梁。艾希伯格的研究还涉及文化政治，特别是如何通过文化实践（如体育、舞蹈、音乐会等）构建和表达社会身份。他认为文化活动不仅是娱乐或休闲活动，更是社会和政治表达的重要领域。艾希伯格的研究为理解体育作为社会现象所扮演的角色提供了新的视角，强调了体育在现代社会中的文化和政治重要性。他的理论对体育学、社会学和文化研究领域产生了重要影响，尤其是在理解体育活动在全球与地方层面上的文化意义和社会功能方面。他的研究提供了一个框架，用于探讨和理解文化活动如何与更广泛的社会结构和政治动力相互作用，他的观点促使学者们重新考虑体育和文化活动在构建社会身份和社会变革中的作用。

3. 马克斯·格拉克曼（Max Gluckman），著名的英国人类学家，以其在社会结构、仪式和社会变迁方面的贡献而闻名。他是功能主义人类学的关键人物之一，并且提出了人类学的许多重要概念。格拉克曼对社会结构的分析主要集中在社会如何通过仪式、冲突和互动来维护秩序与适应变迁上。他研究了社会变迁如何影响传统社会的结构和功能。他对仪式的研究强调了仪式在社会结构和社会秩序中的作用。格拉克曼分析了仪式如何通过象征性行为和社会互动来处理社会冲突和变化。格拉克曼提出了"社会冲突"理论，认为社会冲突和紧张关系在维持社会稳定和推动社会变迁中扮演重要角色。他的研究显示，社会中的冲突和仪式性调解是社会功能的重要部分。他的主要著作包括《非洲的习俗与冲突》（*Custom and Conflict in Africa*，1955 年）和《部落社会的政治、法律与仪式》（*Politics, Law and Ritual in Tribal Society*，1965 年）。格拉克曼的研究扩展了功能主义理论，特别是强调社会冲突和仪式在维持社会秩序中的作用。马克斯·格拉克曼的成果对社会人类学和文化研究产生了深远的影响，特别是在理解社会结构、仪式和社会变迁方面。他的理论和研究方法继续在学术界和实践中得到应用和发展。

4. 维克多·特纳（Victor Turner），著名的人类学家，以其对仪式、符号和社会变迁的研究而闻名。他的研究对文化人类学和社会学产生了深远的影响，特别是在理解社会仪式和社会变迁的领域。特纳对仪式的研究具有深刻的影响。他提出了仪式的"社会功能"理论，认为仪式在社会中起到维持社会秩序和促进社会团结的作用。他特别关注仪式过程中的"过渡阶段"以及这些阶段如何帮助个体和群体在社会变迁中找到新的定位。他运用了象征学的视角来分析文化和社会现象。他认为象征是文化的重要组成部分，通过对象征的分析可以理解社会结构和文化价值观。特纳的研究还涉及社会变迁，尤其是仪式如何在社会变迁中发挥作用。他研究了仪式如何帮助个体和群体在面对社会变迁时进行调整和适应。他的主要著作包括《仪式过程：结构与反结构》（*The Ritual Process: Structure and Anti-Structure*，1969 年）、《戏剧、场景及隐喻：人类社会的象征性行为》（*Drama, Fields, and Metaphors: Symbolic Action in Human Society*，1974 年）和《象征的森林：丹恩布人仪式诸面向》（*The Forest of Symbols: Aspects of Ndembu Ritual*，1967 年）。特纳对仪式的研究提供了关于社会仪式如何帮助个体和社会在变迁中找到新秩序的理论框架。他的"仪式过程"理论成为理解仪式和社会变迁的经典方法。通过对象征和文化符号的研究，特纳帮助学术界理解了文化和社会现象的深层次含义。特纳的研究方法和理论对人类学领域产生了重要影响，尤其是在理解仪式、社会结构和文化变迁方面。

5. 艾伦·克莱因（Alan Klein）教授关注研究文化、政治和体育的交汇点。他的研究对象包括多米尼加共和国、墨西哥和其他一些地区的棒球运动，南加州的健美运动员以及印第安人保留地的拉科塔印第安人篮球运动员。

6. 艾尔文·戈夫曼（Erving Goffman），美国社会学家，代表作为《日常生活中的自我呈现》、《精神病院》和《污名：受损身份管理札记》。戈夫曼的理论深刻影响了符号互动论的发展，开辟了拟剧论的研究途径，他的研究兴趣包括日常生活社会学、社会建构主义、社会组织等。

7. 威廉姆·罗斯伯里（William Roseberry）的研究探讨了人类学、政治经济学的一些文化和政治含义。他认为在政治经济学中，读者可以实现对不平衡发展的复杂处理；但当作者转向文化和政治时，他们会将相互矛盾的社会经验置于简单的阶级或时代标签中。在文化人类学中，历史通常只不过是扩展人类学实践的新领域。罗斯伯里将文化和历史相互关联，并将其置于对不平衡发展的政治经济学进行反思的背景下。

第二章　体育与殖民主义

　　人类学民族学研究传统关注文明与野蛮、传统与现代、原始与高级等人群分类概念。这些概念在帝国主义和殖民主义这两个密切相关的体系中尤为突出，帝国通过军事征服和制造经济依附巩固其在不断扩张的统治范围内的统治。殖民主义要求对领土的管辖权，通过剥削殖民地人民和掠夺殖民地资源以谋取利益，殖民者认为被殖民者的地位低下并且需要殖民者对其进行文明改造。英国基于其所统治的殖民地形成庞大的帝国，它是18世纪晚期帝国主义的典范。虽然在19世纪末美国这样的帝国主义国家并没有形成正式的帝国，但是殖民主义也是其帝国主义扩张的一种形式。自18世纪欧洲工业革命开始以来，体育一直在殖民主义和帝国主义扩张中起着关键作用，体育与殖民主义裹挟在一起服务于殖民扩张。

　　一些学者对人类学进行批评是因为人类学是一门涉及殖民等级制再现的学科。正如人类学家尼古拉斯·德克斯（Nicholas Dirks）所指出的，尽管殖民统治建立在军事组织、政治权力和经济财富的力量之上，但它也是一个文化涵化的过程，从某种程度上说文化统辖也是殖民主义的主要内容之一（Dirks，1993：3）。从1973年塔拉勒·阿萨德（Talal Asad）的论文集《人类学与殖民遭遇》开始，人类学家逐渐意识到他们在帝国主义和殖民主义中所扮演的重要角色，20世纪80年代之后人类学家开始充分参与后殖民主义的讨论（Asad，1973）。其中，特立尼达马克思主义学者西里尔·莱昂内尔·罗伯特·詹姆斯（C. L. R. James）是最具影响力的后殖民研究学者之一，他的自传《超越边界》关注了加勒比地区的板球运动，这个研究一直都被誉为体育史和殖民主义批评的典范。对于詹姆斯而言，西印度群岛板球运动员在板球比赛中的表现优于英国，从而挑战了殖民等级制度安排。从技术上讲，西印度群岛板球运动员没有违反比赛规则，他们利用这项运动来挑战殖民地白人精英的优越感。

后殖民的批判不仅针对殖民地的社会和文化结构，学者们对殖民地的历史发展也提出了新的评判。后殖民主义的批评者表明，欧洲的工业革命是以殖民势力掠夺被殖民世界的资源为前提的。民族身份的认同理念源于欧洲，而并非只是从前殖民地的群体自我认同出发。它在殖民地的反抗中得到实践，体育在这一现代民族国家和民族认同的形成过程中发挥了关键的作用。在遥远的殖民地，例如澳大利亚和南非，板球和橄榄球成为"全国性"竞技游戏，人们可以通过它们识别并表达自己的新兴群体身份。体育的发展表明了民族主义的话语须按照欧洲民族主义思想的逻辑主线来表述，这也反映出西欧、北美和世界其他地区之间历史性的、持续的权力关系。

第一节　国际体育体系的历史渊源

简单基础的身体活动是现代体育运动的前身，但是它们仅限于地方社区，也不需要成文的比赛规则，而在今天严格的比赛规则被广泛认为是现代体育运动的基本特征之一。即使是古希腊的泛希腊运动会（Panhellenic Games）也是由四个主要的运动会组成的，它们在希腊不同的地方举行。这四个运动会分别是：奥林匹克运动会（Olympic Games），在奥林匹亚举行，这是最著名的古希腊运动会，每四年举办一次，旨在纪念宙斯；皮提亚运动会（Pythian Games），在德尔斐举行，每四年一届，主要是为了纪念阿波罗神；尼米亚运动会（Nemean Games），在尼米亚举行，每两年举办一次，最初是为了纪念宙斯，后来逐渐演变为一种全民性的赛事；伊斯米亚运动会（Isthmian Games），在科林斯的地峡（Isthmus of Corinth）举行，每两年一届，主要是为了纪念波塞冬。这些运动会没有书面的比赛规则和标准化的度量数据，除了单个参赛者的获胜次数之外也没有任何体育纪录保存至今。这些运动会不仅是竞技体育的盛会，还具有重要的宗教和文化意义，吸引了来自古希腊各地的参赛者和观众。

促成现代国际体育体系出现的首要因素就是制定规则以举办更大规模

的比赛。19 世纪下半叶棒球、足球、橄榄球、网球、羽毛球和曲棍球等项目先后确定各自的比赛规则。1900 年夏季奥林匹克运动会包含的 30 余项比赛中已有 22 项制定了比较完善的竞赛规则。同时，19 世纪下半叶迅速增加的自愿结社组织促使新兴的工业精英以及中产阶级在全球很多地方开始建立自己的组织，此时现代的体育俱乐部开始取代早期的体育组织。新兴体育组织的出现是全球发展的一部分，随着现代交通和通信手段的发展将距离遥远的人们越来越密切地联系在一起，体育也突破起初地方的单一运动俱乐部模式进入高速发展扩张阶段。

体育组织的独特之处在于它们一出现就开始被组织成一个更大的和多层次的复杂系统，它们也会模仿其他社会结构层级，形成包括地方、国家、区域和国际层面的多级结构。1857 年成立的美国棒球运动员协会是世界上第一个单项运动的国家体育组织，英格兰足球协会成立于 1863 年。国家单项运动协会的纷纷成立促发了综合运动项目协会的创立，其中包括了 1865 年成立的、旨在于英国推广奥林匹克运动的英国奥林匹克委员会。1860~1910 年成立了数百个国际组织，包括国际奥委会、红十字会、万国邮政联盟、第一和第二国际等，这些组织将自己定位为全球性质的组织（Boli，2005）。其中国际奥委会是第一个宣称对多项体育运动拥有管辖权的国际组织，而且它也是最早的国际体育组织之一。在这一时段内国家和国际体育组织成倍增加，国际体育组织的形成促使希望加入它的国家形成较低级别的体育组织。国际奥委会举办第 1~3 届奥运会时面临着确定邀请参赛对象和选择举办地址的艰巨挑战，后来国际奥委会要求各个国家的奥委会自行组织参赛。1906 年雅典运动会首次要求各国奥委会选拔国家队成员参赛，俱乐部和个人不再能提交参赛申请。奥运会举办的另一个挑战是如何让参赛者遵从共同的比赛规则，国际体育联合会的成立就是为了解决这一难题。

1904 年国际足联（FIFA）成立，它旨在协调欧洲大陆的比赛，国际足联章程确认国际足联是足球运动的统一规则制定机构。英国本身就是足球强国，但英国足球协会（英格兰、苏格兰、威尔士、爱尔兰足球协会）不是国际足联的创始成员，其不同寻常的国家参赛模式一直延续到今天。起初英国并未重视国际足联的赛事，英国在第一次世界大战后曾退出了国际足联，直到二战后才又再次成为国际足联的正式参加者。1912 年国际田径联合会成立以管理在全球范围内的田径运动，截至 1914 年共有 14 个国际体育联合组织成立，现代国际体育体系发展速度惊人也反映了 20 世纪初席卷全球的社会变革。

与此同时国际体育法体系逐渐建立以维护这些国际体育组织在全球范围内的权威。国际奥委会（IOC）处于这个体系的最顶端位置，1983 年成立的国际体育仲裁院（CAS）拥有体育仲裁的终审权，但在极个别情况下可以向瑞士联邦最高法院提出上诉请求。国际体育法没有"国籍"，且不同于其他形式的国际法，国际体育法能被默许执行是因为一般国家和体育组织害怕被排除在国际体育比赛之外。大多数国际法基于主权国家之间的协议，但体育体系依赖于非政府国际组织机构，如国际体育联合会、国家奥林匹克委员会等之间的协议。正是这些不同寻常的组织和法律使当今的全球体育体系形成成为可能，现代国际体育体系是近 200 年来西方体育发展的历史产物，但是西方社会组织结构不能完全强加于其他地区社会和国家，非西方国家和发展中国家往往难以全面接受这样的体育组织架构体系。

第二节　体育与殖民主义

国际体育体系提供了一个相对稳定的结构，有助于体育在世界范围内的传播。自体育运动作为现代化实践以来，它就被深深地卷入了殖民主义之中。19 世纪中叶英国人开始规范现代体育实践活动，之后这项实践活动在它的发展历史中激发了人类最强烈的感情。体育比赛章程的合理化、制度化和现代化进一步保证了它所具有的先天优势的发挥。起初英国人坚信体育锻炼是为国家和宗教服务的，肌肉基督教主义（muscular christianity）是英国现代体育发展及其早期全球化中重要的意识形态之一，它是性别气质、身体活动、种族主义等方面观念融合的产物（MacAloon，2007）。这些所谓的理性主义娱乐主义者表面上是要"拯救"和"文明化"英国国内的工人阶级和贫穷人口，以及英国统辖范围之内的殖民地人民。英国殖民者利用体育运动来使他们认为落后的殖民地人民变得"男性化"，或者是将殖民地人民"过度"的阳刚之气置于英国人的殖民控制之下。体育服务于帝国、殖民和"文明"的目的，体育运动通过人们的身体表现、"文明"的价值观和比赛规范来证明殖民者的优越性。被征服的、被殖民的和所谓的"未开化"的非西方族群的人们的反应是复杂的：在殖民背景下的体育运动有时会同化当地人，有时会变为统治工具，有时会为被殖民者提供一种非常适合抵抗殖民统治的武器……二战后殖民帝国体系开始崩溃时，体育就从一种反帝国主义的抵抗工具迅速演变为在后殖民背景下提振民族主义情绪的国家建设动员工具。

第一批殖民者首先着手在他们的海外殖民地重建自己国家的微缩模型，体育俱乐部的建立也在这个计划之中，他们在殖民地效仿着建立起20世纪初在欧洲和北美蓬勃发展的体育俱乐部。这些俱乐部由殖民地官员管理，它是一种在旧贵族秩序崩溃后兴起的新型社会组织。体育运动通常为体育俱乐部实现更重要的功能提供平台，从而加强精英社交网络的构建。体育俱乐部通常由男性组织，在其中也由男性参与和裁判体育运动，但其他涉及两性的社交活动有时与体育活动一样重要，比如舞蹈、宴会和颁奖仪式等，女性则在这些活动中发挥重要的作用。俱乐部一般只接纳特定社会阶层的成员，在殖民地人们关心的是如何确保殖民者和被殖民者不会在权力等级非常明确的情况下被混在一起。因此，殖民地体育俱乐部中所吸纳的被殖民者仅限于在殖民政府工作的当地人，或是被灌输了殖民权力理想的土著精英。

以参与者和观众的数量来衡量，在世界范围内占主导地位的体育运动都是帝国主义列强在19世纪末和20世纪初用来传播特定意识形态的体育运动，这种意识形态投射了他们的力量并在一定程度上促成了非欧洲地区人民的殖民化，这些体育运动包括足球、棒球、篮球、板球和橄榄球等，它们都是团体项目，殖民者用其表现自己作为"文明"或"现代"人的特定精神，这种精神深深植根于殖民主义的等级分类体系中。被殖民的人民并没有被动地接受这些运动和其中的意识形态，相反，像殖民者一样，他们通过体育表达对他者的身体批评。然而这种全球流行构成了文化帝国主义的一个重要方面，即西方文化对世界大部分地区的历史的殖民化，以牺牲其他地区本土体育实践为代价将欧美体育扩展到非洲、亚洲、大洋洲和南美等地，这也是帝国建设、殖民扩张、经济依赖和新殖民主义的反映。现代奥运会是这些广泛存在的进程的高潮，因此迄今为止夏季奥运会项目中只有 3 项来自非西方地区的运动，即柔道、跆拳道和空手道，除此之外所有其他奥林匹克运动都源自欧洲和北美。甚至这 3 项体育活动都不能算作严格意义上的民族体育活动，而是本土地方运动在复杂文化环境中接受改造以适应西方现代体育体系的成果。

迄今为止奥运会项目中没有中国武术、南亚卡巴迪以及各种东南亚球类运动等地方民族体育项目，这些地区的人民非常努力地希望能够将它们加入奥运会比赛名录之中。随着西方传统体育强国之外的国家越来越多地在全球体育中崭露头角，这些国家也开始要求自己的体育运动得到国际社会认可。然而西方对国际体育体系的持续控制显而易见，尤其在 2001 年之后一个新的决策增强了统计指标的重要性，如一个项目拥有国家体育协会的数量、参与率和比赛的观众规模等决定了奥运会是否接纳这一项目。这一变化仍然有利于西方运动，这也直接促成 2016 年奥运会增加了七人制橄榄球和高尔夫项目，滑板、冲浪、攀岩和空手道被纳入 2020 年奥运会中。

第三节　体育传播与殖民主义

历史学家阿伦·古特曼（Allen Guttmann）曾提到"现代体育助长了将它们带到天涯海角的帝国扩张"（Guttmann，1994：5），这也给体育活动在全世界范围内的传播贴上了特殊的标签。但古特曼也认为不能将体育的传播视为一种简单的统治行为，因为被殖民的人往往是这个过程的共谋。板球、足球这两项重要的英国体育运动和棒球、篮球这两项重要的美国体育运动的发展轨迹说明了体育运动在世界上不同区域传播的方式并不相同。根据古特曼概述的运动历史，板球是第一个传播到其他大洲的现代英国运动，板球规则于 1744 年确立，英国殖民者在 18 世纪初期将其引入美国南部，而英国水手在 1721 年将其引入印度加尔各答。1863 年一名爱尔兰学生在比利时梅勒将足球引入欧洲大陆，1867 年英国水手又将其引入阿根廷的布宜诺斯艾利斯。因为战争的缘故，1860 年棒球被从新英格兰带到了美国的中西部和南部，1864 年从美国返回的古巴学生把棒球带到了古巴，当时也有美国水手向古巴码头工人教授这项运动。1878 年古巴十年战争结束后，一些古巴精英迁移到多米尼加、波多黎各、委内瑞拉、哥伦比亚和尤卡坦半岛，同时也将棒球带到了这些地方。1873 年一位美国教师将棒球引入日本，1882 年来自美国的铁路工人将棒球引入墨西哥北部。篮球运动发明于 1891 年，在仅仅 4 年后由为基督教青年会（YMCA）工作的教育工作者引入东亚，该组织是一个独立的非政府组织，旨在以强身派基督教为思想基础促进体育的发展，它为在世界范围内传播体育和基督教发挥了重要作用。1927 年日本的学生又将篮球带到了德国，第一次世界大战期间美国士兵将这项运动带到了法国。

在古特曼的研究中，教师和学生都是体育活动传播的推动者，一般情况下学生在国外接触到新的体育运动项目后会将它们带回自己的国家。如果是这种情形，那么人们就会质疑一般所描述的"体育是帝国统治的工具"。学生在国外学习时接触掌握一项体育运动后，除非他们真正喜欢热爱，否则他们不太可能会将这些运动再传授给故乡的朋友，事实上学生只是发现一项运动"有趣"而为了娱乐参与其中，并乐于将其分享给他人。因此，古特曼认为体育传播的过程是"霸权主义"的一种表现形式。霸权是一种强大的政治工具，因为被统治的群体出于他们自己的意愿支持主导意识形态，即使这可能违背他们的利益最大化。古特曼承认人们在这一统治过程中的合作和共谋表现，破坏了一般意义上的绝对统治和绝对服从的单一模型。但是，古特曼的观点并没有改变体育传播发生在帝国主义大背景下的事实。这些学生为什么出国留学？为什么学生学习特定的体育运动？学生学习这些体育运动的动机是什么？英国体育尤其是足球运动很容易吸引英国资本家的孩子的注意，因此足球的传播追随了帝国主义资本的脚步，体育能够引起那些认为它可以巩固帝国主义统治的人们的注意力。著名的人类学家约翰·马克阿隆据此描绘了体育的"排空逻辑"模型，即体育可以脱离语境并清空其最初的意涵，在传播的过程中再次被当地的意义"填充"，由此体育构成了文化互动的跨文化空间。

殖民扩张的规模是体育运动能否实现全球化的关键，一些体育运动仅在有限的地理区域内传播，还有一些完全是本地化的运动项目。起源于 19 世纪的英国或被其他殖民国家尤其是法国所推广的体育运动项目，比如足球，今天仍然在前英法殖民地区很受欢迎。橄榄球也曾在世界许多地区传播，它在前英国殖民地南非、澳大利亚、新西兰、加拿大一直非常流行，当然还有其他一些太平洋岛国如斐济、汤加和萨摩亚等；板球则在南亚和讲英语的加勒比地区传播甚广。相较之下，美国等帝国主义国家在扩张历程中在不同国家所开展的体育运动的分布更为均匀。棒球的传播反映了美国的历史势力范围的变化：从美国到讲西班牙语的加勒比地区再到日本、韩国和菲律宾。而起源于没有殖民历史或殖民主义被截断的社会的运动不太可能在全球传播，冰壶起源于苏格兰，它需要冰和投掷的冰壶，可以被看作在爱尔兰打的曲棍球的另一种版本。

虽然将体育带到殖民地是体育在全世界传播的主要动力，但体育运动并不总是沿着特定殖民帝国的边界扩张路径传播。当然，殖民主义不仅包括吞并领土的形式，它还囊括了经济统治的形式，比如在一些英国并没有直接统治的地方。尽管巴西没有被英国殖民的历史，但英国移民将足球引入巴西，足球成为当地人们生活的中心。阿根廷自 1816 年以来一直是一个独立的国家，从未隶属于大英帝国，但在 20 世纪初期阿根廷的英国实业家控制了商业、工业和农业部门，并引进了足球、橄榄球和马球这些传统的英式体育项目。今天足球成为阿根廷最受欢迎的大众运动，橄榄球和马球仍然保留了 20 世纪初外籍俱乐部中的精英运动地位，它们的专属俱乐部在社会、文化和经济方面发挥着举足轻重的作用，并构建起阿根廷精英阶层的社交网络。

殖民国家对其非洲殖民地体育运动的控制比其他地方更严格。20 世纪初基督教青年会组织的远东运动会取得成功之后，国际奥委会的第一位非洲成员安杰洛·博洛纳基（Angelo Bolanaki）试图效仿举办非洲运动会。博洛纳基并不是非洲土著，他来自埃及亚历山大港的希腊移民社区。从 1910 年开始他一直是埃及的国际奥委会成员，直到 1932 年在中东和北非地区奥委会成员身份竞争日益激烈的情况下，他将其成员资格转至希腊。博洛纳基的非洲运动会计划惊动了非洲大陆的殖民当局，他们担心这可能会激发非洲的民族主义运动，并担心体育带来的种族融合可能会颠覆其统治权威。起初博洛纳基从法国和意大利官员那里获得了支持，计划于1925年在阿尔及尔举办第一场活动，但法国人最终取消了该计划，并迫使意大利人也放弃。因此，活动日期被推迟，地点也改为博洛纳基自己的家乡亚历山大，但最终在开幕前几周英国人阻止了计划。欧洲奥委会成员看到远东运动会上参赛运动员表现出的民族主义自豪感后认为，在非洲传播国际体育是不明智的。

20世纪30年代殖民当局委托人类学家研究在南罗得西亚（独立后称为津巴布韦）索尔兹伯里的拳击运动。20世纪初拳击在当地开始流行，但显然这是在没有殖民国家鼓励的情况下发生的民间自发行为。受过英国训练并练习拳击的当地警察享有很高的声望，当地人开始模仿他们并重新调整了英国的拳击形式以适应自己的文化背景。比赛时间短，交手少，没有人被击倒，没有得分，没有决定性的结果，拳击手在对手休息时表演昂首阔步的舞蹈动作，这些比赛让观看的欧洲人感到困惑。拳击俱乐部是由民间组织的，所以比赛经常会引发几千名观众之间的争斗。当局担心拳击会成为民族自决的工具，他们争论的焦点是应该彻底禁止拳击还是试图控制它。人类学家被委托协助调查并做出决定，经过大量调查之后当局最终决定规范和控制拳击活动。此外特别是在撒哈拉以南非洲，殖民当局强烈禁止当地人组建体育俱乐部，并且出于对保持白人和黑人之间社会距离的要求，将有色人种排除在他们的体育俱乐部之外。直到1922年，非洲第一个黑人运动员体育协会——肯尼亚足球协会才成立，二战后定期参加奥运会的非洲国家只有南非和埃及。

第四节　体育与英国的殖民主义

在英国精英阶层体育教育的主要目的是培养有绅士品格的人，精英公立学校的教师认为体育是教育过程的核心。因为来自殖民扩张国家，他们认为国民教育不仅要服务国家，而且还要服务整个帝国，所以他们认为帮助帝国统治世界是他们的职责：

　　　　在一些不同寻常的地方可以找到帝国主义教育的有力象征，比如
　　足球场和板球场（Mangan，1998：43）。

　　英国人通过将他们的文化传统和体育运动输出到殖民地，使这些运动
实现另外一种形式的"国际化"，早期选择输出到殖民地的体育项目是板
球，后面选择的运动项目则是橄榄球。体育机构通常受教育系统和各级官
僚机构的控制，作为在教育系统内培训未来殖民行政人员的工具，从英格
兰开始到帝国的其他地方，体育知识将土著精英同化到他们认为的"现代
性"之中，从而为在比较偏远的殖民地开展间接统治铺平道路。作为现代
化的组成部分，社会改革者、民族主义理论家和一些社会活动家认为，发
展体育有助于提高民众的整体健康水平，进而有助于提升英国的国民福
祉。在生活中那些被认为可以凸显帝国特质的方面，殖民社会精英用"业
余主义"理念将体力劳动者排除在精英组织的体育赛事之外，理由是体力
劳动使他们具有不公平的优势，此后国际奥委会也长期采纳这种"业余主
义"理念，限制职业运动员参加奥运会赛事。

　　殖民地体育项目的主要推广机构是当地青少年就读的教会学校，在 19
世纪末英属新几内亚的马西姆地区，一般男孩打板球和踢足球，女孩打羽
毛球、网球和槌球，学生进行体育运动以锻炼身体、培养技能和保持健康
卫生。尽管板球今天已经不是英国本土最受欢迎的运动，但板球被认为是
最能代表所谓的"英国性"、大英帝国以及 19 世纪殖民主义的运动。英国
人推广板球时致力于建立典型"帝国游戏"的俱乐部，它们提供了加强帝
国意识形态并将帝国成员团结在一起的社交场所，体育俱乐部的排他性是
殖民统治的有力象征。最初军官、殖民地官员和其他社会精英在英国本土
之外的海外殖民地打球，板球被认为表达了独特的英国道德，被赋予了维
护道德的义务，并与英国的统治利益相关。1903 年塞西·海德拉姆（Cecil
Headlam）在印度旅行后称，英国的殖民化可以分为三个阶段：

　　　　第一阶段是猎人、传教士和商人，第二阶段是士兵和政治家，第
　　三阶段是板球运动员。在这些文明影响中，板球将统治者和被统治者
　　团结起来，就像在印度一样。板球还提供了一种道德训练，一种勇气

的教育，以及一种自我克制。对于普通本地人的性格而言，打板球比单纯地学习莎士比亚的戏剧更有价值（Headlam，1903）。

同样，英国前殖民地行政长官哈里斯勋爵表示，板球在巩固帝国疆域方面所做的贡献比其他任何活动都多，板球和帝国主义相互支持。维多利亚时代和爱德华时代的板球塑造了英国白人看待自己的方式，以及他们对世界如何看待他们的想象。打板球能培养道德品质，如将球队的利益置于个人享受之上的无私精神、毫无怨言地接受裁判和队长的决定……某种程度上而言这些品质与基督教宗教伦理可以产生共鸣。打板球也被认为可以鼓励有色人种接受英国人的体育精神，这反过来又会让他们认为英国的统治有好处，球场上的象征性话语和体育表现很容易被迁移到殖民地日常生活中。

随着板球运动传播到加勒比、非洲和亚洲的英国殖民地，板球运动中嵌入的社会规范和意义随着时间和空间的变化而变化。在殖民社会中，殖民者和被殖民者都将板球用作对彼此表达批评的工具，因此它是关于殖民者在寻求权威的情况下对身份的追求的（Nandy，2001）。印度精英利用板球将他们在现有社会等级中的地位合法化，整个加勒比地区的殖民地人民通过板球展示了他们对国家主权的主张，并象征性地在板球球场上扭转了双方的权力关系。

在现实中体育运动成为殖民帝国的统治工具的方式远比历史中的记载要复杂，这一点在民族志影片经典中表现得最为明显。1973年的纪录片《特罗布里恩板球：对殖民主义的回应》讲述了在卫理公会传教士于20世纪初将板球带到新几内亚的特罗布里恩群岛之后，当地居民将这项运动纳入当地的社会和文化习俗中。后来的人类学者称赞特罗布里恩群岛居民将板球这一帝国游戏彻底颠覆，他们在板球中加入了人体彩绘、巫术和舞蹈，赋予其异国审美情调。人们通常喜欢看到弱者使用纪律工具来对付压迫者，然而这部电影浪漫化了抵抗活动，并掩饰了这部电影本身与当地政治的密切关系——影片本身是一位当地土著首领用于实现自己的政治野心的（Weiner，1978；Foster，2006）。虽然板球服务于大英帝国的利益，但它也是抵抗英国殖民主义的工具。例如，英属西印度群岛的人口主要是非洲人和南亚人的后裔，他们在美洲土著印第安人于欧洲人占领美洲的头一百年内被消灭后，被作为奴隶或契约劳工运送到美洲各个岛屿。在那里板球从一种殖民地官员"玩"而其他殖民地民众观看的消遣，演变为群众参与的不同层次的"游戏"，最终演变为作为民族自豪感展现途径的"运动"。随着时间的推移，奴隶、契约劳工及其后代被纳入这项运动，但仅能扮演高度受限的角色。起初他们被允许参与准备投球，少数人被允许在练习期间打球和取回击球，"黑人被视为甘蔗田里的机器，同样被视为白人殖民者击球手进行击球练习的协助者"（Yelvington，1995：17）。

英国从 18 世纪开始在印度加强和巩固其统治，板球并不是英国人优先在当地推广的体育项目，印度的精英教育也没有纳入板球运动。当英国人结束对印度的殖民统治时，板球也还不是印度的国家体育运动，甚至曲棍球和足球在印度的某些地区，尤其是农村和工厂更受欢迎，而板球则是中产阶级的城市运动，在孟买尤为流行。印度独立之后，印度人的民族自豪感围绕着对抗前殖民宗主国凝聚起来。对于大多数印度人来说，板球看起来更像印度的体育运动，板球在印度比在英国更能激起民众的热情。在后殖民时代，板球在印度、巴基斯坦和西印度群岛被赋予了新的意义。板球起源于英国的背景被淡化，这些曾经是殖民地的现代民族国家经常在板球比赛中利用规则击败他们的前殖民宗主国——英国。殖民时代已经成为远去的历史，板球也成为新的历史象征。

第五节　体育与美国的帝国主义

美国自认为是"后殖民地"，因此美国的体育运动不是通过殖民地精英俱乐部和学校，而是通过其他渠道传播的，其中基督教青年会就被认为是英美体育运动进入东亚的主要推手。基督教青年会于 1844 年在伦敦成立，它的北美分会在东亚非常活跃。基督教青年会分别于 1889 年、1895 年和 1899 年在日本、中国和韩国开设常设办事处。在日本，1853 年美国海军准将马修·佩里（Matthew C. Perry）率领美国军舰抵达港口城市横滨，他要求德川幕府开放几个港口进行贸易。生活在横滨的外国人于 1862 年在横滨引进了欧式赛马，1866 年带来了橄榄球运动，1868 年开始进行板球运动。这里也是日本人积极参与棒球运动的起点，1896 年东京的学生击败了由外国人组成的横滨体育俱乐部，这次比赛的胜利也为日后棒球成为日本的国球奠定了基础（Guthrie-Shimizu，2012）。

1898 年美西战争结束后美国从西班牙手中接管了菲律宾，直到 1902 年美国才平息了菲律宾争取独立的斗争，此后菲律宾成为基督教青年会在东南亚区域扩张的起点。由于基督教青年会和美国的影响，早期在东南亚区域内推广的体育项目主要是奥林匹克运动和棒球，而不是足球和板球。1913 年的远东锦标赛是历史上第一场地区性运动会，马尼拉基督教青年会的主管埃尔伍德·布朗（Elwood S. Brown）设想区域运动会将成为奥运会的分支，这也得到了国际奥委会的支持。这个想法激发了东亚人民的爱国主义情绪，他们希望看到自己的国家在世界大赛中占据一席之地，并举办奥运会和赢得奖牌。1909 年日本人嘉纳治五郎（Kano Jigoro）成为国际奥委会委员，他是第一位来自亚洲的委员。嘉纳治五郎是日本著名的教育家和柔道创始人，此后在 1964 年柔道项目成为第一个被纳入奥运会的非西方竞技项目。嘉纳治五郎认为，如果一项非西方体育项目过于强调其非西方特色，将很难被西方所接受。因此在国际社会提到柔道时，他尽量使用专业的科学技术语言，避免提及柔道的文化背景。总之，日本人对棒球的热爱、奥运会在东亚的广受欢迎，都是 20 世纪西方帝国主义的遗产。西方体育在东亚的引入和传播轨迹与英国在其他地区的体育传播路径并不相同，这也是因为中国、日本和韩国从未被西方列强完全殖民过，体育并不是殖民系统工程的一部分。

基督教青年会在加勒比地区也很活跃，他们把多项体育运动带到了当地。在这个过程中，美军也经常参与其中有意识地推广棒球，以传播美国的价值观。在整个加勒比地区美国人都鼓励当地年轻人打棒球，并以此作为分散和控制年轻人的工具，以及防止他们拿起武器抵抗美国人的一种手段。早在美国军事占领之前，棒球在当地就已经具有了文化和民族主义的意涵，而古巴人自己也经常向中美洲和南美洲其他地区输出棒球运动。在古巴和拉丁美洲其他地区，棒球长期以来一直是在赛场上挑战和击败美国人的一种强有效的手段，这种象征性胜利激起了整个加勒比地区人民的民族主义情绪。

第六节　体育与欧洲内部的帝国主义

历史上不仅亚、非、拉等非西方地区受到了帝国主义侵略的影响，欧洲地区也曾受其影响。爱尔兰曾经被英国视为其帝国的一部分，爱尔兰人作为英国殖民统治的共谋者，在英国的海外殖民地中较之其他本地族群享有一定的特权。体育活动一方面在爱尔兰人和英国人之间的关系中发挥着重要作用，另一方面它在信奉天主教和新教的爱尔兰人之间的关系中发挥的作用也很微妙。因此爱尔兰提供了一个研究体育运动的绝佳场域——在民族主义的语境中体育既可以统一也可以分裂一个民族，在爱尔兰体育推动形成了天主教徒和新教徒之间的区隔。也可以说，一个人参加的体育运动是他的政治忠诚度的标志，像板球这样所谓的英式运动的参与者几乎都是英国人或新教徒，这种运动被视为统治爱尔兰的帝国国家机器的组成部分（Wilson and Donnan，2006）。

天主教徒和爱尔兰共和党人并没有通过比赛来挑战英国人，而是采取了不同的策略——他们将自己的体育运动发展成为国家身份的独特标志。他们以明确的反英立场成立了盖尔运动协会（Gaelic Athletic Association，GAA），并禁止在任何盖尔运动协会场地进行足球或橄榄球比赛（Hassan，2005：127）。盖尔运动（Gaelic Games）是爱尔兰的一系列传统体育项目，主要包括盖尔式足球（Gaelic Football）和爱尔兰式曲棍球（Hurling）。这些运动由爱尔兰盖尔运动协会组织和推广，具有深厚的民族文化背景。盖尔运动不仅是一种体育活动，还承载了爱尔兰的文化传统和民族认同，尤其是在爱尔兰本土，盖尔运动具有重要的社会和文化意义。这些运动通过各类比赛、联赛和文化活动，维系着爱尔兰民族的团结和文化传承。今天盖尔式足球等盖尔运动几乎只在爱尔兰才有，尽管在 20 世纪中叶以前它们也在美国的爱尔兰移民中很受欢迎，甚至被列入 1904 年圣路易斯奥运会的体育项目，爱尔兰盖尔运动协会复兴并发展它们来抵制英国体育的传播。因此，在 19 世纪末和 20 世纪初参加和支持盖尔运动成为展示爱尔兰民族性的一种方式，也是反对英国统治斗争的一部分。在北爱尔兰尤其如此，那里的教育和体育仍然是教派分化的明显标志（Bairner，2008）。天主教徒和新教徒有不同的教育系统，这些学校教授的体育运动反映了每个社区的民族宗教性质。天主教徒在俱乐部和学校里练习盖尔运动，它们与橄榄球、板球和曲棍球形成鲜明对比，因为后者是新教的运动。他们唯一的共同体育运动是足球，尽管涵盖这两个群体的俱乐部并不常见，通常球迷会根据自己的族群选择俱乐部并为其加油。盖尔运动不仅是体育运动，也是一种与殖民斗争和爱尔兰身份相关的政治实践。克罗克公园（Croke Park）是爱尔兰首都都柏林的一个大型体育场，是爱尔兰盖尔运动协会的总部所在地，也是盖尔运动的主要竞技场地。克罗克公园不仅是盖尔式足球、爱尔兰式曲棍球等盖尔运动的重要比赛场地，还承载了许多爱尔兰历史和文化意义。克罗克公园建于1884年，最初被作为爱尔兰民族主义者支持的体育场馆。盖尔运动协会在2005年修改了其章程，允许在克罗克公园和其他设施进行其他运动，盖尔运动协会中央委员会随后在2009年投票进一步放宽了禁令。

英国和爱尔兰的矛盾也在奥运会中有体现。现代奥运会的第一次抗议发生在1906年雅典奥运会，这是第一届授予国家奥委会选择参赛者权力的奥运会，英国奥委会被认定代表英国组织参赛，它要求所有运动员在"大不列颠"名称之下注册。这也是第一届为奖牌获得者升国旗的奥运会，三级跳远的银牌得主彼得·奥康纳（Peter O'Connor）爬上旗杆，挥舞着爱尔兰国旗，以此抗议颁奖仪式为他升起的是英国国旗。国际奥委会在1924年承认了爱尔兰奥林匹克委员会，但对于谁可以代表爱尔兰参加奥运会的争论一直持续到1952年。国际奥林匹克委员会（IOC）主席、爱尔兰裔英国贵族基拉宁勋爵（Lord Killanin）当时提出，因为北爱尔兰公民可以拥有爱尔兰或英国护照，所以运动员登记参加奥运会所持的护照将决定他们代表哪个国家参赛。

另一个在欧洲体育中发挥重要政治作用的国家是希腊。从15世纪到1821年希腊起义，希腊共和国占据的大部分领土都处于其欧洲主要政治和文化竞争对手——奥斯曼帝国的控制之下。希腊革命巩固了人们对东西方的刻板印象，欧洲人将其视为欧洲文明和东方文明之间冲突的结果。在瓜分全球殖民地的过程中，英、法、俄等国选择了新的形式。希腊地处英国通往其帝国东部的航线上，它也在俄罗斯通往地中海的航线上。早在1426年希腊就已经成为"东方"的一部分，新国家是按照西方民族主义模式构建的，新希腊国家号召所有希腊人将自己视为古希腊人的后裔。正如人类学家迈克尔·赫茨菲尔德（Michael Herzfeld）所观察到的，希腊人并不知晓他们今天文化的哪些部分可以被合法地归类为所谓的"希腊传统"（Herzfeld，1995：218）。希腊国内的族群和语言具有多样性，且希腊国土以外的希腊裔人口众多，他们也会说希腊语。但是希腊的领导人奉行创造一种被称为希腊文化的单一民族文化的政策，奥运会在其中发挥了重要的作用。19世纪下半叶由希腊慈善家和企业家埃万吉洛斯·扎帕斯（Evangelos Zappas）资助和组织了四届扎帕斯奥林匹克运动会（Zappas Olympics），希腊体育传统被挖掘和修复，这些体育比赛的项目和仪式都受到了古希腊历史的启发（Koulouri，1998：144）。

1894年现代奥林匹克之父法国人皮埃尔·德·顾拜旦邀请了2000多名国际知名人士参加在巴黎举行的国际大会，他们在那里制订了将古代奥运会重振为现代国际运动会的计划。第一届赛事于1896年在雅典举行，国际奥委会的第一任主席是希腊作家维克拉斯（Dimítrios Vikélas）。维克拉斯在演讲中说：

> 此刻，在协商举办奥运会的时候，希腊难道没有权利在自己的土地上看到奥运会的再次举办吗？请不要忘记，当您将古希腊视为您的知识家园时，我们希腊人在许多方面才是它的直接后裔。因此，如果您是我们共同祖先的后裔，那么我们就是他们的亲生孩子（Georgiadis，2003：123-124）。

第一届现代奥运会于1896年在雅典开幕，并取得了巨大成功，吸引了来自欧洲和北美各地的数以万计的运动员和观众。古代和现代的奥运会都被写入了现代希腊的民族历史，它成为希腊摆脱东方主义话语，将自己放置于西方文明之内的重要途径。所以雅典主办2004年奥运会时，奥委会官方宣传强调这一届奥运会"回家"举办。

第七节　体育与后殖民时代的去殖民化

　　殖民主义关系的核心是权力，但正如福柯所言，权力是"多态的"，这意味着它常常不是对一个人或群体的明确和清晰可辨的压制，而是无处不在，掌权者或被统治者会不自觉地承认权力关系。类似的权力关系无处不在，因为权力和阻力始终处于相互抗衡的状态。福柯提醒我们，体育是反抗殖民主义的理想工具，因为它不显眼且位于比较隐蔽的位置，这是体现在"日常抵抗形式"中的权力微观政治的一个很好例证。

　　体育在二战后的去殖民化过程中发挥了重要的作用。二战之后，殖民地纷纷开始寻求独立，而殖民宗主国也急于摆脱利润较低的殖民地。当殖民霸权瓦解，体育俱乐部会继续为新形成的精英阶层服务。英国军队在 1882 年英埃战争爆发后被派去开罗以平息埃及的起义，这些军人后来成立了著名的杰济拉体育俱乐部（Gezira Sporting Club）。这个俱乐部的成员主要是英国贵族、军官和政府上层官员，还有少数法国和德国公民，埃及本地人只占极少数，几乎所有人都被授予了精英的荣誉头衔。在 1952 年 7 月反对英国占领的革命期间，埃及政府控制了俱乐部，此后埃及人取代了俱乐部原先的外籍管理层。在 1956 年苏伊士运河危机之后，无论是在埃及政界还是在杰济拉体育俱乐部，埃及新的精英阶层都彻底取代了旧精英阶层。杰济拉体育俱乐部自成立以来一直是中东最著名的体育俱乐部，后殖民世界的权力关系往往反映了殖民时代的权力关系，新的精英阶层出现之后会取代以前由殖民者占据的位置。

　　体育以一种更加微妙的方式在去殖民化进程中发挥了作用。1912～1956 年法国以保护国的形式统治摩洛哥，在此期间摩洛哥的苏丹也保留了一些权力。摩洛哥人被征入法国军队，主要加入步兵营，所以 20 世纪 30 年代摩洛哥人开始接受长跑训练。法国殖民者认为跑步是一项低级运动，由于摩洛哥处于法国统治之下，当地人就不得不代替法国人参加田径精英赛，并在法国的这一项比赛中占据主要地位。虽然摩洛哥人在国际田径比赛中所取得的成绩在法国被视为其作为殖民大国的成就，但摩洛哥民族领袖将这视为摩洛哥人可以与殖民宗主国竞争的证明。摩洛哥在 1956 年独立后投入了大量资源推广长跑，发掘有前途的孩子，培养有才华的田径运动员，摩洛哥在这项运动中的优势一直保持到今天。

旧殖民秩序的最后残余被消灭一部分要归功于体育领域内的激进主义。因为反对南非的种族隔离制度，在 20 世纪 60 年代至 90 年代初南非被排除在奥运会和国际足联之外。鉴于南非白人对体育运动的重视，这一抵制对南非的打击比较大。新西兰与南非的白人对橄榄球有着共同的热情，尽管非白人土著毛利人在这项运动中也有参与。1981 年新西兰政府接受了对南非国家队的抵制，这激起了全国的抗议。在南非 1994 年废除种族隔离制度之后，它在 1995 年的橄榄球世界杯中的胜利赢得了人们的欢呼。虽然橄榄球与南非的殖民种族隔离秩序纠缠在一起，但它在 1874～1970 年作为英国殖民地的斐济却有着不同的作用。在殖民时期，主要是来自欧洲精英家庭的年轻男性在学校参加橄榄球运动。在 20 世纪后，橄榄球通过军队和警察系统向各个社会阶层渗透，最终成为斐济最重要的民族运动。橄榄球与斐济的社会、政治、性别和宗教组织的意识形态及社会结构紧密相连，尤其是在政治和数量上占主导地位的斐济土著人热衷参与其中。但是，参与者中并不包括 19 世纪末 20 世纪初来自印度的移民的后裔，他们约占该国人口的 40%。1977 年，斐济队在苏瓦的巴克赫斯特公园以 25：21 的比分击败了英国雄狮队，斐济人将此视为该国在国际体育界崛起的里程碑。

自 20 世纪 80 年代以来斐济与邻国汤加和萨摩亚一起成为橄榄球人才的主要输出国，这项运动是斐济人在国际舞台上展示自己国家的一种方式。因此，斐济的橄榄球运动与南亚的板球运动相比，代表了一种不同的体育运动与后殖民主义的结合。殖民时代英国在斐济并没有经历像在其他地区那样强烈的抵抗，因为斐济地处偏远，面积相对较小，资源又有限，除了英国从印度带来的甘蔗工人之外几乎没有外来人口，这使得殖民者和被殖民者之间的关系比较温和。

第八节　后殖民时代的体育遗产

后殖民背景下的体育运动可以呈现多种形态。在一些后殖民国家它可能变成后殖民批判的工具，因为后殖民者将殖民者的运动变成了民族主义的象征，用来在殖民者自己的体育比赛中击败前殖民者。拉丁美洲的棒球挑战了美国的霸权，西印度群岛和印度的板球运动标志着他们摆脱了英国的控制。在斐济等其他前殖民地，体育运动适应了当地环境，而没有变成地方的抵抗工具。那些从属于西方殖民列强，但未被完全殖民过的国家也被卷入了殖民主义的漩涡。日本的棒球是对抗美国霸权的一种方式，远东锦标赛象征着东亚开始融入世界体系，希腊举办现代奥运会证明了它自己属于文化意义上的西方。也有人试图通过建立替代体育系统来完全摆脱殖民主义的控制，例如，盖尔运动协会标志着爱尔兰与英国的分离；通过举办基于新兴力量的运动会，发展中国家试图挑战西方对国际体育的控制。如果体育是殖民主义不可或缺的组成部分，那么在大多数前殖民地获得独立后，殖民主义的遗产仍然体现在今天各种形式的全球体育中。

小　结

　　体育与殖民主义、帝国主义之间存在着密切的联系和相互影响，在殖民主义时期体育被用作殖民者控制和影响被殖民地的手段之一。殖民者通过引入他们的体育活动和体育价值观，试图改变被殖民地的文化。这种文化侵略的手段包括引入"现代"体育项目、规则和竞技精神，以及强加殖民者的体育价值观和身体美学。同时，体育在殖民主义、帝国主义传播中被用作一种社会控制和身体管制的工具。殖民者通过组织体育活动、建立体育组织和规则来管理和控制被殖民地的社会秩序与身体行为。尽管体育在殖民主义、帝国主义中被用作一种控制手段，但它也成为被殖民地人民反抗和争取民族解放的重要领域。通过参与体育活动和竞技，被殖民地人民表达了他们的身份认同、团结和抵抗意志。后殖民主义理论就关注了体育如何在殖民主义历史的背景下维持和改变权力关系，分析了殖民主义对体育的影响，以及被殖民地人民如何通过体育来重塑自己的身份认同和文化表达。在解析体育与帝国主义的关系时应考虑不同的维度和视角，体育在帝国主义时期既被用作殖民主义、帝国主义国家的统治工具，也被用于反抗和抵抗殖民主义、帝国主义统治。因此，对于体育与殖民主义、帝国主义关系的研究，需要综合考虑不同的历史、社会和文化因素。

本章推荐人物阅读

1. 尼古拉斯·德克斯（Nicholas Dirks），美国人类学家和历史学家，他的研究主要集中在印度的历史和文化上，特别是对殖民主义时期的印度社会和文化进行了深入探讨。德克斯对印度的种姓制度、殖民政治以及文化变迁有着深刻的见解。在《心灵的种姓：殖民主义与现代印度的形成》（*Castes of Mind: Colonialism and the Making of Modern India*）这本书中，德克斯探讨了殖民主义是如何重塑印度的社会结构，特别是种姓制度的。他论述了种姓不仅是一个古老的社会结构，而且在殖民时期被重新构造和利用，以适应英国的统治目的，他认为现代印度的社会和政治问题部分源自殖民时期对种姓制度的操控和固化。德克斯的研究不仅限于种姓系统，还广泛涉及殖民政策对印度教育、法律和社会习俗的影响，他的研究显示了殖民主义如何影响印度的身份认同和文化传统，以及这些影响如何延续到现代。除了研究之外，德克斯曾任加利福尼亚大学伯克利分校的校长，以及哥伦比亚大学的社会科学院院长，影响了许多学术和教育政策。尼古拉斯·德克斯的研究提供了一个分析殖民主义如何塑造印度社会结构和文化认同的重要视角。他的研究挑战了对种姓和殖民历史的传统理解，为理解殖民后遗症以及现代印度面临的社会和政治问题提供了深刻的洞见。德克斯的研究被广泛引用，在历史学、人类学以及殖民研究领域都有重要影响。

2. 塔拉勒·阿萨德（Talal Asad），杰出的人类学家，以其对宗教、殖民主义、现代性以及权力关系的批判性研究而知名。他的研究常常质疑和重新评估西方中心主义的前提，尤其是对宗教和世俗的界定以及这些概念如何在不同文化和政治语境中被构造和实践。阿萨德的《宗教谱系学：基督教与伊斯兰教中的权力之规训与理由》（*Genealogies of Religion: Discipline and Reasons of Power in Christianity and Islam*）一书探讨了宗教如何在社会和政治生活中被构造和维持，以及宗教如何与权力和权威相互作用。他提出宗教不应被看作一系列信仰或仪式，而是一种涉及权力、历史和结构的行为实践。在《世俗的形成：基督教、伊斯兰教、现代性》（*Formations of the Secular: Christianity, Islam, Modernity*）中，他挑战了世俗的传统概念，探讨了"世俗"如何成为现代政治和社会生活中的一个关键构件，并分析了它如何与宗教概念相互定义。阿萨德的研究强调文化、权力和历史的交织，他的工作表明，宗教和世俗的界限不是自然的或普遍的，而是特定历史和政治过程的产物。塔拉勒·阿萨德的理论影响深远，尤其是在人类学、宗教研究、政治理论和后殖民理论中。他的研究成果挑战了关于宗教和世俗的传统理解，促使学者重新考虑这些概念在不同文化和政治环境中的应用和意义。阿萨德的研究为理解宗教在现代世界中的复杂作用提供了新的理论工具，特别是在探讨全球化和跨文化交流中宗教与世俗如何相互作用和影响方面。他的批判性视角使他在评估现代性、权力和身份的构建时能做出深刻的洞察。

3. 西里尔·莱昂内尔·罗伯特·詹姆斯（Cyril Lionel Robert James），特立尼达历史学家、文化理论家、政治活动家以及作家，尤其以其在殖民主义、非裔美国人历史和马克思主义理论方面的贡献闻名。他的著作和思想跨越了多个领域，包括历史、政治、文学和体育，对20世纪的思想和政治运动产生了深远的影响。詹姆斯最著名的作品是《黑雅各宾》（*The Black Jacobins*），其讲述了海地革命的故事，该书不仅是关于黑人奴隶反抗压迫的历史记述，也是对殖民主义、奴隶制和黑人解放斗争的深刻分析，被广泛认为是解释殖民地革命和后殖民问题的重要文献。詹姆斯是一个重要的马克思主义理论家，他的著作经常探讨阶级斗争、国家和革命的动力。他对西方马克思主义的传统进行了扩展，将其应用到对殖民主义的研究和非洲裔人民的解放斗争中。他的另一本重要作品《超越边界》（*Beyond a Boundary*）是一部体育文学作品，通过板球这项运动探讨了种族、阶级和殖民历史。这本书经常被认为是体育社会学和体育文化研究的先驱作品。他的作品超越了学术界，对广泛的读者群体有着吸引力。他的思想影响了去殖民化运动以及全球范围内的社会和政治改革运动。他的跨学科方法和对权力、解放以及人类尊严的持续探索，为理解20世纪的全球政治和社会变革提供了重要的视角。詹姆斯的作品被广泛引用和讨论，持续启发新一代的历史学家、政治理论家和文化批评家。

4. 安杰洛·博洛纳基（Angelo Bolanaki）是国际奥委会（IOC）的第一位非洲成员，他的加入是国际奥委会的多元化和全球化进程中的一个重要里程碑。博洛纳基出生于希腊，但他在埃及生活了很长时间，并在那里对体育事业做出了重要贡献。他在 1923 年成为国际奥委会的成员，是第一位来自非洲大陆的代表。博洛纳基不仅帮助扩大了奥林匹克运动在埃及和更广大的非洲地区的影响力，还为奥林匹克精神在非洲的发展奠定了基础。他的加入为日后更多非洲国家和代表进入国际奥委会打开了大门，使得奥林匹克运动会真正成为全球性的体育盛事。

5. 迈克尔·赫茨菲尔德（Michael Herzfeld），著名的人类学家，以其对文化、民族主义、身份认同以及社会理论的研究而闻名。赫茨菲尔德在文化人类学领域具有重要影响力，尤其在研究希腊和地中海地区的文化与社会方面贡献卓著。赫茨菲尔德的研究集中在理解如何通过民族主义和国家认同构建社会和文化身份上。他特别关注的是地方性与全球化之间的张力，以及如何通过语言、仪式和日常生活来表现和维系文化身份。赫茨菲尔德以研究希腊文化著称，尤其关注希腊社会中的传统、现代性以及身份认同的构建。他的著作 *Ours Once More: Folklore, Ideology, and the Making of Modern Greece* 深入探讨了希腊民族主义如何通过民俗学和历史来构建国家认同。他在社会理论方面的贡献包括对"社会中介"（social mediation）的研究，即理解个体如何在复杂的社会结构中定位自身，以及权力与抵抗之间的关系。赫茨菲尔德的研究帮助重新定义了文化人类学中的许多核心概念，特别是在民族主义、身份认同和文化表征领域。他通过深度田野调查和理论分析，将文化研究与政治、经济和历史的复杂关系紧密结合，影响了人类学及相关学科的研究方法和方向。

第三章 体育与社会结构

日常社交生活中很少有比体育更能体现社会结构差异的活动，但是体育运动中出现的差异很复杂，而且它与国籍、移民身份、性别、年龄、职业等其他方面的社会差异相比，往往比较隐蔽且难以发现。因此，体育民族志的书写特别适合阐明社会结构的复杂性。我们也可以看到，当人们在生活中没有更多选择时，体育运动可能会成为谋生甚至获得成功的最佳选择之一。身体条件突出的少数族裔群体和工人阶级的青少年可以通过体育得到社会流动的机会。因此体育和社会分化结构是相互构成的关系，体育在反映社会分化结构中起到一定作用。体育在很大程度上与游戏、娱乐和休闲相关，它既是娱乐休闲的活动又是严肃的生活，这之间的紧张关系使体育在划分社会群体中扮演了重要角色。同时，任何社会结构都不能免于被挑战，体育也不例外。出色的体育表现有可能打破既定的社会结构，让被忽视的或边缘化的群体成员获得社会认可。无论在哪种情况下，体育运动都是一个内容特别丰富的研究领域，并且可以以此观察和分析社会结构运行的基本过程。

第一节 体育与社会分层

体育和娱乐、休闲、消费等其他大众文化活动一样都会呈现出一种矛盾的状态：个人以运动员、裁判员、教练、观众等身份参与体育运动，他们认为这是由发自内心的本能的喜爱驱动的，而事实上他们的这些行为选择是由他们自己所处社会结构位置所决定的。在社会中每一个人都有属于自己的坐标，这代表了他们在社会结构中所处的位置。在 20 世纪 80～90年代法国社会学家皮埃尔·布尔迪厄（Pierre Bourdieu）提出的富有想象力的社会学理论中，他谈到了社会结构与体育的关系。布尔迪厄的"实践理论"强调了日常生活的客观条件所塑造的日常实践如何形塑持久的性格系统，也就是所谓的"惯习"（habitus）。在"惯习"中人们可以发现自己所处的社会结构和个人的能动性，因为这些都会体现在个体的身体动作上，"惯习"是个体的主观性与结构的客观性之间的中介（布尔迪厄，2017）。

　　格雷格·唐尼（Greg Downey）在对巴西卡波耶拉（Capoeira）的研究中提到，卡波耶拉将舞蹈、仪式、音乐和武术结合在一起，通常由两个人在一个"圈"中进行，伴随传统乐器演奏的曲调和呼喊，他们彼此持续不断地互动。这些活动中的舞蹈和肢体动作受当地具有传奇色彩的地方历史和政治环境的影响，其历史可追溯到非洲奴隶与他们的抵抗运动。在 20 世纪它也像许多传统运动一样已经被系统化和国际化了，但格雷格·唐尼对这项体育运动所涉及的身体技术另有独到的见解。萨尔瓦多被认为是保存了最完整的非洲文化遗产的巴西城市，唐尼追踪研究了萨尔瓦多的一个著名的卡波耶拉团体十多年。他研究发现，学习新的体育运动方式会使当地人意识到，他们从前看似无意识的运动方式可能受到性别、阶级、种族等潜在层次的影响。这会重塑他们对社会关系的看法，并从本质上改变他们对周围世界的感知和与世界互动的方式。格雷格·唐尼在自己的田野不仅证明了布尔迪厄的惯习理论，还批评了布尔迪厄过分强调惯习的认知方面的功能，而忽略了其在体育、学习、情绪和自我控制方面的神经生物学基础。

　　在布尔迪厄之前，社会科学研究方法主要将社会上不同群体对不同类型体育活动的偏好归因于个人选择，而没有讨论这种"品味"与社会结构的关系。反之，布尔迪厄坚持认为人们对体育活动的选择与其他许多活动一样与人们在社会中的位置相关，赛场上的运动员、裁判、教练以及观众都会根据他们的立场来观察、参与和评论这些体育活动。1895 年橄榄球联盟分为橄榄球专业联盟和橄榄球业余联盟，直到 1995 年橄榄球联盟才最终承认联盟不仅是职业运动员也一直是业余爱好者的忠实组织。在英格兰，橄榄球联盟与中产阶级有着明显的联系，而足球通常是工人阶级参加的运动，尽管这两项运动所需的装备和培训非常相像，经济投入也相差不大。

有些时候社会分层与其他形式的社会分化因素也会体现在这些运动中，例如法国各地区的橄榄球有所不同；英国业余橄榄球在很大程度上是一项白人参加的运动，男性橄榄球运动员可能会更受欢迎，而女性运动员则较少，因为运动员形象违反了刻板印象中的女性气质。尽管在英国大多数橄榄球球迷都来自工人阶级，但专业球队的拥有者和实力雄厚的俱乐部的领导层往往是贵族、精英或上流社会的有钱人。

体育运动的社会价值在学校、俱乐部、行业协会这样的社会机构中，在营利性机构的投资中，在普通人进行的活动选择中以多种方式呈现。社会和文化规范可以在体育环境中建立，因此参加特定体育赛事或进行特定体育运动的人会因为彼此共享相同的社会价值而感到彼此一同存在。而那些社会价值不同、处于不同社会位置的人会经常感到找不到自己的位置或被其他人排斥。从某种意义上说，体育的社会价值的再现具有马克斯·韦伯（Max Weber）式色彩，是社会阶层关系的投影。对于韦伯来说，社会阶层间的关系是流动的，阶层的固化是通过确定阶层成员由于社会流动性的限制而无法轻易跨越的界限来完成的（Weber，1946）。卡尔·马克思（Karl Marx）提出阶层成员不会自动形成他们的意识，相反处于同一社会阶层的人们在既定的情形之下会以相同的方式处理问题，其他社会成员也会尊重他们做出相适配的决定。简而言之，当英国的工人阶级的喜好集体倾向足球运动时，这种选择就在对工人阶级的形成起到推动促进的作用。

体育运动往往通过把一些群体囊括进来并排除其他群体来凸显阶层差异，并与社会分层的其他标志同时起作用，将不同运动转变为不同阶层的标志。布尔迪厄认为与大众普遍参与的体育运动相比，特定体育运动的社会价值是被刻意制造出来的。与其他没有这种特殊社会价值的运动相比，网球在世界许多地方被视为精英运动，而这种刻板印象与打网球的人的社会地位有关联，他们构成了社会精英群体，在布尔迪厄强调的这种"区分"之中形成与其他社会成员的区别。这也可以看到法国结构主义的影响，因为克劳德·列维-斯特劳斯（Claude Lévi-Strauss）也认为信仰体系被组织成二元对立结构。布尔迪厄在著作《区分：判断力的社会批判》中将符号结构的结构主义分析与马克思主义对社会阶级的分析相结合（布尔迪厄，2015）。布尔迪厄在谈到体育运动时提出了"体育与社会阶层"和

"体育社会学计划"，其来自布尔迪厄为了为 1988 年汉城奥运会召开的国际奥林匹克与文化交流大会准备的论文（Bourdieu，1988）。布尔迪厄采用了"品味"的概念及与之相关的分析逻辑，并将"品味"与传统的收入、资本、职业等这些经典阶级决定因素联系在一起。体育选择类似于在音乐、食物、艺术和室内装饰方面的审美选择，这些要素一起构成了布尔迪厄所说的"象征性资本"，它可以转化为其他形式的各种资本，当然也包括社会资本和物质资本。

在阿根廷的布宜诺斯艾利斯，人们认为橄榄球运动源于盎格鲁人，这与作为工人阶级所组织起来的群众体育运动的足球形成了鲜明的对比，尽管实际上足球也具有一部分"盎格鲁血统"。橄榄球运动主要在位于特定社区的私人俱乐部进行，该俱乐部的成员包括现役球员及其父亲或祖父，他们的父辈一般也都是这些俱乐部以前的球员，而他们的年轻女性亲属则会在这里打曲棍球。这些橄榄球俱乐部成员从很小的时候就开始与家人一起参加俱乐部活动，他们彼此之间形成了紧密联系的同龄人团体，这些人在一生中都会保持比较密切的联系，尤其是在他们二十多岁时会一起接受系统密集的橄榄球训练。这里面大多数橄榄球运动员在进入大学后会接管家族企业或成为医生、律师这样的专业人士，他们会在球场上结识的同伴的女性亲属中寻找配偶组建家庭。而这些女性大部分也都参加了这些俱乐部的曲棍球比赛，并且这些女性成员彼此之间也会建立同样密切的社交联系。这些从球场拓展开来的交友网络和通婚网络进而会延伸成为互助网络，这种相互连接的密切关系也会持续一生，因此阿根廷橄榄球俱乐部是精英阶层生产及其世代延续的主要场所。他们将体育视为象征性的资本，可以转化为其他各种形式的资本，包括社会关系、亲属网络和职业网络。这项运动中蕴含的特殊道德价值观表征了他们在社会分层中的地位，这里的道德价值观包括公平竞争、对所属团队的忠诚以及对传统的尊重，这些都被视为这项运动的"真正价值"。这些价值的谱系可以追溯到英国维多利亚时代精英绅士行为的规范。这种道德精神使俱乐部成员组织了很多非体育活动，包括一些公益活动，如探望老年人、为穷人提供食物和衣服、为贫困家庭的孩子组织游戏和艺术活动。从人类学的角度来看，他们的目的是维持与体育运动中的结构相同的社会结构和分层，人类学关注与体育平行的社会动态，而不是仅仅关注体育活动本身，这表明人类学可以阐明体育与体育活动所处的社会结构和所包含的意识形态之间的关系。

体育活动的参与者不是根据社会阶层而是根据个人选择来合理化体育在社会上的价值的。阿根廷的工人阶级鲜少参与橄榄球比赛，因为参加比赛的社会精英并不欢迎工人们的大声呐喊助威。在具有悠久足球传统的英国，中产阶级参加足球比赛的历史也并不长，因为他们表示并不喜欢足球场上的脏话、醉酒和混乱没有秩序的状态，足球场内经常也会有足球流氓出现。在以前足球流氓的暴力行为和狂欢被认为代表工人阶级的男性力量（Armstrong，1998）。

还有一种观点认为，特定体育运动的特征被铭刻在特定社会阶层成员的身体和性格上，这是惯习的组成部分。因此，布尔迪厄的文章指出拳击、足球和橄榄球等体育运动与工人身体之间存在重要关系，在工人阶级中精力、痛苦甚至危险起着重要作用。橄榄球的气质符合工人阶级中最常见的性格倾向：男子气概、韧性以及对疲倦和痛苦的抵抗力、团结感。与之相反，中产阶级成员主要散步、慢跑，他们进行体育锻炼和体育活动时将身体视为目的。一些体育运动需要资本和时间支持，只有少部分的社会成员才能负担得起这样高昂的成本，马术、滑翔和高山滑雪等体育运动就是如此。在当今社会中所有这些运动都假定人们可以轻松获得昂贵的设备以及旅行、设施和人员等方面的服务，而不同社会阶层成员可以获取的物质资源不同。但是，物质力量可以解释只有某些社会阶层会从事特定的体育运动，但并不能完全解释为什么某些体育运动会吸引特定社会成员的兴趣。在欧洲滑雪本来是一项很平常的运动，也并不需要复杂且昂贵的专业装备。但是在二战后的经济发展繁荣时期，这项运动在欧洲国家的中产和精英家庭中开始流行，它也开始需要越来越多的昂贵装备、专业服装和旅行费用支持。

体育与社会结构的联系的另一个重要特点是特定的体育活动在不同社会中可能被赋予截然不同的价值。虽然欧洲和南美的足球在很大程度上与工人阶级和男子气概有关，但在北美人们对这项运动的兴趣并不大。这项运动除了对应中产阶级兼白人特权之外，还背负着很强的刻板印象，因为它在西班牙人中流行了很长时间。2015年美国赢得女足世界杯冠军之后，美国的注册女足运动员数量超过了世界其他地区的总和。美国社会有"足球妈妈"的刻板印象,她们热衷于送孩子去参加足球训练。

在一些地区社会阶层与体育运动并不相关。斐济、汤加和萨摩亚等太平洋岛国就是这样,几乎每个人都享有对橄榄球的民族热情,并没有阶级区隔,这与英国和北美的橄榄球形成了鲜明对比。在中国古代人们存在对体力劳动的偏见和对教育的重视,但是近几十年来新兴的富裕社会精英阶层越来越多地接受网球、高尔夫、赛车等体育运动,这些运动标志着他们的精英和成功人士的身份。运动与社会阶层的关系可能会随着时间而改变。20世纪90年代在英格兰兴建的足球场吸引了富裕的球迷家庭团体,虽然他们以前与工人阶级球迷相处得并不和谐。在南亚,印度的卡巴迪运动很长一段时间内都与农村下层阶级和种姓相关,直到在20世纪末它成为海外印度人之间团结的象征,同时这一领域中突然涌入了大量资本。法国的橄榄球遵循着复杂的地理和社会发展轨迹,最初是在1870年普法战争中法国战败后,由现代奥林匹克之父皮埃尔·德·顾拜旦从英国引进的,表面上看是为了鼓舞沮丧的巴黎资产阶级,但是这项运动被带到了法国西南部,此后长期一直与该地区的区域特征联系在一起。自20世纪90年代以来这项运动又发生了重大变化,电视台发现它的转播权比足球的价格低廉,进而对其比赛进行了大量转播,它还赢得了企业赞助商青睐,其模式取代了基于本地赞助的传统模式。这些新发展增强了橄榄球这项运动对法国中产阶级家庭和女性观众的吸引力,这些人群是为了与足球运动刻意保持距离而转投这项运动的。

在认为橄榄球是一项精英运动的地方,橄榄球的从业者和爱好者倾向于展现精英人士的气质,这些气质包括公平竞争、慷慨、诚实等。在日本,橄榄球首先与在1868~1912年明治维新时期成立的东京地区的三所私立精英大学(明治大学、早稻田大学和庆应义塾大学)联系在一起,其次是与拥有自己的球队以最大限度提高公众知名度的大公司联系在一起。这项运动的爱好者和参加者认为其特别能体现日本文化理想:服从、谦卑和尊重(Besnier,2012)。正如上面例子所说明的那样,体育运动中的社会结构阶层区分体系并不像布尔迪厄描述的那样坚如磐石不可打破。体育的阶层价值随时间而变化,今天中产阶级也会参加传统上被认为属于工人阶级的体育运动，快速发展的经济体中的新富群体也会迅速重塑传统的象征，学会这些所谓的精英体育运动。此外，体育与社会阶层的关系可能会通过其他种类的社会制度得到调节。在美国高中橄榄球、棒球和篮球等运动在中学生的生活中占据着非常重要的位置，但是并不是每个人都参与、观看或对运动感兴趣。语言人类学家潘妮·埃克特（Penny Eckert）在20世纪80年代初期在美国中西部中学进行语言研究，她分析了热爱体育运动的学生，发现他们展现出整洁干净的生活方式，坚信学校的价值观，并被认为受欢迎和有吸引力。他们可以是男孩或女孩，尽管后者必须加倍努力才能获得体育声望（Eckert，1989）。虽然这些不同类别的学生并不会像英国那样形成社会阶层，但他们的类别也反映出社会分化。

自从布尔迪厄在20世纪70年代根据法国社会结构对阶级和体育进行分析以来，在工业社会中社会阶级本身的结构和性质已经发生了巨大的变化。在发展中国家的许多地方社会中，一个人的所属阶级在很大程度上取决于一个人掌控资源的范围，体育活动的实践既反映也创造了这种价值信念。社会阶层与体育之间关系的迅速转变并没有使布尔迪厄对体育的分析失效，但是需要一个更加灵活的模型来说明社会阶层与体育之间的关系，以及它们是如何与社会差异和不平等的其他方面联系起来的。

第二节　体育与精英职业化

体育活动的职业化是一个渐进演变的过程，这个过程中运动员从从事无正式报酬的业余体育活动过渡到从事有薪水的正式职业体育活动。为业余运动投入大量时间的非职业运动员也需要养活自己和家人，这些费用来自运动员和家人的积蓄、学校奖学金、赞助商等。100多年来橄榄球运动历史上有过两次激烈的关于职业化的争论。1895年，英格兰南部和北部的运动员与管理者之间发生冲突，当时在英格兰南部橄榄球运动的主要参加者是贵族绅士，而英格兰北部工业发达，所以参加者主要来自新兴的工人阶级。如果工人要参加比赛，他们就不得不放弃工作时间。因此，北部的工人阶层坚持必须为他们练习和比赛所花费的时间给予补偿，而南部的贵族绅士则表示橄榄球运动不应当涉及物质报酬。最终，橄榄球运动分为两个不同的派别以解决这一冲突，在英格兰形成了两个不同的橄榄球联盟，分别打 13 人制和 15 人制橄榄球。

在英国橄榄球一直都是各个社会阶层都非常喜欢的运动，参与者通过橄榄球联盟与大学、精英俱乐部和球员联谊会维持联系。在橄榄球联盟产生分化之后，橄榄球就开始了其职业化进程，但是长期以来职业化进程一直仅仅局限于英格兰北部的工业区。在这两个联盟成立 100 余年之后，它们所指向的运动也已经演变成截然不同的两项运动。橄榄球运动具有全球影响力，涉及企业赞助、电视转播权、俱乐部所有权等方面的商业利益。橄榄球世界杯这样的国际大型赛事也是全球关注的焦点，自 1987 年以来该赛事每 4 年举办一次，这项运动的国际理事机构即世界橄榄球联合会（World Rugby），前称国际橄榄球理事会（International Rugby Board），是一个国际性的橄榄球体育组织，由世界各国的橄榄球协会组成，截至 2024 年有 132 个正式会员和 17 个准会员，总部位于爱尔兰都柏林。该组织的球员不能正式领取薪水，但是顶级俱乐部会使用各种迂回的方式来为球员支付酬劳。

1995 年橄榄球世界杯由南非主办，这也标志着种族隔离制度结束后南非重新回归国际体育界，南非第一位黑人总统纳尔逊·罗利赫拉赫拉·曼德拉（Nelson Rolihlahla Mandela）在赛后穿上了南非橄榄球队跳羚队的球衣向获胜的南非队颁发奖杯。因为橄榄球与种族隔离制度的历史渊源，在当时这具有非同寻常的象征意义。1995 年世界各地的橄榄球运动员发表联合声明，称如果世界橄榄球联合会不让这项运动职业化，他们就要开始罢工。由于担心橄榄球世界杯被取消会带来巨大的商业利益损失，世界橄榄球联合会官员最终屈服，橄榄球运动也开始职业化，最终球员被正式认可为职业球员。但是，在橄榄球运动带有强烈精英主义色彩的国家中这一过程并不顺利。在日本，反对职业化的人认为，这会损害橄榄球运动本应体现的精神气质和保守主义的理想。职业化从根本上改变了橄榄球的组织运营方式，在 1995 年之前球员都是公司的全职雇员，他们只在业余时间进行运动训练，改革之后俱乐部雇佣球员只是为了进行橄榄球运动比赛。俱乐部开始提供给运动员短期合同，而不是终身雇佣合约。特别是在后来日本陷入长期经济衰退之后，对于运动员而言这样的长期合约越来越难拿到，俱乐部则可以用较小的代价解雇球员，因此球员的职业前途变得更加不稳定。

爱尔兰橄榄球联盟是最后一个职业化的欧洲橄榄球联盟。直到 2000 年爱尔兰橄榄球俱乐部的阿尔斯特队赢得欧洲杯冠军，这支由业余和半职业队员组成的球队击败了欧洲其他国家的职业俱乐部。当地俱乐部管理者和教练开始提出职业化诉求，因为他们担心被获得全球认可的国外职业管理者和教练所取代。当球队从南非、新西兰和阿根廷引进了职业运动员之后，当地球员开始失去他们在阿尔斯特队中的位置，球员也开始不得不进行职业化（Wardle et al.，2003）。本地球员因外国球员进入本国市场而失去工作，使阿尔斯特队的核心球迷和追随者大为不满。总之，橄榄球联盟的职业化是一柄双刃剑，一方面打破了本地球员在这项运动中的既往发展模式，另一方面为球员提供了以前无法获得的职业发展机会，迫使地方体育运动在发展中拥抱全球化的职业竞争。

第三节 体育与族群

关于族群与体育的讨论一般会与认同话题相连，在这里我们可以视族群为一种文化认同的表现形式，它基于共同的历史、语言、宗教等社会和文化实践产物，与之相比种族则基于生理特征的共性和差异。挪威人类学家弗雷德里克·巴特（Fredrik Barth）在他关于族群研究的经典著作中提到，族群认同既是群体内部的共同情感的产物，也源自对不同群体之间差异的阐述（Barth，1969）。在与其他族群对比的过程中，需要不断协商和确认自己的族群身份，这就可以通过体育运动来促进族群身份生成，因为人们可以通过参加或不参加的运动项目、参加体育运动的方式来将某人识别为特定族群的成员并设想他们在运动中所扮演的特定角色。

在体育赛事中可以看到不同类型的族群身份表达方式，这些表达活动通常是自上而下组织或自下而上组织的。苏联将宣传民族体育作为国家民族政策的一部分，苏联民族学家利用民族体育运动、语言、宗教、经济、习俗等划定官方认可的少数民族。1920 年举办的塔什干运动会又被称为

"第一届中亚奥林匹克运动会"，旨在将突厥民族纳入苏联，苏联还在传统体育赛事的开幕式中增加了民间体育和舞蹈表演。其他地区也有类似的活动，自20世纪70年代以来在加拿大等国举行的北极冬季运动会（Arctic Winter Games）是北极地区规模最大的多项运动文化活动之一，每届约有2000名参与者，参与者是居住在北冰洋沿岸地区或国家的北极人民。北极冬季运动会于1969年正式被提出，1970年在加拿大耶洛奈夫举办，500名运动员、教练和官员参加了第一届北极冬季运动会。截至2024年，该运动会已举办了27届。北美土著运动会（North American Indigenous Games）是自1990年以来间歇举办的北美土著运动员的综合性运动会。运动会由北美土著运动会理事会管理，该理事会由来自加拿大13个省（地区）以及美国13个州的26名代表组成。第一届北美土著运动会于1990年在阿尔伯塔省埃德蒙顿举行。2006年的美国土著运动会吸引了来自美国和加拿大的10000名运动员参赛，参赛部落超过1000个。除了体育赛事外，美国土著运动会还包括游行和各种文化表演。2014年运动会在萨斯喀彻温省里贾纳举行，来自美国和加拿大的约5000名运动员代表756多个部落参赛。这些运动会的影响力比较小，仅局限于地区内，但是它们同时兼具传统体育和奥林匹克运动的特质，实际上又被认定为属于土著的体育运动项目。

在体育运动中，族群最直接的表现是拥有某一项体育运动的所有权，很少有外人参与其中，因此此类体育活动便成为某个文化或社会的标志性符号，可将这个族群与其他族群区分开。这些通常被称为民间体育，它们被以各种形式呈现出来，也是民族和文化自豪感的集中体现，被确认为促进族群内部团结的重要方式。比如在圭亚那和巴西边界举行的射箭比赛中，获胜的男性会获得民族猎人的称号；在日本相扑这项运动被视为一项民族运动。

当一个族群将自己定性为"土著"时，体育就可以获得重要的身份意义，由于他们定居历史比其他居住在这里的群体更长，因此他们对所居住的这片土地具有特别强烈的依恋。土著身份一般与后来的定居者的殖民主义有关，定居者群体殖民了一片土地，随后这里成为他们的殖民地，这使之前居住在美国、加拿大、南非、澳大利亚、新西兰的土著逐渐被边缘化。夏威夷土著过往热衷的冲浪活动经历了消失、复兴、被挪用的复杂历史，最终在今天成为一项国际运动，也是现代休闲流行文化的代表之一。冲浪在全球不同地区的海岸掀起了体育时尚浪潮，而在其诞生地它则是围绕土著权利的斗争的焦点之一。在另一个前殖民地——新西兰，土著居民毛利人把橄榄球变成了他们的标志性运动。许多毛利人不仅擅长这项运动，还将这项运动视为一种恢复精神力量的有效方式，这种精神力量被认为在白人定居者半个多世纪的殖民统治中已受到严重损害。但同时，毛利人自己对橄榄球有限的社会意义提出了批评，一些批评还涉及了新西兰民族国家的边界问题。2000 年悉尼奥运会又被称作"和解的运动会"，因为它被认为标志着澳大利亚土著人民开始获得自己的权利，并在澳大利亚社会中得到尊重。澳大利亚土著、著名短跑运动员凯茜·弗里曼（Cathy Freeman）在奥运会开幕式上点燃了奥运圣火，她后来赢得了 400 米赛跑冠军，成为民族英雄。同时，2000 年悉尼奥运会开幕式 7 个环节中有 5 个环节都以土著居民为主题（Rowe，2012）。

族群与民族主义之间的关系也可以通过体育运动来表现，在澳大利亚不同地区和社会阶层所对应的体育运动分别被认为是橄榄球和澳式足球。但是在这个多民族国家中不同族群对体育运动的热爱是一致的，第二次世界大战后在政府支持下从欧洲移居澳大利亚的希腊和马其顿移民后裔也是如此。希腊人和马其顿人带来了他们对足球的热情，这让他们保持了与占据多数的盎格鲁人的不同族群身份。足球比赛通常是族群成员解决冲突的方式之一，对于统一国家澳大利亚而言这种分歧构成了一个挑战。在 20 世纪 90 年代负责规范足球这项运动的政府机构鼓励俱乐部改名为中性名称，并试图禁止足球比赛中使用带有民族主义的标志。最初俱乐部强烈反对这种要求，但最终他们屈服了，使得足球成为一项澳大利亚的运动。澳大利亚是由不同族裔组成的文化混合体，各个族群也都在积极融入国家，人们为淡化族群认同和统一国家做出了不懈的努力。其中，澳大利亚通过以足球运动表达竞争来建构一个多元化和复杂的国家的族群认同。

在世界上许多民族国家中，没有一个群体在经济和政治上都比其他群体逊色，没有明显的少数弱势群体。位于加勒比地区的双岛国家——特立尼达和多巴哥（Trinidad and Tobago）的板球运动特别引人注目，特立尼达和多巴哥是英国前殖民地，以前它主要由甘蔗和可可种植园主以及其他殖民者控制，大部分人口是从非洲强行带入的奴隶和从印度带来的契约劳工，他们为白人精英服务。板球场上非洲裔和印度裔的特立尼达和多巴哥人可以击败殖民统治者，这项运动变成了反殖民抵抗的主要方式。在1962年脱离英国独立后，在特立尼达和多巴哥人口几乎等量的非裔和印度裔开始争夺该国的实际政治控制权，因为种植园经济的崩溃，白人精英逐渐被边缘化，得益于大量的石油储备，该国成为加勒比地区最富有的国家，板球不再是过去的反殖民运动，而是成为两个族群之间的竞争领域。今天当地大多数板球俱乐部的管理者和所有者都是印度人，但他们感到非裔人口将他们排除在比赛之外，而非裔则抱怨自己被排除在俱乐部管理岗位之外，这种情况也是相互边缘化和相互竞争博弈导致的。

在某些情况下体育本身是群体重新发现自我的触发因素，而族群的恢复则是自我理解的重要方面。在塞内加尔首都达喀尔，随着来自不同族群的人们混居在一起并越来越多地使用该国的主要语言——沃洛夫语，他们各自的族群认同有所减弱。实际上在塞内加尔的城市居民中几乎没有人提及族群差异，因为他们认为族群分化会危害民族团结，这往往会带来可怕的后果。取代族群认同的是与城乡之间的区别联系起来的对城市人与乡村人身份的认同，城市人被认为是国际化和精英人士的代表。当地最受欢迎且商业上获利最多的运动是摔跤，这项活动中包括与乡村相关联的传统习俗，尤其是当地人的民间信仰，他们认为"魔法"道具和仪式如护身符、祈祷、献祭动物等对摔跤比赛的结果会产生很大的影响。特殊的"魔法"与特定的群体关联，"魔法"的使用花费巨大，主要由乡村人进行，反之也使乡村传统得以存续。近年来这些摔跤手一直在尝试重新发现自己的族群认同，以加强其作为摔跤手的身份。其中一个新的变化是随着塞内加尔城市化、现代化、全球化进程推进，摔跤也越来越商业化，因此它也获得了新的声誉。

体育可以作为人数较少的群体加强自我认同的工具，但是当体育有助于人口占多数的人群牺牲被边缘化的少数群体的利益时，体育也可能以不同的方式发挥作用。斐济是一个西南太平洋上有近90万居民的岛屿国家，橄榄球是斐济的一项民族运动，绝大多数人是橄榄球球迷，斐济在7人制橄榄球比赛中表现尤其出色。这是一种由7名参与者每局在短短的14分钟内进行的比赛，斐济国民对这项运动的兴趣已发展成一种痴迷。电视上不断播放重要的国际比赛，每天在每块草地上都有比赛，到处都能看到橄榄球运动员的图像，职业橄榄球运动员被视为民族英雄。几乎所有的斐济土著男性都从很小的时候就开始接触橄榄球，他们认为这项运动体现了与族群联系在一起的核心价值观，即深刻的等级感，指向团队、大家庭、村庄和国家社会中心的强大向心力，男子展现出的肌肉力量和壮硕的体格都被认为特别适合这项运动。当 7 人制橄榄球被纳入 2016 年里约奥运会的竞赛项目时，斐济获得了前所未有的国际知名度。此前自斐济开始参加奥运会以来只有两名斐济运动员获得过奥运会的参赛资格。橄榄球运动使斐济与前殖民宗主国英国相抗衡，比赛中取得的胜利也团结了整个国家。在里约奥运会赢得金牌后，2016 年 8 月 22 日，斐济橄榄球队成员以英雄的身份返回家园，政府将 8 月 22 日宣布为法定假日。在世界范围内，橄榄球观众对斐济橄榄球运动员的本土文化展示表现出了极大的赞赏，例如，斐济运动员在奥运会颁奖仪式上以及比赛前都有戏剧性的战舞表演。但是，很少有人意识到这些表演只代表了斐济一部分人口的文化。斐济是一个多元文化的社会，土著斐济人占人口的 57%，其余人口中的很大一部分是来自印度的移民后裔，他们在 19 世纪末 20 世纪初以契约劳工或自由移民的身份来到斐济。斐济的族裔关系在历史上一直很紧张，促使许多印度裔斐济人移居国外，导致其人口占比下降到 38%。印度裔斐济人被排除在橄榄球之外，很少有人参与这项运动，土著斐济人解释称印度人较小的体格使他们不适合这项运动。当印度裔斐济年轻人尝试打橄榄球时，他们的家人也不鼓励他们参加这项运动，说这将使他们受到体格更结实的土著斐济人的身体伤害，而在商业领域中印度裔斐济人的主导地位令土著斐济人不满。印度裔斐济人的父母不鼓励孩子打橄榄球，因为需要他们作为家庭生意的健康继承人。斐济的每个人，无论是男是女，是土著斐济人还是印度裔斐济人，都对橄榄球充满热情，但他们有些人只是作为观众参加到这项运动中。

第四节　体育与族裔

卢旺达的图西人（Tutsi people of Rwanda）能跳得很高，其中男子跳跃的高度甚至可以达到人类极限高度，这吸引了很多生物学家的关注，并引发了关于所谓不同种族生理能力差距的辩论（Bale，2002）。不同种族具有的基因决定了他们的生理属性，比如肌肉结构、身高、协调性等并不一样，但是使用生物学论点来定义种族并区分种族在今天是不会被接受的。在加勒比地区的职业棒球发展中就可以窥见种族主义渗透体育的现象。在多米尼加共和国，为了培养有棒球天赋的青少年，来自美国和日本职业棒球俱乐部的老板将年轻的拉丁裔男子与其他族裔的男子区分开来，并根据所谓的生物学特征和预期运动能力对这些青少年进行评估。这些标签会影响这些球员未来潜在的收入，甚至决定他们是否能够继续留在这些俱乐部打球。职业棒球俱乐部在加勒比地区不断寻找新秀人才，这是更加广泛的民族中心主义的一部分。一些人认为，传统上受压迫群体在体育运动中的出色运动表现为社会的逐步"非种族化"做出了贡献。然而，当运动员离开运动场或赛场，或将体育系统视为一种等级制结构时这种论点很难立住，在该结构中，在赛场之外仍然是占主导地位的族群和社会成员进行管理和指导。这种情况并非职业运动所独有，而是渗透到各个层面的运动中，在美国许多社区高中里，体育在种族关系中起着重要作用。在艾奥瓦州，白人仍然将20世纪的印第安青年想象成初民社会的运动员，认为印第安人的体育技能与生俱来，这些想象源自美国的神话（Foley，1995）。任何参加过足球或篮球等运动的印第安青年都被誉为"超级印第安人"（super Indian），他们试图通过离开印第安定居点摆脱贫困并融入白人生活的"文明"世界。尽管印第安运动员取得了令人称赞的运动成绩，但他们往往被冠以"麻烦制造者"的称号。

运动员自身作为一个特定的群体，通常可以在更广泛的社会背景下反映族裔问题。洛杉矶的来自墨西哥瓦哈卡州（Oaxaca）的移民和亚特兰大的包括华裔、印度裔、韩国裔、越南裔、日本裔、菲律宾裔等在内的亚裔都会参与限制特定族裔参加的篮球联赛。洛杉矶的墨西哥瓦哈卡州移民打篮球是为了建立一种跨国的认同感，这种认同意识跨越了国家的边境，并帮助年轻移民保持跨国联系。同样，南亚裔移民在亚特兰大一起打篮球，还组建了仅限南亚裔加入的俱乐部，参加亚特兰大的业余社区联赛。但是，在田纳西州老挝移民竭力避免参加体育运动，因为他们认为"玩耍"

的话语带有消极的含义，据说这些含义与非裔美国人和美洲印第安人有
关。这些不同的例子表明，体育运动既可以推动种族融合，有时候也会造
成社会差异，它们在社会引导中扮演了重要的角色。

如果一项运动的主要参加者是社会精英，他们又是占主要地位的族裔
群体，那么这项体育运动开放给其他族裔的机会通常比较少。当花样滑冰
在19世纪末发展起来时，花样滑冰主要由西欧和北美的社会精英所控制，
他们围绕冰舞发展起花样滑冰俱乐部。当时在美国这项运动的中心在波士
顿、纽约和费城，滑冰者必须是俱乐部成员才能参加俱乐部组织的测试和
比赛，这种组织形式被用来阻止少数族裔参加滑冰。梅贝尔·费尔班克斯
（Mabel Fairbanks）是一位开创性的美国花样滑冰运动员和教练，以其在花
样滑冰领域的卓越贡献和对种族界限的突破而闻名。尽管因种族歧视，她
未能参加美国滑冰协会认可的比赛，但她在专业表演中取得了巨大成功。
梅贝尔·费尔班克斯出生在佛罗里达，她的父亲是非裔美国人，母亲是印
第安人的后裔。她自小生活在纽约并在中央公园开始接触花样滑冰，在那
个年代非裔美国人被禁止进入溜冰场，但是通过坚持不懈的努力，她最终
走上了冰场，并因出色的表现而受到了溜冰场管理者的接纳。她得到了两
位国际顶级教练的认可，他们鼓励她进行自己的冰上表演。

凯瑟琳·马查多（Catherine Machado）是另一位开创性的美国花样滑
冰运动员，以其在花样滑冰领域的卓越表现和对拉美裔运动员的影响而闻
名。她是20世纪50年代的美国顶级花样滑冰运动员之一，曾多次参加美
国花样滑冰锦标赛。她在1956年冬季奥运会上代表美国参赛，成为首位参
加奥运会的拉美裔美国花样滑冰选手。凯瑟琳·马查多于1963年开始作为
才华横溢的非裔美国人理查德·埃威尔（Richard Ewell）的教练。1964年
《民权法案》宣布基于种族的歧视为非法，在经过20年的尝试后，1965年
埃威尔被全美花样滑冰俱乐部录取，马查多的另一名学生阿托伊·威尔逊
（Atoy Wilson）也被洛杉矶花样滑冰俱乐部录取。

族群（ethnic groups）是指具有共同文化、语言、宗教或历史背景的人
群。族群的定义更多地基于文化特征和身份认同。族裔（race）则是根据
生物学特征如皮肤颜色、头发类型和面部特征对人群进行分类的社会建构
产物，它常常涉及社会性和历史性的权力动态与结构性不平等。族群常有

其特有的传统体育运动或赛事，如爱尔兰的盖尔式足球和苏格兰的高地运动会。体育赛事中，族群可以通过代表自己的文化和传统增强民族自豪感。而一些族裔群体在历史上被排斥在主要体育赛事之外，如早期非裔美国人在棒球和高尔夫等项目中的困境。尽管取得了进步，族裔歧视和不平等在一些体育项目中仍然存在，如种族主义侮辱和不公平待遇。一些族裔的运动员通过其成就和公众形象，能够打破社会对其族裔的刻板印象。族群和族裔身份在许多情况下是交织在一起的，运动员可能同时以其族裔和文化背景为荣，并通过体育表现出来。体育中的族群和族裔因素常常多层次地影响运动员和观众的身份认同与社会地位。无论是族群还是族裔的多样性，都为体育带来了丰富的文化和竞技形式，增强了体育赛事的吸引力和包容性。

小　结

体育活动在社会中被视为一种社会组织形式，它涉及各种社会角色、规则和等级。体育活动往往在组织层面产生社会层级和等级，比如体育比赛和竞技中存在着胜负之分和排名制度，参与者和团队根据表现被分为不同的等级。这些等级反映了社会中的竞争、功绩和地位。同时，体育在塑造个体和群体的社会身份认同方面发挥重要作用。通过参与特定的体育活动，个人和团队能够展现自己的社会身份、所属群体和社会角色。体育也可以成为身份认同的重要载体和表达方式。此外，体育活动在社会变革和政治中发挥着重要作用。它可以作为社会变革和政治抗争的舞台，用于表达诉求、争取权益和塑造社会意识。体育也可以成为国家形象、民族认同和社会团结的象征。可以通过探索体育与社会结构之间的关系，深入了解体育如何塑造社会结构和受到社会结构的影响。体育在社会结构中既是被塑造和受限制的，又具有塑造和改变社会结构的潜力。

本章推荐人物阅读

1. 皮埃尔·布尔迪厄（Pierre Bourdieu），法国著名社会学家、人类学家和哲学家。布尔迪厄创新提出了许多术语，如文化资本、社会资本和符号资本，以及惯习、场域、象征暴力等概念，以揭示在社会生活中的动态权力关系。他的研究强调实践与体现（embodiment）在社会动态和世界观的建构中所扮演的角色或其形态，经常处于反对普世化的西方哲学传统的立场上。布尔迪厄的代表作包括《区分：判断力的社会批判》，他认为可以通过品位判断关系和社会地位。

2. 格雷格·唐尼（Greg Downey），麦考瑞大学教授，他的第一本书《学习卡波耶拉：从非洲裔巴西艺术中学到的机智经验》（牛津大学出版社，2005 年）结合了以体验为中心的现象学分析，以及心理学和神经科学对体育教育对感知的影响的研究。他参与编辑了《文化大脑：神经人类学导论》（麻省理工学院出版社，2012 年）和《资本前沿：新经济的民族志反思》（杜克大学出版社，2006 年）。格雷格·唐尼是心理人类学学会期刊 Ethos 的主编。格雷格·唐尼的研究重点是从生物、文化和神经人类学的角度研究技能习得和身体训练的影响，尤其是对运动和感官学习的影响。研究表明，体育等活动是从神经人类学角度研究人类潜能极限的理想自然实验，因为人们在学习技能的过程中对自己的身体和大脑做的事情远远超出了实验室所能尝试的范围。

3. 马克斯·韦伯（Max Weber），德国社会学家、历史学家、经济学家、哲学家、法学家。韦伯强调主观意志在社会科学中所起的作用，他认为社会研究需要以主观构建的理想类型为框架。马克斯·韦伯、卡尔·马克思和埃米尔·涂尔干被并列为现代社会学的三大奠基人。韦伯强调社会科学与自然科学在本质上的差异，因为他认为人类的社会行为过于复杂（韦伯将其分类为传统行为、感情行为、目的理性行为和附带行为），不可能用传统自然科学的方式加以研究。

4. 克劳德·列维-斯特劳斯（Claude Lévi-Strauss），著名的法国人类学家，与弗雷泽、博厄斯共同享有"现代人类学之父"美誉，他所建构的结构主义理论与神话学不但深深影响人类学，而且对社会学、哲学和语言学等学科都有深远影响。列维-斯特劳斯试图将索绪尔的结构语言学运用在人类学研究中。列维-斯特劳斯的理论在《结构人类学》（1958 年）一书中建立，他认为文化就是一套象征沟通体系，需要运用某些方法来探究，在过去这些方法运用范围较狭小，主要运用于对小说、政治发言、体育与电影的讨论。

5. 纳尔逊·罗利赫拉赫拉·曼德拉（Nelson Rolihlahla Mandela，1918~2013 年），南非特兰斯凯人，为南非反种族隔离活动家、政治家，被广泛视作南非的国父。1994~1999 年任南非总统，是第一个通过全面代议制民主选举上台的南非元首。他任内致力于废除种族隔离制度、实现种族和解，以及消除贫困和不公。作为非洲国家主义者和民主社会主义者，他在 1991~1997 年任非洲人国民大会主席，1998~1999 年任不结盟运动秘书长。

6. 弗雷德里克·巴特（Thomas Fredrik Weybye Barth，1928~2016 年），挪威社会人类学家。他出版了数本带有鲜明的形式论派色彩的民族志，包括《社会组织的模型》（*Models of Social Organization*，1966 年）、《族裔群体与界线：具有文化差异的社会组织》（*Ethnic Groups and Boundaries: The Social Organization of Cultural Difference*，1969 年），他曾先后在挪威的奥斯陆大学、卑尔根大学，美国的艾默理大学、哈佛大学和波士顿大学担任教授。

第四章　体育与民族主义

现代奥运会随现代民族主义的发展而诞生，经过了一个多世纪，它已经成为向全世界观众展示一个国家的重要赛事，关注奥林匹克研究的著名人类学家约翰·马克阿隆（John MacAloon）认为："一个国家要被国际社会认可，它就必须参加奥运会。"（MacAloon，1991：42）古代奥林匹克思想能在19世纪末与顾拜旦复兴现代奥林匹克运动会的想法产生共鸣，关键在于当时欧洲民族国家的崛起。在古典时期古希腊的城邦规模庞大且实力强大，它们势均力敌又相互竞争。虽然这些城邦经常交战，但它们又不足以建立起一个统一的帝国。到了19世纪末由于轮船、电报、邮政等交通通信技术创新突破，世界变得越来越小，西欧民族国家之间也出现了类似古代希腊城邦竞争这样的情形：它们国力都很强大，足以互相竞争；尽管欧洲许多国家都拥有海外殖民地，但它们中的任何一个都无法彻底征服西欧其他国家称霸欧洲。就像这种局面在古希腊造成了持续不断的纷争，有时甚至会酿成战争，其也给欧洲人民带来了痛苦的灾难。像古希腊的情况一样，欧洲这些国家之间的破坏性竞争同时产生了对克服恶性竞争的机制的潜在需要。现代奥林匹克运动会并不是单纯地延续和纪念古代奥运会，而是希望通过奥运会来证明民族国家作为当今世界上最重要的政治单位的重要性。

第一节　体育与民族国家

民族是指基于公民身份以及共同的历史、语言和符号而具有同一性的人群，人们广泛地将民族主义理解为关于这一社会群体的文化信仰体系，以及在认为自己属于该群体的人们中出现的认同感。现代民族国家是相对较新的政治组织形式，在 18 世纪下半叶出现在西欧及其殖民地，19 世纪初向东传播到希腊，并在 20 世纪初传播到中国。民族国家的概念源于 18 世纪晚期和 19 世纪初的欧洲浪漫主义，特别是约翰·戈特弗里德·赫德（Johann Gottfried Herder）的哲学思想所体现的德国浪漫主义。浪漫主义认为国家成员具有一种与生俱来的原始情感和基本品格，这种情感因素使他们拥有法国、德国或其他民族国家成员的身份。浪漫民族主义认为民族是被一个主权国家代表的"自然"群体，主权国家从民族中间有组织地崛起，人们将国家的发展视为文明世界秩序的一种象征。在这种现代的世界秩序中，新型的国家治理形式逐渐形成，它也取代了松散的帝国和君主专制这样的古典传统国家形式。

在社会理论家马克斯·韦伯（Max Weber）的经典定义中，现代国家是一个持续运作的强制性政治组织，该组织宣称其在执行其命令时垄断了合法使用武力的权力（Weber, 1978：55）。无论是采用民主还是暴力镇压的方式，国家通常被理解为通过由中央政府机构控制的官僚机制对划定的地理空间及其居民进行政治管理的存在。国家与国家之间的关系从来没有浪漫主义者所想象的那样简单和充满幸福感。各个国家通常必须做出大量努力，让其公民相信他们确实拥有一个统一的民族认同。因此，建立起一个结合体育教育的全国公共教育体系也是现代中央政府的重要标志之一。

我们虽然一直强调民族主义与体育的联系，特别注意体育与民族主义的发明传统如何相互加强，但在数以百万计的难民从北非和中东涌入欧洲后，这也引发了一场新的危机，2016 年里约奥运会有了有史以来第一支由 10 名运动员组成的难民奥林匹克代表队。难民代表队是一个新时代的创新，它具有重要的历史意义。总而言之，国际体育秩序并不像运动员在奥林匹克开幕式入场中展现出的那样整齐有序，各国之间也充满了各种纷争。

第二节　体育与现代民族主义

民族主义起初是通过积极的团结感而产生的，进而发展转变成对被感知到的"他者"的排斥感。"他者"通常由其他国家组成，但也可以来自群体内部。因此，民族主义既可以通过强化自我认同来表达，也可以通过基于排斥其他群体的优越感来体现。在 2002 年日本和韩国联合举办的国际足联世界杯（FIFA World Cup）的揭幕战中，塞内加尔队战胜了卫冕冠军法国队，而法国过往是塞内加尔的殖民宗主国。尽管法国媒体基本选择了沉默，但塞内加尔首都达喀尔（Dakar）街头举行了数千场庆祝活动。

研究民族主义的人类学家本尼迪克特·安德森（Benedict Anderson）认为，民族主义是一个在社会和文化上建构的"想象的共同体"，被"想象"是因为在大多数国家，没有一个人会面对面与该国所有其他成员在一起。他强调了印刷资本主义的发展，指出印刷和销售报纸及其他印刷产品的业务在 18 世纪后期民族主义的兴起中起到了重要作用，今天电子大众媒体对于民族主义思想的传播也是至关重要的。大众媒体传播的图像显示出国家成员的共性并淡化差异，特别是国家因战争等处于危急关头时，其使越来越多的人陷入对民族身份的想象中。在当今的娱乐行业中，体育、文化和媒体的"三位一体"凸显了体育在建设和维护国家形象的过程中所发挥的作用。超级碗（Super Bowl）是美国国家橄榄球联盟（NFL）的年度冠军赛，通常在每年 1 月的最后一个或 2 月的第一个星期日举行。美国的超级碗比赛的电视转播是美国历史上收视率最高的电视节目之一，即使只有来自美国的球队参加比赛，获胜者也会被称为所谓的"世界冠军"。这场比赛不仅是美国最受关注的体育赛事之一，也是全球观众最多的体育盛事之一。超级碗不仅是一场体育盛事，也是文化和商业的交汇点，对美国社会和全球观众都有着深远的影响。超级碗日已成为美国的一个非正式节日，家庭和朋友会聚集在一起观看比赛、享受美食和庆祝。

迈克尔·比利格（Michael Billig）是著名的社会心理学家和民族主义研究者，他提出了"日常民族主义"（banal nationalism）的概念，这是指在日常生活中无处不在但往往不被注意的民族主义表现，与极端的、公开的民族主义不同，日常民族主义的影响是潜移默化的。日常民族主义包括各种日常生活中的细微行为和象征，如国旗、国歌、本国特有的节日、新闻报道中使用的"我们"和"他们"这种词语等。这种隐性的民族主义通过日常生活的点滴渗透，强化了国家的概念和民族认同。例如，美国绝大多数体育赛事的开幕式都会包括现场播放音乐或邀请歌手现场演唱国歌，以及观众注视美国国旗升起这样的环节。国旗和国歌在世界其他大型赛事的举办中都普遍存在，以至于普通民众并不会特别对它们产生额外的关注。"过度民族主义"（hyper-nationalism）指的是极端形式的民族主义表现，包括对外来文化与移民的强烈排斥和敌视、极端的国家优越感和爱国主义。过度民族主义常用于政治动员和操控，通过煽动民族情感以达到政治目的。二者相比，日常民族主义是潜移默化的、隐性的，而过度民族主义是公开的、激烈的。前者通过日常生活中的细微行为和符号加强民族认同，后者则通过激烈的言辞和行动表现出来。日常民族主义为过度民族主义提供了基础。通过日常生活中的潜移默化，民族认同感不断被强化，从而为在特定情境下的过度民族主义动员创造条件。

为了使自身在体育领域与其他国家平等地占有一席之地，民族国家还需要有自己的民族传统体育，而这些传统体育的历史最好能够追溯到遥远的古代，古代历史又会成为国家合法性象征的一部分，这些符号赋予了民族以治理其国家的合法性。"西方文明"体系成员的国家的现代体育起源可以追溯到古希腊的奥运会。今天许多非西方国家尝试将自己纳入世界历史的进程中，民族传统体育史的书写在其中也扮演着非常重要的角色。这些国家努力挖掘本国体育历史而渴望加入这场运动，例如出版大量相关主题的书籍和文章，甚至在国际奥委会位于洛桑的奥林匹克博物馆举办相关展览，这些国家也通过申办并成功举办奥林匹克运动会以成为真正的体育强国。

第三节　体育与传统的发明

浪漫主义时代的哲学家认为，基本的民族特征在语言、宗教、法律、服装、歌曲、舞蹈和地方习俗中得到表达。这种信念催生了民间文学艺术体系形成，其目的是对民间文艺进行分类，并为建设现代民族身份提供支撑基础。尽管不太能够引起人们的关注，但体育和游戏确实是民俗家喜好收集的"习俗"。人类学家迈克尔·赫茨菲尔德（Michael Herzfeld）认为，希腊民族主义意识形态被希腊民俗学学科的奠基人尼古拉斯·G.波利蒂斯（Nikolaos G. Politis）实体化了。赫茨菲尔德没有提到的是，雅典大学的乔治·波利蒂斯（Georgios A. Politis）教授是 1896 年雅典奥运会竞赛委员会的成员，他提出了重建翻修举办开幕式和闭幕式的巴拿马体育场。他还建议在田径比赛之间和晚上举行民间舞蹈与习俗表演，委员会采纳了这一建议，但由于经费和性别问题并未真正具体实践。实际上奥运会的复兴是 1870~1914 年西方国家普遍发展趋势的一部分，当时西方国家创建了一系列新的机构，发明了很多新的节日和活动，如英国国王/女王寿辰、法国巴士底日、五一国际劳动节、英格兰足总杯、环法自行车赛……英国历史学家埃里克·霍布斯鲍姆（Eric Hobsbawm）创造了"传统发明"一词来描述这一现象（Hobsbawm，1983a）。"被发明的传统"是重复性的实践，旨在灌输某些价值观和规范，并试图与过去的历史在当下建立连续性，而这种连续性往往比较脆弱。它们受公开或默许社会规范规则支配，具有礼仪性和象征性。它们既包括由历史学家认定为由独立发明者刻意发明和建构起来的全新的"传统"，也包括那些在一个可追溯的时期内以不太可追踪的方式出现并迅速建立的并非全新的"传统"。

现代奥林匹克之父皮埃尔·德·顾拜旦（Pierre de Coubertin）于 1896 年复兴了现代奥林匹克运动会，这就是传统发明的典范，我们现在所采用的看似自然的仪式是在过去 100 多年中被设计制造出来的。奥委会分别在 1906 年和 1908 年设计了运动员入场和颁奖的仪式，并在 1936 年开始举行火炬传递仪式。人们常说现代奥林匹克运动会延续了古代奥林匹克运动会的传统，实际上它们之间已经相隔有近 2500 年的时间，它们的现场体育比赛和仪式几乎没有共同之处。正如霍布斯鲍姆所言，现代奥林匹克运动会的发明就是利用古老的历史材料为新颖的当代目的而构建新的传统的一个实例。首先霍布斯鲍姆将发明的传统与具有实际功能的惯例进行了对比，霍布斯鲍姆认为，当迅速的社会变革摧毁了旧的传统所设计的模式并代之以新的模式时，传统的发明会更加频繁地发生。他认为在过去的 200 年中欧洲民族主义影响下发明的传统取代了巴洛克式的节日、旗帜、寺庙、游行、铃声、礼炮、民歌、游戏和舞蹈等。一个国家必须具备某些具体的元素，比如首都、国旗、国歌。时至今日，体育赛事仍然被为国家主义服务的多种表演所包围，如升旗、奏国歌、入场仪式、节日和典礼等。与旧的价值体系不同，新的爱国主义价值观往往定义比较模糊，但这并不会影响它们实际上强大的控制力。在很多国家国歌演奏和升国旗成为体育比赛开幕式必须具备的正式仪式，这表明对国家主权的尊重，它们反映了一个国家的整体文化。新的民族主义传统并没有完全填补农业社会中旧传统和习俗的衰落所留下的空白。霍布斯鲍姆认为，这也许可以解释为什么体育成为我们生活的时代最重要的新社会习俗之一，并且自 19 世纪下半叶以来变得越来越重要（Hobsbawm，1983b）。总体上，体育运动尤其是欧洲的足球这样的运动，在其获得许多制度化特征后，在 19 世纪 70~80 年代成为"无产阶级大众"的代表特征之一。随着体育运动在国家和国际范围内的发明与制度化，它们为表达民族身份提供了新的媒介，国际体育比赛很快变得比国家内部的体育比赛更为重要。

　　与其他发明的传统的情况一样，民族体育传统的发明也可能遵循复杂的轨迹。泰拳作为泰国典型的民族运动被全世界人民广泛认识，然而这项运动起源于泰国东北部伊桑（Isan）边缘化的少数民族所在的农村地区。伊桑实际上是泰国的一个地理和文化区域，位于泰国的东北部，与老挝和柬埔寨接壤。伊桑拥有独特的文化、语言和经济特点。尽管经济相对落后于泰国中部和南部地区，但其丰富的农业资源和独特的文化传统使其在泰国的社会和经济生活中占有重要地位。在伊桑泰拳这项运动是穷人家庭中小男孩寻找谋生之道的一种途径，他们参加泰拳训练营，以期获得认可并最终搬到首都曼谷生活。正如在其他国家一样，体育承载着社会阶层流动的梦想，逐渐僵化的社会等级制度在体育领域为非主体族群的农村年轻男性提供了社会流动的可能性。但是，在泰国农村泰拳在多个方面也会与当地佛教交织在一起，训练和比赛中都会有佛教的宗教仪式。通过这项运动赚钱的愿望则是由孩子孝敬父母的内在渴望所激发的，拳击带来的社会流动性是摆脱贫困的另一种逃生途径。尽管拳击运动显示出暴力和世俗性，而泰国佛教则要求禁欲主义和放弃贪念，但两者在泰国具有许多共同特征，比如强调严格的训练，要求服从权威和遵守严格的道德准则。20 世纪 80 年代，城市中产阶级开始广泛参与这项运动。在此过程中，它的规则被标准化，其技术要求日益精确，运动项目本身的含义被彻底改造，它的宗教色彩几乎完全消失了，泰拳被彻底转变为一种休闲运动项目，这与它最开始作为农村年轻男性摆脱贫困的手段相去甚远。大约在同一时间这项运动开始引起全球观众和练习者的关注，他们将其视为另一种运动形式，这与泰国农村地区对它的理解完全不一样。这些因素的综合影响使这项运动成为泰国家喻户晓的民族运动，每天电视直播转播各种泰拳比赛，无数杂志和媒体报纸报道这些比赛，泰拳冠军是大众非常熟悉的名人，并将泰国的文化精髓呈现给世界其他地区的观众。今天，世界各地的爱好者涌向泰国各地城市中心的泰拳学校接受泰拳培训，为泰国带来了丰厚的利润。这项运动的发展轨迹表明，在一项民族运动的传播发展中最终可以计入传统的那一部分精髓其实来自地方，而运动项目的全球传播则是全球的人们共同参与借鉴、挪用、转型和创新的复杂合力的结果。

那么为什么体育在民族主义发展中起着如此重要的作用？霍布斯鲍姆认为在文化创造中，总是存在明显的操纵传统的尝试，但这些尝试经常被忽视。最成功的发明传统要求发明与自发性相互结合、共同促进，计划与不受控的发展相结合。体育运动的特点是难以控制和计划。体育是民族主义载体的一个原因是体育活动本身挣脱了那些希望操纵它以获利的人们的实际控制。

第四节　体育与文化遗产

传统体育和游戏通常被视为"文化遗产"，为维护文化多样性，即游戏、运动、体育锻炼、舞蹈和杂技的多样性，比利时体育研究学者罗兰·雷森（Roland Renson）在比利时梅赫伦附近的霍夫施塔德创建了一个博物馆，他将比利时的奥林匹克运动历史与民间游戏的展览相结合。2011年这个博物馆成为第一家被联合国教科文组织评为保护非物质文化遗产的优秀实践案例的体育机构。文化遗产的核心要素是对过去实物和遗迹的怀旧之情，自20世纪90年代末以来，这种怀旧情绪使美国游客前往古巴观看在拉丁美洲体育场（Estadio Latinoamericano）举行的美洲国家棒球联赛。他们试图看到一种浪漫的、异国情调的运动景观，他们觉得自己想看的东西在本国已经找不到了，即"为热爱比赛而运动"而不是"被金钱的欲望所驱使而运动"（Carter，2007）。但是，这些美国人未能意识到古巴已经发生了很大变化。随着旅游业成为古巴经济中越来越重要的一个方面，它也使"异国他乡"商品化而变为可消费的民族商品。

各国纷纷建造纪念性建筑物以打动公民并纪念民族历史，在国家体育馆的建设中历史遗产变得更加切实。体育馆不仅给人留下深刻印象，而且成为主要的旅游景点。有些因其非凡的建筑而闻名，而另一些因人们对其中所发生的事件的记忆而闻名。1936 年柏林奥运会、1964 年东京奥运会、1992 年巴塞罗那奥运会和 2008 年北京奥运会的奥林匹克运动场都是主要的旅游景点。里约热内卢的马拉卡纳体育场（Maracanã Stadium）主要用于足球比赛，同时还是 2014 年国际足联世界杯决赛以及 2016 年奥运会开幕式和闭幕式的举办地。其他体育馆，如纽约市的扬基体育馆、曼彻斯特的老特拉福德球场都具有重大意义，因为它们的俱乐部经常举办大型比赛。这些体育场与特定的俱乐部紧密相关，通常是它们所在城市的中央建筑物，吸引着世界各地的游客，就像中世纪大教堂的建筑风格能够触动人们的情感一样，这些体育建筑在球迷心目中也是特殊情感的寄托之地，是他们旅游打卡必选的目的地。

第五节　体育与身份认同

国际足联世界杯、奥林匹克运动会和其他国际赛事是向全球观众展示秩序的重要场合，这个秩序基于自愿地忠于各自国家的公民认同。但是，全球秩序并非如同赛场一样井井有条。公民身份与某个特定国家的法律相关联，而国籍则包含着与该特定国家的情感联系。运动员和教练可以选择公民身份来最大限度地发挥自己的优势，如果在国内竞争中遇到困难，他们也能够通过改变国籍在水平更高的竞技赛场上延续他们的职业生涯。运动员的公民身份转换使人们对 21 世纪全球力量平衡的变化有了一个新的认识。

在过去的几年中，富裕的中东波斯湾国家通过提供丰厚的薪酬、先进的训练设施以及参加奥运会和其他全球性体育赛事的资格，吸引了全球大批优秀运动员加入。近年来卡塔尔通过对体育的巨额投资，在体育界获得了相当高的知名度。在 2015 年男子手球世锦赛上闯入决赛的卡塔尔国家队只有 4 名土生土长的卡塔尔球员，其余的都是非卡塔尔本国出生长大的卡塔尔人。巴林在 2008 年获得了第一枚奥运会奖牌，当时是来自摩洛哥的拉希德·拉姆齐（Rashid Ramzi）为巴林赢得了男子 1500 米比赛。在 2012 年来自埃塞俄比亚的巴林运动员马丽·尤索夫·贾马尔（Maryam Yusuf Jamal）则获得了女子 1500 米金牌。巴林派出有史以来为数最多的 30 名运动员参加了 2016 年里约奥运会，其中只有 4 名运动员出生在巴林，有 16 名运动员出生在埃塞俄比亚、肯尼亚、尼日利亚、牙买加和摩洛哥。一些人指出为运动员提供公民身份与南亚、东南亚劳工的艰难生活境遇形成了鲜明对比，他们可能在海湾国家度过几十年而无法获得公民身份。这些现象引发了体育界的共鸣，自从 19 世纪现代体育运动在欧洲和北美兴起以来，公平运动、效忠国家和精神上的崇高理想推动了它们的发展。对这些价值观的重视源于这样一个事实，即许多体育运动员最初都是富裕的社会精英，对他们而言这些体育活动与物质利益分离是很容易的，因为这些人并不需要从参加比赛中挣钱糊口，并且这些人对他们自己的国家有着深刻的情感认同。

但是如果我们将注意力转移到运动员跨国流动的复杂性上，就会出现另一种更令人困扰的情况。并非只有像卡塔尔这样的人才储备有限的富裕国家才为精英运动员提供资金。以美国为例，美国计划招募世界一流的运动员，以使他们有资格参加奥运会或残奥会。该计划不是发展性的计划，每项运动都有明确的标准，以确保招募到的运动员已经跻身世界最佳运动员之列。非美国出生的新移民可能不符合正常的五年居住规则因而难以申请美国公民身份，而被接受加入该计划的运动员可以立即获得公民身份。卡塔尔在体育运动领域提供的公民身份快速获取机会吸引了更多的关注，因为它使该国一改以前在世界体育运动中的隐身形象，脱颖而出，而且运动员移民在卡塔尔获得永久定居权的可能性比在美国大很多。尽管我们认可体育可以作为为希望摆脱贫困、开拓职业版图和重启生活的运动员提供机会的方式，但重要的是不要忽视与之相关的更高层次的斗争。卡塔尔引入了运动员，以支持其实现通过体育增强国际影响力的更大野心。卡塔尔举办了亚运会和室内外世界田径锦标赛，2022 年它成为第一个主办国际足联世界杯的中东国家。

小　结

　　体育与民族主义紧密相关并相互影响。体育活动在塑造和表达民族主义情感、促进民族认同与加强民族团结方面发挥了重要作用。体育赛事常常成为国家形象和荣誉的重要象征。国家以参与和赢得国际体育比赛来展示自己的实力、文化和价值观。这种对国家形象的塑造和对荣誉的追求，激发了民族主义情感和认同。同时，体育活动可以成为民族认同和团结的重要媒介。通过参与和支持特定的体育项目与运动队，个人和群体能够表达对自己民族身份的认同与归属感。体育团队的成功和荣誉也能够促进民族团结和增强民族凝聚力。而且体育竞技提供了一个竞争与对抗的舞台，激发了民族主义情感和敌对态度。在国际体育比赛中，民族间的竞争常常激发出强烈的民族自豪感和对对手的敌对情绪。这种竞争和对抗加强了民族主义的表达和集体认同。此外，政治力量常常利用体育来推广和强化民族主义的理念。政府可以利用体育赛事和运动员作为宣传工具，塑造民族英雄和激发民族自豪感。体育也被用作政治宣传和统一民族意识的手段。此外，体育活动也可以成为民族反抗和解放的重要领域。被殖民地或受压迫的民族通过体育表达抗议、争取平等权益和争取民族解放。体育运动员和团队成为民族解放斗争的象征和榜样。体育与民族主义之间的关系是复杂而多样的，它既可以促进民族团结和认同，也可以被利用以实现政治目的。在分析体育与民族主义关系时需要考虑不同的历史、社会和文化背景，以及体育活动的多重影响。

本章推荐人物阅读

　　1. 约翰·戈特弗里德·赫德（Johann Gottfried Herder，1744~1803 年）是 18 世纪德国著名的哲学家、文学家和文化理论家。他的思想对浪漫主义运动、民族主义以及文化研究的发展具有深远影响。赫德是启蒙时期和浪漫主义时期过渡时期的重要思想家，他的文化相对主义、民族精神和语言文化理论对后世产生了深远的影响。赫德强调每个民族和文化的独特性，倡导从内部理解和尊重不同文化，为现代文化研究提供了重要的理论基础。赫德的民族精神理论为后来的民族主义思想奠定了基础，特别是在19世纪的欧洲民族国家的形成过程中发挥了重要作用。

2. 尼古拉斯·G. 波利蒂斯（Nikolaos G. Politis，1872~1942 年）是 20世纪初期的希腊著名外交官和国际法学家。除了在国际法和外交领域的成就，尼古拉斯·G. 波利蒂斯也以他的民俗学研究而闻名。波利蒂斯被认为是希腊现代民俗学的创始人。他收集并研究了大量希腊民间故事、习俗和传统，致力于保护和推广希腊的文化遗产。他编辑和出版了多部关于希腊民间故事和传说的书籍，其中包括《希腊民间故事集》，这是一部关于希腊民俗的经典作品。

3. 乔治·波利蒂斯（Georgios A. Politis）是希腊民俗学领域的重要人物，雅典大学民俗学教授，他在希腊民俗文化和传统研究方面做出了卓越贡献。波利蒂斯的研究重点包括希腊的民间故事、传统习俗、节庆活动、民间音乐和舞蹈。他通过广泛的田野调查和深入的学术研究，为保护和传播希腊的民俗文化做出了重要贡献。

4. 埃里克·霍布斯鲍姆（Eric Hobsbawm，1917~2012 年），伦敦大学伯贝克学院教授，专注于历史学的教学和研究，20世纪最具影响力的历史学家之一，以其对现代历史的深刻分析和大量相关著作而闻名。他的研究范围广泛，涵盖了经济史、社会史和政治史等多个领域。他的主要作品包括《革命的时代：1789~1848》《资本的时代：1848~1875》《帝国的时代：1875~1914》《极端的年代：1914~1991》等。霍布斯鲍姆以其马克思主义视角著称，他的许多研究和分析基于马克思主义理论，特别是对资本主义和阶级斗争的探讨。

5. 罗兰·雷森（Roland Renson）是比利时著名的体育历史学家和体育社会学家、比利时鲁汶大学的名誉教授，他的研究涵盖了从古代到现代的体育历史，特别关注欧洲的体育发展。他对现代奥林匹克运动有深入的研究，分析了其历史。他的研究为理解体育在社会和文化中的角色做出了重要贡献。通过他的著作、教学和公共参与，雷森不仅推动了学术研究的发展，也为体育文化的普及和增进社会对体育的理解做出了积极贡献。

第二部分

方法论探索

人类学的研究方法可被运用于体育主题研究，其中田野调查（field-work）是人类学的核心方法，它可以揭示不同国家和地区在体育中的角色及在全球体育体系中的地位。文化研究的方法论代表了文化人类学研究最具影响力的研究范式，采用这种方法论旨在突出包括体育运动在内的大众文化的关键意义，以及权力关系的微妙之处。在借鉴文化研究和田野调查的研究方法剖析体育问题之外，我们还借用了一些学科概念和方法。综合比较之后我们确定了要从文化人类学探讨体育时使用的三个关键概念——全球化、世界体系、大型活动——入手来拓展体育研究方法论的分析维度。采用人类学方法可以使体育研究能够提供深刻的文化和社会洞察，揭示体育活动如何在不同的社会和文化背景下产生影响，并帮助我们理解全球化和大型活动对体育与社会的多重影响。

第五章　体育与文化研究方法论

文化研究是体育研究中最具影响力的理论和研究范式之一，文化研究的传统源自赫伯特·理查德·霍加特（Herbert Richard Hoggart）和汤普森（E. P. Thompson）对英国工人阶级文化的研究、雷蒙德·威廉姆斯（Raymond Williams）的现代文化史研究，以及斯图尔特·霍尔（Stuart Hall）在伯明翰大学建立的当代文化研究中心（Centre for Contemporary Cultural Studies，CCCS）等。在欧洲大陆具有强大影响力的文化研究理论则是法国人类学者路易斯·皮埃尔·阿尔都塞（Louis Pierre Althusser）的结构马克思主义理论和罗兰·巴特（Roland Barthes）的符号学理论，以及意大利学者安东尼奥·葛兰西（Antonio Gramsci）的文化霸权理论。文化研究今天已发展成为一个很大的学术研究领域，它涉及社会学、人类学、政治学、历史学、地理学、文学批评、语言学、符号学、媒体传播等，其对于有关性别、族群、文学等的研究至关重要。自 20 世纪 70 年代以来文化研究迅速发展，体育社会学、体育人类学和体育人文领域的研究也受到了来自文化研究的跨学科的影响。

第一节　文化研究的历史

文化研究侧重于关注官方文化支配的主流社会与创造流行文化的支配或从属群体之间出现的文化斗争。从新马克思主义的观点来看，流行文化本质上是矛盾的。一方面，它是由被统治的群体利用促进对他们的统治的物质和象征资本创造出来的；另一方面，流行文化也有助于挑战主流社会和普遍社会秩序，表达对它们的反对。体育观众的流行文化包括支付入场费观看球队比赛和购买体育商品，但是在体育场内球迷也可能挑战或破坏体育比赛一般的秩序规范，如通过嘘声表达自己的情绪，或使用社交媒体抗议俱乐部的管理。因此，法兰克福学派的观点倾向于将社会主流描述为流行文化的相对被动的消费者，文化研究借鉴了马克思主义将社会底层群体视为塑造和重塑的积极主体的观点，重视他们在特定的历史背景中所具有的身份和实践。

马克思主义文学理论家雷蒙德·威廉姆斯坚持认为，现代文学和表演艺术等文化形式并非来自精英，而是来自普通的民众，即由人们在日常生活中所创造（Williams，1977）。对于早期的文化研究学者来说，这就是所谓的"共同文化"，尤其盛行在工人阶级广泛分布的地区。与固定的意识形态不同，这种抽象的文化既不正式也不系统，而是包含社区成员的共同信念、假设、表达方式、言语和行为方式以及归属感（Williams，1961）。其中，工人阶级社区的体育仪式和实践往往充满了强烈的情感结构。霍加特指出，橄榄球联盟球队是工人阶级聚居地区集体生活中的一个重要元素。围绕伦敦东南部米尔沃尔足球俱乐部而形成的强烈情感结构让工人阶级在比赛中可以产生强烈的归属感，从而在促进社会团结方面发挥了关键作用。"深层社区"和"情感结构"的概念适用于许多其他凝聚了强烈社区认同的体育俱乐部，特别是在早期的欧洲工人阶级球迷中。雷蒙德·威廉姆斯为检验文化政治提供了一个有价值的模型。在任何历史关头，各种主导支配的、遗留的和新生的力量都在发挥作用。主导支配的力量在社会中建立最传统的社会关系和实践形式，遗留的和新生的力量分别包括过去和未来的力量。遗留的力量也不同于陈旧叙事，而是来自过去并且有意地复活，它从过去出现，但仍然与当前文化密切相关。类似地，新生力量实质上是对"主导力量"的替代或与主导力量对立，而小说这样的大众读物无形之中传播了其中的流行文化，阶级结构内部的变化有助于在历史上重塑社会关系。

现代奥运会可以说明雷蒙德·威廉姆斯的模型。为了复兴古希腊的古老竞技比赛，现代奥运会创立于 19 世纪晚期。今天现代奥运会的主导文化来自西方传统的价值观念与文化，并且分别包含了民族主义和国际主义、专业精神和围绕可度量的成功的竞争，以及资本主义和通过赞助商体现出来的消费主义意识形态。奥林匹克文化遗存反映了一些古老的价值观和社会文化的影响，特别是业余主义精神，因为它受到了奥委会管理层的支持。国际奥委会（IOC）成员支持与时俱进发现奥林匹克主义的新价值，接纳与认可新的运动形式，比如极限运动、新兴运动和非西方的运动。新兴的社会力量也促成了国际奥委会新的重大变化，1994 年国际奥委会开始将环境保护主义作为奥林匹克理念的新支柱理念。雷蒙德·威廉姆斯的研究启发我们批判性地研究商品化过程如何改变个体的社会身份和关系。他认为个人、社会、群体可以与文化组织保持独特的关系：会员身份标志着个人与组织之间存在非经济互惠关系和相互义务；他们对组织保持忠诚，但期望组织能够满足其特定的需求；而消费者与文化组织及其产品有着纯粹的工具性并以市场为中心的关系，因此消费者只需在文化市场消费就可以获得他们需要的商品。克里特希尔（Critcher）借此分析了英格兰足球比赛中观众和球员身份的变化。他分析发现对消费者身份的强烈认同反过来削弱了遗留在工人阶级俱乐部中基于会员的身份认同（Critcher，1979）。有人发现这一过程在欧洲和北美的精英职业体育运动中更为明显，因为球员在整个职业生涯中经常更换球队踢球。

当代文化研究中心是英国伯明翰大学的一个研究中心。它由斯图尔特·霍尔和第一任主任赫伯特·理查德·霍加特于 1964 年创立，1964～2002 年，它在文化研究领域的发展中有着重要地位。这个机构特别关注在社会中处于被支配群体地位的工人阶级和少数族裔中的年轻人如何通过借用和重新塑造现代物质文化的日常元素来制造青年亚文化（Clarke，1976）。文化研究学者将青年亚文化解释为这些处于被支配地位的年轻群体对自身生活经历的真实表达，以及年轻群体为解决他们面临的结构性社会问题而寻找到的出口。青年亚文化与占主导地位的群体及其规范和社会习俗可能会发生符号冲突，如朋克时尚配饰和大声喧闹的音乐象征着青年团结一致，暗示着他们可以暂时摆脱现代教育、日常劳动和无趣的既有休闲活动方式（Hebdige，1988）。显而易见，反叛的亚文化和其他具有挑战性的文化运动与实践并不能彻底挑战社会秩序。在 20 世纪 60 年代法国马克思主义者居伊·德波（Guy-Ernest Debord）将其描述为"文化恢复"的过程，激进或颠覆性的做法被大众媒体安全化并商业化，然后又被拉回主流文化体系。同样，文化研究学者也注意到青年亚文化去除其中激进的冒犯性内容，而后被消解、贩售、扩散给大众的过程（Clarke，1976：188）。因此虽然朋克最初只是一种虚无主义的地下亚文化，但许多朋克乐队和时尚风格本身的特色都被淡化，然后它们又被传播进入大众消费市场。这种解释青年亚文化的模型可以用来解释体育运动中的亚文化，其中冲浪和单板滑雪作为亚文化最初表达了年轻人对主流体育文化的抵制。反过来这些亚文化的抵制立场又被国际体育品牌和体育组织包装，走向商业化和制度化。早期的单板滑雪运动员在运动中强调自我的表达，反对他们的亚文化被商业化，他们也因此被许多滑雪组织和公司视为反文化的代表，并被许多滑雪场禁止进入（Humphreys，2003）。然而，尽管受到许多忠诚的单板滑雪者的反对，但单板滑雪的个人主义和激进主义仍然在由冬季运动和休闲服装公司软性处理之后重新得到商业包装，并被出售给大众消费者，而他们往往位于距离滑雪场数千公里的城市。

单板滑雪的社会控制也体现了类似的矛盾，早期代表单板滑雪运动员的国际单板滑雪联合会（ISF）的地位受到了主流的国际滑雪联合会（FIS）的威胁，后者决定将单板滑雪纳入 2002 年冬奥会。对于国际滑雪联合会而言，这一举措有助于将单板滑雪提升到一个新的发展水平来吸引更多的观众和参与者。但对于许多单板滑雪爱好者来说，这代表了国际滑雪联合会在经济上的掠夺，该组织的目的是售卖滑雪板，仅对扩大其商业影响力感兴趣。其中比较轰动的事件是全球排名领先的著名单板滑雪运动员特尔耶·哈康森（Terje Haakonsen）拒绝参加冬奥会，他认为单板滑雪运动与民族主义、政治和金钱无关，纯粹只是一项体育运动。为此他创立了一项新的赛事——北极挑战赛（Arctic Challenge），致力于培养滑雪运动员的运动兴趣和展现户外活动魅力等（Humphreys，2003；Thorpe，2012：88）。特尔耶·哈康森等人对主流滑雪文化的抵制凸显了亚文化运动可能被作为反对体育运动成为获取政治和经济利益工具的力量。这种商业化和抵抗过程也在新兴的冲浪运动中出现，耐克、Quiksilver、Rip Curl、Billabong、Hollister 等大公司已经将冲浪变成了一个价值数十亿美元的体育产业。Quiksilver 创立于 1969 年，主要产品包括冲浪服、滑雪服、泳装、日常休闲服饰和配件，品牌起源于澳大利亚。Rip Curl 创立于 1969 年，品牌总部位于澳大利亚托尔坎，主要产品包括冲浪服、潜水服、泳装、日常休闲服饰和配件。Billabong 创立于 1973 年，总部位于澳大利亚黄金海岸。Hollister 创立于 2000 年，总部位于美国俄亥俄州新奥尔巴尼。通过批判性话语分析（CDA），我们可以进一步理解这些品牌在全球市场中的形象和文化影响。这些品牌通过广告和媒体报道构建了自由、冒险、青春和富有活力的品牌形象。例如，Quiksilver 和 Rip Curl 的广告通常强调极限运动和自然环境的融合，Billabong 注重展示冲浪文化的独特魅力，而 Hollister 则通过加州充满阳光和海滩的生活方式吸引年轻消费者。这些品牌的成功与冲浪文化、滑板文化和青少年文化的流行密切相关。它们抓住了这些亚文化群体的时尚需求和生活态度，创造出符合其身份认同的产品。这些品牌通过全球化策略拓展市场，同时也注重本地化，适应不同地区的文化和市场需求。它们的广告和产品设计既体现了西方自由主义的意识形态，也通过本地活动和合作提升品牌的本土化形象。这些品牌不仅通过其产品影响了消费者的时尚选择，还通过其宣传和活动塑造了现代休闲生活方式和文化认同。

这种商业上的成功很大程度上是因为这些品牌将自身与真正的冲浪亚文化联系起来。通过招募世界排名领先的冲浪运动员来推广这些产品，将产品与冲浪的亚文化身份，尤其是"灵魂冲浪者"这样与东方文化和环境相关的形象联系起来。在著名的高端体育休闲品牌 Hollister 的营销案例中，其通过编造一段完全虚构的公司历史，试图将这一商业品牌与早期的冲浪文化建立联系。与他们所宣称具有的积极开拓创新精神相反的是这些冲浪公司充分利用了南亚、东南亚的廉价劳动力，从而获得了丰厚的利润回报并生产出优质的体育用品。因此，冲浪公司为大众市场包装了冲浪者叛逆的假象，尽管现实中许多热衷冲浪运动的人很少会去花费心思关注自己的着装和装备（Laderman，2014：150）。总之，单板滑雪和冲浪运动的发展历程与商业化历史很好地揭示了体育亚文化在文化系统中所处的统治与抵抗的双重并存关系。这些议题在文化霸权理论中得到了更充分的剖析。

第二节 文化研究的主题

文化霸权理论最初由意大利共产党创始人之一，20 世纪著名马克思主义理论家安东尼奥·葛兰西提出，它也是文化研究理论重要的组成部分。文化霸权理论认为统治群体通过获得被统治群体的意识形态同意而不是身体胁迫来在权力关系中确保其地位。当被统治的群体被说服，认为既有的社会秩序是自然且合理的，并因此接受统治群体的基本立场，将自身的"从属地位"作为日常生活的事实时，霸权就可以自如顺畅地运作。统治群体建立了一个霸权集团，该集团还试图通过战略性地容纳来自其他社会群体的关键要素来阻止反对派。因此，可能会出现抵抗的反霸权形式。不同的社会阶层在不同的社会领域，如政治、商业、工业，以及体育等文化领域建立和争夺霸权。霸权理论在研究者灵活运用并高度关注情境多样性和经验细节的情况下，在解释日常层面的权力关系方面非常有效（Williams，1977：110）。文化霸权理论不同于传统马克思主义的经济决定论，并以多种方式发展。葛兰西的作品也与后来的法国结构马克思主义者路易斯·阿尔都塞的理论有异曲同工之处，后者对文化研究产生了进一步的深远影响。路易斯·阿尔都塞认为，压制性和意识形态国家机器的作用是巩固社会统治（Gramsci，1971：310）。意识形态国家机器包括教育系统和大众媒体，它们自 20 世纪中叶以来在发达资本主义国家扮演了重要角色。

文化霸权理论可以广泛应用于解释社会活动中的支配、对立和斗争。从历史上看现代英国体育文化在 19 世纪末和 20 世纪初的出现是由不同的霸权群体所推动的，但是上层阶级往往更加关注体育的业余主义，特别是英格兰南部具有绅士精神的中产阶级，而在英格兰北部人们则往往更强调商业化体育比赛的职业化精神（Hargreaves，1986：206）。这些群体行使了霸权的领导力量，通过新的体育俱乐部、管理机构以及学校，将体育游戏作为"日常常识"的组成部分来弘扬英国帝国主义的精神（Mangan，1986：22）。体育是英国统治阶级在殖民地行使霸权的关键工具，通过体育运动，肌肉基督教主义的观念被强加灌输，这往往可能会违背当地的文化价值观和信仰体系，比如印度的婆罗门一直避免剧烈运动和身体接触，但他们仍然不得不去球场上参加展示男子汉气概的球类运动。

文化霸权理论可以用来解释板球运动的历史发展。在 19 世纪末和 20 世纪初，这项典型的英国绅士体育运动在整个大英帝国中传播开来，这项运动既充当了殖民地人民发泄不满情绪的方式，同时也促进了尊重白人、延迟满足、团队精神、遵守规范等价值信念的传递。这让当地人毫不怀疑地接受权威的决定，促进了殖民者的优越感和被殖民者的自卑感的形成（St. Pierre，2008：79）。当地的精英社会群体，比如印度的高种姓人群经常通过成为板球俱乐部的成员而被卷入这种文化霸权。西印度群岛的板球俱乐部按照种族划分，黑人球员被排除在国家队队长人选之外。然而，反霸权力量也在不断涌现。在西印度群岛，下层非白人群体在包括西印度马克思主义历史学家和板球球迷在内的知识分子的支持下，试图改变他们在体育运动和更广泛的社会中的位置。大多数黑人接受板球运动是为了创造一种替代性的、更有力量的"集体民族意志"，正如在赛场内外独特的亚文化所传达的信息，这与英国白人霸权的传统形成鲜明对比，并且这些人经常有意识地抵制比赛。与白人精英的温和礼貌相异，西印度群岛黑人在赛场上以其狂欢的气氛、大声的音乐、狂放的饮酒以及对白人权威人士的嘲笑而出名（Manning，1981）。当全员黑人的西印度群岛球队在 1984 年和 1985 年系列赛中两次以 5：0 击败英格兰球队时，球迷们将庆祝这些胜利视为对他们的前殖民宗主国的回击（Sandiford and Stoddart，1995）。

然而，霸权和反霸权力量之间的关系是动态的，并且经常呈现相互博弈的状态。在板球运动中，来自英格兰的球队和媒体经常贬低西印度群岛的板球文化。在英国本土，比赛中禁止与加勒比球迷相关的特定风格的支持标语出现在球场上。英国人也暗示西印度群岛使用 4 名快速投球手是违背板球基本精神的规定（Williams，2001：131）。在西印度群岛的一些地区，特别是巴巴多斯，后殖民当局为保留一些英国的政治准则和文化价值观，有意保留了许多英国板球比赛的规范（Sandiford and Stoddart，1995）。同时，印度板球运动为将霸权理论应用于体育运动提供了一个鲜活的范例。印度裔美国文化人类学家阿尔俊·阿帕杜赖（Arjun Appadurai）认为，印度的板球经历了广泛的"印度化"过程，因为印度人习得这项运动后，产生了新的比赛风格、球迷文化和流行风尚等，这分别体现在政治层面——成员大多为印度人的国际板球理事会（ICC）和经济层面——利润丰厚的印度超级联赛（IPL）。印度已经发展成为世界板球运动中的强国：印度超级联赛商业化程度非常高，它吸引了越来越多的印度中产阶级的关注和参与，而印度板球队的队员以印度精英阶层的婆罗门种姓的球员为主。因此，文化霸权理论有助于我们研究社会结构中不同群体如何实践他们自己群体的体育文化。

文化研究中的关键主题"反抗"描述了少数群体如何参与特定的文化实践以反抗主体群体的统治。文化研究可以分析与识别出公开和蓄意的反对与抗议形式，以及与主流群体的规范和惯例背道而驰的潜在与无意识的行为。在体育运动中许多运动员有意识地抵制和抗议他们的从属地位，其中种族关系领域最轰动的事件是 1968 年墨西哥城奥运会颁奖仪式上美国非洲裔运动员的"黑拳"致敬。包括板球运动员维夫·理查兹（Viv Richards）、澳式橄榄球运动员尼基·温玛（Nicky Winmar）、足球运动员马可·索罗（Marco Zoro）等在内的黑人运动员公开反对来自其他运动员或人群的种族歧视。然而，当一些人类学家将个人或社会群体的行为解释为对其在社会中遭遇的边缘化或统治的一种隐蔽的、潜在的或无意识的抵抗时，就会出现新的问题。当文化人类学家解释时，尽管缺乏有说服力的数据支持社会行为者本身的评论，但在流行文化中抵抗行为有可能几乎无处不在。如果我们对不同的亚文化进行实证研究，我们会发现他们的成员将广泛的动机和意义附加到他们的行为中，其中可能很少涉及"抵抗"，而更多地涉及亚文化身份的其他方面，如内部竞争或亚文化活动的审美和愉悦方面。在对英格兰足球流氓行为的人类学研究中，早期分析将足球流氓行为解释为年轻支持者对足球运动商业化的一种反抗；后面的研究表明足球流氓并非以这种方式受到激励，相反除了享受参与暴力的乐趣外，他们主要致力于在自己的亚文化中寻求自己的社会价值和地位。

人类学的"越轨"相关研究可以解释明显破坏社会秩序，但又缺乏明确的或有意识的反对形式的做法，并提供了一种更有解释力的"替代抵抗"概念（Bale，2000：154）。反抗意味着有意的社会反对，而越轨关注行动的结果。因此，尽管足球流氓的动机并非对体育商业化的潜在抵制，但他们的暴力行为确实涉及对现代、职业、商业足球中占主导地位的社会规范、惯例和规范的违背。越轨行为可能常见于公共狂欢节和街头派对等民间或流行活动中的狂欢。从广义上讲，与日常生活中的常规状态不同，狂欢节倾向于庆祝性的、好玩的、富有表现力的，甚至怪诞的而非强调智力或理性的活动。因此，狂欢节活动往往会违反一些大众认知之中已被接受的行为准则和惯例，狂欢节也可能涉及对社会等级制度象征性的违反或破坏（Brophy，1997）。

现代体育赛事中也会包含一些狂欢节元素，历史上许多运动——赛马、板球、摔跤、拳击和足球——在很大程度上源于节日期间表演的民间游戏，这些体育运动保留了这些民间文化的重要特色。在体育运动中越轨和狂欢的文化政治往往涉及主导社会力量之间的潜在斗争，这些力量试图将民间事件商品化并限制越轨行为的发生，而被统治的群体则希望更自由地参加聚会。在精英级别的体育赛事中，体育场和俱乐部官员寻求恢复比赛日的狂欢节特质的一种方式是在观众中制造狂欢节的娱乐和氛围，这要通过利用公共广播系统播放歌曲实现；同时，保安密切监视赛事观众是否有破坏秩序或行为过激的迹象。跨国体育商品公司希望将体育亚文化的狂欢能量商业化，以使亚文化产品具有基于体育的真实性的外观，一般通过五颜六色的广告表现庆祝比赛胜利的人群如何痴迷，或展示人们对体育运动充满热情的画面。相比之下，在欧洲足球球迷的观众亚文化中，他们试图在体育场内和周围组织自己的狂欢节活动，例如通过球迷之间的非正式和喧闹的交流、精心安排的烟火表演、对于体育比赛的批评，并采取批评立场来试图规范或商品化他们的实践和身份。这些俱乐部或企业主导自上而下和球迷主导自下而上的两种形式的狂欢节之间可能会出现紧张关系，比如俱乐部或体育组织可能会试图禁止某些以球迷为主导的活动。因此，虽然反抗的概念记录了有意识的抗议和反对，但其他术语如越轨和狂欢节，使文化研究能够以人类学的方式审视那些违反既定规则的社会行为和文化实践所主导的社会习俗。

第三节　文化研究的概念

文化研究领域中的重要分支建立在新马克思主义批判理论的基础上，

由此发展出了对体育的规范分析，最重要的贡献是由著名的体育哲学家摩根（Morgan）做出的，德国当代最重要的哲学家尤尔根·哈贝马斯（Jürgen Habermas）为其奠定了基础。哈贝马斯自 20 世纪 70 年代以来一直是法兰克福学派最具影响力的人物，他的社会理论以完成现代性未完成的历史任务为宗旨。他一直是理性、进步、科学、启蒙和人类解放的主要倡导者，也是后现代主义和后结构主义社会理论的有力批评者。哈贝马斯主张建立真正开放、包容的"公共领域"，公民可以在其中自由讨论和辩论社会问题并决定政治行动。他还试图保护人们探索和发展他们自己的身份、实践、规范和共同理解的日常生活。哈贝马斯批评了阻碍创建现代、真正民主和道德社会的因素，特别是工具理性的影响，他认为工具理性缺乏规范性成分（Habermas，1970）。他一直担心公共领域内的交流和辩论被扭曲或破坏，特别是公共问题被媒体歪曲，以及日常"生活世界"被自上而下的工具性"系统"，如大型官僚机构、公司或政治机器贬低，这些"系统"会通过金钱、地位和选票来展示自己的权力（Habermas，1987）。然而，他还推断"现代性计划"仍然能够合理地跨越这些障碍，以建立他所谓的没有被扭曲的公共领域，其中没有局部利益和意识形态，交流和辩论都是非常自由的。判断依据是理性的辩论和反思，而不是说话者的地位或财富。

摩根证明了这些关键的论点与现代体育的现状和未来发展的相关性。工具理性对规范性反思和行动的支配使体育运动受到了严重的影响，其表现为运动员和观众的暴力行为、体育官员的腐败以及在某些体育项目中系统性地使用兴奋剂（Morgan，2004）。体育治理被金钱、部门谈判和通过公共关系操纵辩论的工具媒体所主导。因此，体育政治中缺乏交流、大众参与、批判性辩论和道德反思。体育社区的生活世界进一步受到理性化和企业化力量的威胁，社区层面的集体支持者身份的日常塑造和重塑是由工具性体育广告和营销控制的，目的是确保获得更多的消费者。现代社交媒体提供了更进一步的佐证：在体育运动领域，社交媒体中不同的媒体平台为不同的球迷和社区提供了一个活跃的社交生活世界和讨论公共领域，但其大部分空间已经被体育相关公司的部门的公关和营销所控制。

为了解决体育运动中的这类问题，摩根提出了一个开明的实践社区的模型。摩根认为社区本身是体育发展的内在驱动力，体育应该由这个实践社区的成员分享。摩根倾向于将这个体育实践社区的成员限制为运动员，尽管根据哈贝马斯关于公共领域的包容性原则，它也可以包括非运动员，特别是球迷、俱乐部球队雇员和主管体育的官员。实践社区应该构成一个高度成熟的公共领域。同时，摩根确实很欣赏比赛中的理性权威，认为他们将在实践社区中拥有更大的话语权和政治权（Walsh and Giulianotti, 2001, 2007）。

总的来说，摩根效仿哈贝马斯理论所建立的模型为体育改革建立了重要且有价值的规范原则。在日常层面，它还指向对体育和体育机构的基层与社区控制。一些社区和社会运动的观念也指向哈贝马斯式的政治愿景，这些运动提倡体育的成员所有权模式，其中精英级别的俱乐部不是由富有的个人或公司拥有和控制，而是由包容性社区拥有和控制，不过，这种所有权形式并不能消除俱乐部本身所固有的一些顽疾。

第四节 体育与文化研究

在文化研究运动领域内有一个重大的发展，那就是"体育文化研究"方法论的出现。著名的体育研究学者阿兰·G. 英厄姆（Alan G. Ingham）、哈格里夫斯（John Hargreaves）、韦廷斯基（Patricia Vertinsky）早先曾呼吁进行体育文化研究，但其正式提出是由后来的一些北美学者推动的，其中大卫·安德鲁（David Andrews）对此方法提出了以下定义：

> 体育文化研究推进了对各种形式的体育文化的批判性和理论分析。体育文化研究致力于基于语境理解身体实践、话语和主体性，通过这些活动，身体在关系中变得有组织、有代表性和有经验。因此体育文化研究揭示了体育文化在确定涉及特定种族、性别、民族、阶级的规范和差异方面所起的作用。

"体育文化研究"方法论的倡导者认为，他们的方法有几个关键驱动因素，包括将分析焦点从有组织的体育运动转移到舞蹈、锻炼、休闲、娱乐及康复活动上，以及超越传统人类学的范围，以产生跨学科和跨理论的作品，并充分回应他们所认为的体育社会科学研究中的"身体转向"，以及文化、性别和种族研究等领域学者对体育文化日益增长的兴趣。围绕"体育文化研究"形成了一个多元化的学术共同体，各个学科的学者在其中参与对话和学习，搭建出一个相互取长补短的学习平台，而不是像竞技赛场上一样大家都是相互竞争的比赛对手。迄今为止，"体育文化研究"方法论的发展主要集中在北美地区，这部分反映在其追随者独特的解释技术和话语上。一些"体育文化研究"倡导者对其影响力有很高期望，并试图在学术界战略性地推进普及这一新兴的研究方法，培养强大的学术集体认同感，以使其显著区别于体育社会科学的其他研究范式。"体育文化研究"方法论这一新的研究领域仍处于成长阶段，只有让它在更长时间内进一步成长，我们才能就其重要性和优势得出明确的结论。

"体育文化研究"的方法论在多大程度上与体育社会学等学科的方法有不同呢？我们可能会注意到"体育文化研究"中最突出的研究问题、分析方法和写作惯例，早在这种方法正式提出之前就已被其他学科广泛使用。在这个阶段，"体育文化研究"并没有成为一个独立的学科，而是作为体育人类学中一种被广泛使用且极具影响力的方法出现。此外，"体育文化研究"方法论确定的许多关键探究主题长期以来一直是体育人类学乃至人类学本身的核心，如调查权力关系和社会分歧，发展不同学者群体之间的建设性对话，培养"社会学想象力"，在研究中采取反相对主义立场以及追求对从属社会群体的赋权和渐进的社会变革。当代人类学在理论影响、方法论以及与其他学科的相互关系和合作方面是一门日益多样化的学科，其中许多理论范式尚未得到充分挖掘。体育人类学家面临的挑战是更有效地与人类学主流分支，比如文化人类学、体质人类学、经济人类学、政治人类学、考古人类学合作，而不是自己独自摸索向前。

在"体育文化研究"方法论和体育人类学的许多具体研究领域中，"身体"并不是最有代表性的话题，其他话题诸如体育媒体话语研究、体育大型赛事的举办、体育的商品化，或者体育的全球化都备受关注。此外，社会科学和人文学科发生身体转向的程度可能会受到质疑，因为它与新千年的后现代、全球化、流动性等方面的知识型转向是完全不同的概念。倡导"体育文化研究"方法论的学者通过对不同社会群体进行大量实证研究，以产生真正的社会和政治影响。未来的"体育文化研究"将建立在广泛收集资料的基础上，主要采用民族志、参与观察、访谈、线上调查等定性方法。事实上有许多批判性的社会科学家利用这些方法就权力关系和进步的社会变革与"体育文化研究"提出类似的论点。此外，"体育文化研究"更多地关注参与性行动研究，如社区层面的参与和宣传，以及在公共领域开展更广泛的宣传工作。提出"体育文化研究"的学者保护知识多样性，他们认为方法论和分析的多样性是任何理论范式健康发展的先决条件，希望确保充分鼓励不同的学者发出自己独特的声音，形成独特的写作风格、方法、理论框架。要最大限度地扩大体育文化研究的"全球本地"出现的范围，以便其可以被来自不同国家和地区背景的学者实质性调整和改造；要开发与其他理论范式充分结合的混合形式，以产生新的研究问题、概念、分析框架和方法。形成这样一种多声部、全球本地化和混合性的"体育文化研究"会增强这种方法的影响力，它还将为我们提供更多的视角来对体育进行批判性的人类学调查。

　　反思"体育文化研究"方法论是一个复杂且多层次的过程，需要综合考虑研究目标、方法论选择、数据收集和分析，以及研究的伦理和社会影响。首先，社区的文化研究理论在研究主流社会群体中可能出现的团结和社区形式方面具有强大的力量。但是，社区的概念需要批判性反思和重新应用。许多社区并不像文化研究所展示的那样具有包容性、紧密联系或同质化。社区的另一面可能涉及少数群体或特殊群体，他们可能会受到骚扰、迫害或被迫服从。自20世纪80年代以来，由于新自由主义政策的出台和工业的衰落，许多旧的工业工人阶级社区也变得日益贫困。此外，当代社区的流动性越来越强。在工业化程度较低的地区，体育俱乐部会员和运动员不断流失，并且无法支付昂贵的体育设施使用费用。由于当地人口的不断变化，在诸如伦敦或纽约这样的国际大都市中一些体育俱乐部的寿命很短。此外，对儿童运动进行的人类学研究表明许多社区一级的体育运动项目所带来的益处是不均衡的：从积极的角度来看，它们可以锻炼身体，培养社交技能，促进社区关系发展等；但从消极的角度来看，它们有可能会让父母给子女施加更大的压力，导致过度的竞争，占据孩子过多的课外时间等（Dyck，2012）。

对旧有的文化研究方法的反思，是为了更全面地说明全球化进程的长期影响，尤其是对文化身份、习俗和社区的"地域化"或"脱嵌"的影响（Giddens，1990；Tomlinson，1999）。安德森的"想象的共同体"指出了世界各地的人们共享强烈的集体认同感和团结感，即使有时候他们并没有面对面遇到所有社区成员。同样，我们可能会反思"跨国主义"的概念，以研究体育和其他流行文化背景下"跨国主义"的产生。许多精英体育俱乐部的"想象中的共同体"越来越跨国化，他们的球迷粉丝经常遍布世界各地。同时，国际奥委会和国际足联等体育管理机构越来越多地参与到组织特殊的"跨国主义"活动当中。越轨和狂欢节的概念有助于解释跨越社会边界的做法，此外一些反抗理论可能会夸大亚文化与主流文化的对立程度。20 世纪 90 年代出现的英格兰板球队球迷亚文化，强调在比赛中渲染喧闹的狂欢节气氛，这与英国传统安静温和的板球观众文化形成了鲜明的对比，后者长期主导英国板球运动。

小　结

"体育文化研究"方法论涉及关于体育活动与文化之间关系的研究方法和理论取向。文化人类学方法论强调对社会和文化背景下的体育活动进行深入理解。它注重对体育参与者的观察和参与式研究，通过田野调查和亲身体验来了解体育活动的意义、符号和象征。通过体育人类学的方法进行体育文化比较旨在比较不同文化背景下的体育实践、价值观和社会意义。通过比较不同文化中的体育，我们可以发现共同性和差异性，深入理解体育在不同文化中的变化和适应。比较不同文化中体育的历史演变和发展趋势，可以探究体育在不同文化中的传统、变革和全球化的影响，了解体育的历史背景和文化演化。通过体育方面的文化比较研究，我们可以获得跨文化的视角，深入理解体育的多样性和复杂性。同时，比较研究也可以促进不同文化之间的相互理解和对话，推动体育的发展和交流。

本章推荐人物阅读

1. 赫伯特·理查德·霍加特（Herbert Richard Hoggart，1918～2014年），英国著名的社会学家、文化评论家和作家，以其对工人阶级文化和媒体研究的贡献而闻名。他对文化研究的发展产生了深远的影响。1964年霍加特在伯明翰大学创立了当代文化研究中心（Centre for Contemporary Cultural Studies，CCCS），其成为文化研究领域的重要机构。

2. 爱德华·帕尔默·汤普森（Edward Palmer Thompson，1924～1993年），通常被称为E.P.汤普森，是一位杰出的英国历史学家、作家和社会活动家，以其对英国工人阶级和社会历史的研究而闻名。他对社会历史学和马克思主义历史学的发展产生了深远影响。汤普森的研究将普通人的生活、斗争和意识放在历史分析的中心，推动了社会历史学的发展。他强调历史叙事的重要性，认为历史研究应该注重细节和人物，提供丰富而生动的历史图景。汤普森是马克思主义历史学的代表人物之一，通过具体的历史研究展示了马克思主义理论的应用。

3. 雷蒙德·威廉姆斯（Raymond Williams，1921～1988年）是英国著名的文化理论家、作家和学者，以其在文化研究、文学和社会学领域的贡献而闻名。他的研究对理解文化、社会和文学之间的关系产生了深远影响。威廉姆斯是文化研究的先驱，他的理论强调文化作为一种生活方式和社会实践的重要性，认为文化不仅仅是高雅艺术和文学，还包括日常生活中的实践和符号。

4. 斯图尔特·霍尔（Stuart Hall，1932～2014年）是英国著名的文化理论家和社会学家，被认为是文化研究领域的奠基者之一。他的研究对理解文化、政治和媒体的关系产生了深远影响。霍尔在伯明翰大学担任当代文化研究中心的主任，并在英国开放大学（Open University）担任教授。他在伯明翰大学参与创建了当代文化研究中心，其成为文化研究领域的核心机构。他在1973年提出了编码/解码模型，探讨了媒体信息的传播过程。霍尔通过对文化、媒体和身份的深刻分析，为理解现代社会中的文化现象提供了重要视角。他的著作和思想不仅在学术界产生了广泛影响，还对公共文化和社会批评的发展产生了积极作用。霍尔的遗产继续激励着文化研究者和社会学家，推动他们探索文化与社会之间的复杂关系。

5. 路易斯·皮埃尔·阿尔都塞（Louis Pierre Althusser，1918～1990年）是法国著名的马克思主义哲学家，他以对马克思主义理论的重新解读和对意识形态的深刻分析而闻名。他的研究对 20 世纪后半叶的哲学、政治理论和文化研究产生了深远影响。阿尔都塞在高级师范学校任教，作为法国共产党党员，他积极参与政治活动。他是结构主义马克思主义的代表人物之一，他强调社会结构和制度的作用，而不是个人的主观能动性。他认为社会变革是由结构性矛盾和变化驱动的。他反对传统马克思主义中的人道主义解释，主张马克思主义应该关注生产关系和社会结构，而不是个人主体。他的重要著作包括《为了马克思》（*Pour Marx*，1965 年）、《读〈资本论〉》（*Lire le Capital*，1965 年）、《意识形态与意识形态国家机器》（*Idéologie et Appareils Idéologiques d'État*，1970 年）。路易斯·阿尔都塞的理论为理解现代社会结构、意识形态和权力关系提供了重要的框架。他的思想在批判性话语分析中具有重要应用价值，帮助我们深入分析话语中的权力运作和意识形态再生产。阿尔都塞的结构主义马克思主义理论不仅丰富了马克思主义哲学，也为社会科学研究提供了新的视角和方法。

6. 罗兰·巴特（Roland Barthes，1915～1980 年）是法国著名的文学理论家、哲学家和符号学家，他的研究在文学批评、符号学、文化研究等领域具有深远影响。巴特曾在多所大学任教，包括法国社会科学高等研究院（EHESS）和法兰西学院。他的研究领域广泛，包括文学、符号学、文化批评等。

7. 安东尼奥·葛兰西（Antonio Gramsci，1891～1937 年）是意大利著名的马克思主义理论家、政治家和革命家。他以对文化霸权、意识形态和政治理论的贡献而闻名，深刻影响了 20 世纪的马克思主义理论和实践。葛兰西是意大利共产党的创始成员之一，并在 20 世纪 20 年代担任党内的领导职务。他积极参与工人运动和政治活动，反对法西斯主义。葛兰西提出了文化霸权的概念，解释了统治阶级如何通过文化和意识形态来维持其统治。他认为，统治阶级不仅依靠暴力和经济控制，还通过控制文化和思想来巩固其权力，赢得被统治阶级的同意和合作。安东尼奥·葛兰西是 20 世纪最具影响力的马克思主义理论家之一，他通过对文化、意识形态和权力的深刻分析，为马克思主义理论提供了新的视角和工具。

8. 居伊·德波（Guy-Ernest Debord，1931～1994 年），法国哲学家、马克思主义理论家、情境主义国际创始人、电影导演。德波于 1967 年出版的《景观社会》（*La Société du Spectacle*）是他最有影响力的著作，对于之后的马克思主义、无政府主义等思想有着深远影响。他创造了"景观"（spectacle）这个概念，试图去解释日常生活中的公私领域在欧洲的资本主义发展过程中所导致的精神衰弱的问题，而"景观"便是他假设的罪魁祸首，"景观"为谎言提供了更具迷惑性的传播手段，满足了特定人群在特定局部的需要，被用来统治人类。这种批判承袭了马克思、马尔库塞、卢卡奇等人对商品的批判。以居伊·德波为代表的情境主义者则试图把激进的艺术和政治融合在一起，以先锋派艺术和日常生活双重革命的姿态努力复兴马克思的革命实践，激烈地批判资本主义的"景观社会"。

9. 特尔耶·哈康森（Terje Haakonsen），著名单板滑雪运动员，以其卓越的技巧和对单板滑雪运动的重大贡献而闻名，在单板滑雪界被誉为传奇人物。哈康森在 20 世纪 90 年代迅速崛起，成为单板滑雪界的领军人物。他赢得了许多重要比赛，包括 90 年代的多届世界锦标赛冠军。哈康森以其高超的技术和创新能力著称，他是首个完成超过 9 米高的空中动作的单板滑雪运动员。他的动作风格和技术难度在当时是前所未有的，激励了无数后来的滑雪运动员。除了作为运动员，哈康森还积极参与单板滑雪赛事的组织和推广。他是著名的 Arctic Challenge 赛事的创办人之一，这一赛事成为展示高水平单板滑雪技巧的平台。他拒绝参加 1998 年冬奥会以抗议国际滑雪联合会（FIS）的管理方式，这一举动在单板滑雪界引起了广泛关注和支持。哈康森对 FIS 管理方式的抗议以及他对自由滑雪文化的倡导，反映了他挑战传统体育管理机构权威的态度。这种态度在单板滑雪界尤其受到推崇，体现了对自由和创新的追求。

10. 阿尔俊·阿帕杜赖（Arjun Appadurai），印度裔美国文化人类学家，他以全球化研究、文化理论和民族志研究而闻名。阿帕杜赖的研究主要集中在全球化及其对文化和社会的影响上，在其著作《消散的现代性：

全球化的文化维度》（*Modernity at Large: Cultural Dimensions of Globalization*，1996 年）中，提出了全球文化流动的五个维度，这些维度是他分析全球化过程中文化变迁的核心工具：种族、媒介、技术、金融和意识形态。阿帕杜赖扩展了本尼迪克特·安德森（Benedict Anderson）关于"想象的社区"的概念，提出"想象"（imagination）在全球化过程中扮演重要角色。他认为，现代社会中的个人和群体通过媒介和全球网络构建新的身份和社区，这些社区虽然是虚拟的，但对现实世界产生深远影响。阿帕杜赖认为全球化并不是单向的西方对非西方的影响过程，而是一个多向互动的过程。他提出了"全球地方化"（glocalization）的概念，强调全球化过程中地方文化如何与全球力量互动，创造出新的混合文化形式。阿尔俊·阿帕杜赖的理论为理解全球化提供了深刻的洞见，特别是通过分析全球文化流动和想象的角色，揭示了现代社会中身份、社区和文化的动态变化。他的研究方法和理论框架在批判性话语分析中具有重要应用价值，能帮助我们更好地理解和分析全球化过程中的复杂现象。阿帕杜赖强调了全球化的多维度特性，促进了对现代社会中文化流动和身份构建的深入探讨。

11. 摩根（W. J. Morgan），现代体育哲学领域的重要人物。他的研究主要关注体育哲学、体育伦理学和体育的社会价值，为理解体育活动中的道德和哲学问题提供了重要视角。摩根的研究涉及体育中的道德问题，包括竞赛的本质、体育精神、公平竞争以及体育活动中的道德与不道德行为，他探讨了体育中的正义问题，如性别平等、残疾人体育和使用兴奋剂等。他关注体育如何反映和影响社会结构和不平等，研究体育如何成为社会改革的工具，以及体育作为一种文化实践，如何塑造个人身份和社会关系。他在研究中还探索体育哲学的理论基础，分析体育活动的本质以及体育与艺术、游戏和戏剧之间的关系。摩根在体育学界具有广泛的影响，他的理论和分析开拓了体育与哲学、社会学和伦理学跨学科对话。他的研究不仅为学术界提供了洞见，也为教练、运动员和体育政策制定者提供了道德和哲学上的指导。摩根的著作常被用作体育哲学课程的教材，并且对体育哲学的教育和实践产生了深远的影响。

12. 尤尔根·哈贝马斯（Jürgen Habermas）是德国的哲学家和社会学家，被认为是 20 世纪后半叶最重要的思想家之一。他的研究主要集中在社会理论和沟通行动理论，特别是关于现代性和理性的批判性探讨上。哈贝马斯的理论强调沟通行为的重要性，他认为理解和理性交流是社会互动的基础。他的著名作品包括《沟通行为理论》（*The Theory of Communicative Action*），在书中他探讨了社会行动的两种模式——工具性行动和沟通行动，并提出了一个理想的"无障碍沟通情境"，在这种情境中人们能够自由地表达和讨论他们的观点。哈贝马斯也对现代社会的公共领域进行了深入研究，他认为公共领域是个体通过理性辩论参与社会和政治生活的空间。他的思想对民主理论、伦理学和法哲学等领域产生了深远的影响。

13. 阿兰·G. 英厄姆（Alan G. Ingham）是著名的体育社会学家，以其对体育和社会关系的深入研究而闻名。他的研究主要集中在体育作为社会机构的角色及其对社会结构和文化的影响上，为理解体育与社会之间的复杂关系提供了重要的理论框架。他的观点主要涉及作为社会机构的体育、体育与社会化、体育与社会分层、体育与意识形态传播、体育的经济功能等领域。英厄姆有一篇影响深远的论文：《体育：美国社会中的一个社会机构》（"Sport：A Social Institution in American Society"，1977 年）。在这篇论文中，英厄姆探讨了体育作为社会机构在美国社会中的角色和功能。英厄姆的论文为理解体育在现代社会中的多重角色提供了重要的理论框架。

14. 哈格里夫斯（John Hargreaves），英国著名的体育社会学家，以其对体育与社会关系的研究而闻名。他的研究覆盖了体育的社会、文化、政治和经济方面，对体育社会学和文化研究产生了重要影响。哈格里夫斯的研究主要集中在体育与社会的互动，特别是体育在文化和政治领域的作用上。他的研究为理解作为一种社会现象的体育提供了丰富的理论和实证支持。哈格里夫斯关注全球化对体育的影响，特别是体育产业的全球化和跨国体育流动。他研究了全球化如何改变体育的生产、传播和消费方式，并分析了这种变化对本地文化和社会的影响。哈格里夫斯发表了许多关于体育社会学的论文和著作，其中包括《体育、权力与文化：英国大众体育的社会和历史分析》（*Sport, Power and Culture: A Social and Historical Analysis of Popular Sports in Britain*，1986 年）和《运动的女性：女性体育运动史和社会学中的关键问题》（*Sporting Females: Critical Issues in the History and Sociolo-*

gy of Women's Sport，1994 年）。

15. 韦廷斯基（Patricia Vertinsky），加拿大著名的体育历史学家和体育社会学家，以其对体育与性别、身体和健康的研究而闻名。她的研究主要集中在体育历史和社会学领域，特别是体育中的性别关系和身体文化上。她的研究具有跨学科性质，结合了历史学、社会学和文化研究的方法。她深入研究了体育中的性别关系，揭示了女性在体育中的历史地位和面对的挑战。她分析了女性如何在男性主导的体育环境中争取平等和机会，探讨了性别偏见和歧视的历史根源及在现代体育中的表现。作为一名历史学家，韦廷斯基注重通过历史视角理解体育的发展和变化。她研究了体育在不同历史时期的社会和文化角色，揭示了体育作为社会现象的动态性和复杂性。韦廷斯基发表了许多关于体育历史和社会学的论文和著作，包括《体育中的性别和身体：历史与社会学视角》（*Gender and the Body in Sport: Historical and Sociological Perspectives*）和《女性、体育与社会：历史和社会学研究》（*Women, Sport and Society: Historical and Sociological Studies*）。她的研究方法包括历史分析、社会学理论和定性研究。韦廷斯基作为一位杰出的体育历史学家和社会学家，通过对体育与性别、身体和健康的深入研究，揭示了体育在社会中的多重角色和影响。她的研究为理解现代社会中的体育现象提供了重要的理论框架，并对性别、身体文化和社会变革等领域的体育研究产生了深远影响。

16. 大卫·安德鲁（David L. Andrews），美国著名的体育社会学家和文化研究学者，以其对体育与文化、媒体和政治经济学的深入研究而闻名。安德鲁的研究主要集中在体育的文化和社会影响，特别是体育与媒体、全球化和政治经济学的关系上。他的研究结合了社会学、文化研究和批判理论，为理解现代体育现象提供了丰富的理论和实证支持。他探讨了全球化对体育的深远影响，特别是跨国体育组织和大型国际赛事（如奥运会、国际足联世界杯）在全球范围内的传播和影响。他分析了全球化如何改变体育的结构和运作方式，并探讨了这种变化对本地文化和社会的影响。安德鲁发表了许多关于体育社会学和文化研究的论文和著作，包括《体育-商业-文化：关于晚期资本主义下美国体育的论文集》（*Sport-Commerce-Culture: Essays on Sport in Late Capitalist America*）和《全球化与体育：玩转世界》(*Globalization and Sport: Playing the World*)。他强调跨学科视角，结合社会学、文化研究和政治经济学的方法，对体育现象进行深入探讨。安德鲁作为一位杰出的体育社会学家和文化研究学者，通过对体育与文化、媒体、全球化和政治经济学的深入研究，揭示了体育在现代社会中的多重角色和影响。他的研究为理解现代社会中的体育现象提供了重要的理论框架，并对文化、媒体和经济等领域的体育研究产生了深远影响。

第六章　体育与全球化

全球化一直都是社会学研究的重要议题之一，体育社会学对社会学全球化转向做出了巨大贡献，而体育一直是全球化进程非常重要的驱动力，比如通过举办奥运会等大型体育活动吸引全球范围内的电视观众和网络访问者。可以把全球化看作对世界的压缩，或者是对整体世界意识的一种强化。自15世纪开始的全球化被理解为一个长期、复杂和全方位的过程，它具有各种文化、社会、政治和经济层面的意义，许多学者将全球化视为西方现代化或新自由主义资本主义传播的结果。早期学者们的研究普遍认为地方和全球是直接对立的，然而后来他们逐渐超越这种二元论转而认识到全局之内的各部分是相互依存的。因此，全球化不仅不会"摧毁"地方性，还可能强化地方性，全球体育锦标赛允许并鼓励特定俱乐部或国家队以其独特的方式展示他们的身份。了解全球体育社会文化需要同时关注趋同与分歧、同质化与异质化这两组潜在关键概念的博弈。一方面，趋同理论认为，全球化涉及大多数社会共享相同的文化价值观、信仰、形式、身份、品味和经验；另一方面，分歧理论认为全球化的特点是不同社会之间的文化变异、分化和分歧。

第一节　体育与文化差异的研究方法

多种关于社会系统的理论，如社会学、人类学、历史学和哲学等学科以固定下来的特定关键词为核心来展开论述。其中本土化理论就可以解释近年来土著权利和身份日益凸显的趋势，这也让澳洲、拉美、非洲等地的原住民的独特民族性和文化身份得到更多的认可，特别是澳洲的土著民族还可以继续生活在比较隔离的独立环境之中。当然文化融合也在不同社会中蓬勃发展并以多样化的方式呈现，尤其在舞蹈、音乐和体育领域最为常见（Burke，2009；Nederveen-Pieterse，1995，2007）。文化融合在后殖民社会中表现得尤为明显，那里有多种形式的移民和文化交流。本土化的概念有助于解释全球文化的各个方面如何通过语言被当地居民适应和重新解释，语言学中的克里奥尔化就是指边缘社会的人群学习如何批判性和选择性地参与其他社会的文化现象。

体育可以作为用来说明文化异质化的各种理论中的关键词。在本土化方面，北美和澳大利亚的土著居民利用体育来展示他们特定的民族身份。土著居民举办了他们自己的体育赛事。每年 7 月举行的"世界因纽特人-印第安人奥林匹克运动会"（WEIO）经过 40 多年的发展，影响力逐渐扩大，比赛的常设项目已由原来的 25 个增加到现在的 50 多项。该运动会的特色是源自传统体育文化和劳动形式的体育项目。每届运动会为期 4 天，由 5 公里长的火把赛跑拉开运动会的帷幕。此外，在欧洲，"民间运动会"和"传统运动"，如苏格兰高地运动会、巴斯克球赛和布列塔尼运动会带有强烈本土主义色彩。这些体育赛事中，围绕特定地区或国家身份的庆祝活动，也伴随着独特的音乐、舞蹈、美食、歌曲、旗帜和举办盛大的宴会（Eichberg，1994；Jarvie，1991；Abrisketa，2012）。有人类学学者采用混合概念（the concept of hybridization）来解释阿根廷足球的文化历史和地位，在 20 世纪初阿根廷是一个新兴国家，它既有早期来自欧洲的移民也有新移民，足球代表了一个高度流行的文化舞台，这些不同的文化会在其中杂糅。其结果是形成了一种独特的阿根廷足球文化风格，这反映了在一个多种文化混合和日益城市化的社会中新兴的国家认同形式。当然语言学上的克里奥尔化也可以用于描述边缘社会成员适应不同的体育文化并击败来自核心社会的运动员和团队的过程。来自印度、巴基斯坦和斯里兰卡的板球队在英格兰和澳大利亚取得巨大的成功，同时发展出这些国家独特的板球技术路线和风格。印度将板球本土化，在电视和广播对比赛的评论中融合了英语与印地语单词和短语来解说板球比赛，并且这种风格受到印度国内观众的热烈欢迎（Appadurai，1995）。

一般而言，在社会科学研究中异质化的研究方法与定性研究方法使用比较广泛，这些方法主要关注社会行动者的动机、身份、能动性等。在人类学中异质化方法与欠发达地区的文化创造力，以及人类学特有的从边缘出发分析中心的研究立场密切相关。异质化理论也有助于揭示本地和全球之间的深层联系，全球体育为不同形式的本地身份提供了理想的文化实践环境。因此，本土化和克里奥尔化等异质化理论有助于分析体育全球化的自下而上的实践路径，全球化在体育运动中创造出了不同的意义、身份、技术和价值观，并让社会参与者在日常生活中重新发掘自我。

第二节　体育与文化融合的研究方法

社会科学家往往比较关注研究文化同质化的理论，关注文化融合的动态过程，也就是一种文化涵化其他社会文化的过程。坚持同化理论的学者倾向于将文化帝国主义确定为广泛的全球文化同质化运动的基础。这一论点的基本前提是特定文化的广泛传播，如伊曼纽尔·沃勒斯坦（Immanuel Wallerstein）所说的核心国家的经济和政治力量使它们能够定义、塑造和影响全球文化。

融合理论支持者提出了不同的观点来解释文化帝国主义。一些学者认为媒体公司主导社会发展，西方国家在影响和控制其他社会的文化方面发挥了关键作用（Hamelink，1995）。西方媒体公司生产了大量的媒体内容，尤其是电影和电视节目，他们起先在国内赚取了大额的利润，这使得这些公司能够将其媒体产品廉价销售，甚至倾销到发展中国家。在体育领域，这种以媒体为基础的文化殖民主义体现在西方的职业体育联盟，如 NFL（美国国家橄榄球联盟）、MLB（美国职业棒球大联盟）、NBA（美国职业篮球联赛）和 NHL（国家冰球联盟），以及主流媒体频道，如福克斯新闻频道（FOX）、彭博财经频道（Bloomberg）、天空新闻频道（Sky）等之中。上述体育联盟的大部分电视收入都来自其国内市场，这也在一定程度上使电视转播权能够在国外以比较低的价格售出。反之，大量发展中国家的观众在电视上观看这些吸引人的外国体育联赛，这让他们对本地体育俱乐部的兴趣或参与度明显下降。

　　法国经济学家塞尔日·拉图什（Serge Latouche）一直是西方化理论的支持者，他认为西方构成了主导全球的政治力量，西方使用发展和现代化的语言与实践来摧毁非西方和非工业化的社会文化（Latouche，1996）。可以说，非西方运动和身体文化的边缘化以及西方体育学科技术在全球的传播，都是西方化在体育运动中的表现。遵循塞尔日·拉图什的看法，基于针对西方建构的发展的批判性理论，我们会将体育促进发展与和平（SDP）计划视为非西方社会中西方文化帝国主义的一个代表。甚至有人会认为文化帝国主义本质上就是美国化的一种形式，美国的电影、电视、音乐、时尚和食品等文化产业能够主导全球文化是因为其背后的国家在推动（Marling，2006）。在体育方面，美国体育联盟赛事和商品的跨国传播证明了这一点。啦啦队队员和开幕式表演嘉宾在体育赛事中发挥着娱乐的功能，科比、乔丹、伍兹等著名运动员的全球营销，以及比赛运动中的广告插播和赞助商广告无处不在。美国社会学家乔治·里策（George Ritzer）率先使用了"全球化"这个关键词，在他看来文化同质化融合是由三种力量驱动的，分别是由扩张主义的跨国公司领导的资本主义、以美国公司及其文化产品为特色的美国化，以及涉及大众文化产品的高效生产和销售的"麦当劳化"（McDonaldization），即一个社会从传统思维转向理性思维和科学管理的过程。在体育方面全球化正在发挥作用，美国职业篮球联赛和耐克公司等美国体育机构组织自 20 世纪 80 年代以来一直在努力通过精心策划高强度的营销活动在不同国家推广篮球运动和相关商品。但是里策的全球化理论过于强调以市场为基础的文化产品和商品，而对文化的意义、解释、身份和美学等非物质方面关注甚少。

　　后殖民理论的开拓者爱德华·萨义德（Edward Said）在 1954 年提出了"东方主义理论"，萨义德借鉴了米歇尔·福柯（Michel Foucault）的后结构主义方法，认为权力和知识是相互交织的。从 19 世纪开始西方创造了一套主导话语体系，将西方描绘成理性的、发达的、人道的和优越的，而将东方描绘成相反的另一面，即非理性的、异常的、不发达的，这些强有力的东方主义话语决定了"东方人"如何定义和理解自己。萨义德还指出，东方的流行文化受到西方的影响，西方的产品也被东方人民不假思索地消费，这导致了品位的广泛标准化（萨义德，2007）。尽管萨义德关注的是中东和北非地区，但这些论点可以扩展到东亚、拉丁美洲和南部非洲等非西方文化地区。东方主义的话语体系在西方世界对非西方运动员和俱乐部的描绘中经常可以看到。在澳大利亚体育媒体评论中，他们将巴基斯坦的板球运动和巴基斯坦社会的腐败联系在一起，而对事实则采取了回避的态度（Jaireth，1995）。对于足球运动，西方倾向于用东方主义的话语体系来描述巴西球员，即自然、有表现力、有节奏感、无忧无虑，而这些描述与他们对欧洲职业球员的描述——科学、有条不紊、警惕、训练有素——形成了鲜明的对比。

总之，文化融合理论可以帮助我们理解强大的政治和经济力量在日常层面如何塑造全球体育运动，这是一种"自上而下"的作用方式。然而，这些理论经常夸大文化同质化的部分，实际上我们经常在体育、艺术、舞蹈、文学、音乐和其他文化领域看到广泛多样的文化形式、风格、意义和技术。趋同理论倾向于经济决定论，假设任何社会的文化结构本质上都是由经济基础支配和决定的。结果这些理论将不同社会中的个人和社会群体描述为西方文化产品和话语的被动消费者。但是我们需要更充分地认识到社会行动者在不同文化形式和过程中的日常能动性参与，特别是在边缘社会中。东方主义未能解释非西方社会如何寻求抵制或超越他们的东方主义表征，实际上卡塔尔等亚洲国家试图举办大型体育赛事，是为了用与现代性相关的更积极的形象来取代这些国家和地区的传统东方形象（Amara，2005）。要强调边缘社会如何在体育运动中赋予自己权力，可以描述来自边缘欠发达国家和地区的运动员与俱乐部球队，比如肯尼亚长跑运动员、印度的板球运动员和拉丁美洲的足球运动员是如何用其技术和比赛风格击败来自发达国家地区的对手的。

第三节　体育与社会经济的研究方法

我们需要在考虑西方帝国主义和殖民主义的长期影响（上文已有详细论述）的前提下来了解当代全球经济。从 16 世纪开始西欧国家对美洲、非洲、大洋洲和亚洲的大部分地区进行殖民统治。原住民被征服，同时这些地区大量的自然资源被掠夺。体育在这些殖民地社会的族群分化中发挥了关键作用。在非洲和亚洲的大部分地区，从 20 世纪 50 年代起被殖民者纷纷赢得了为争取独立而进行的艰苦卓绝的抗争。然而，随着许多国家受到西方公司、政府以及包括国际货币基金组织和世界银行在内的国际金融机构的控制，新殖民主义又在这些地区生根发芽（Leys，1974）。批判的马克思主义学者认为这是系统性的不发达，因为富裕国家能够以牺牲贫穷国家为代价实现更快的发展。西方国家迫使非洲和拉丁美洲国家在当地维持最符合西方利益的低工资、低技术农业经济，种植经济作物以生产水果、茶、咖啡或糖等（Kiely，2007）。

新殖民主义理论和依附理论可以应用于体育分析，以检验发展中国家在全球体育经济中的位置。世界棒球运动由美国职业棒球大联盟主导，在球探和招募球员方面，许多美国职业棒球大联盟的俱乐部在拉丁美洲创办棒球学院，就像西方公司拥有的甘蔗种植园一样运作。因此，这些在当地的美国棒球学院拥有包括年轻的棒球运动员在内的当地最好的资源。它们通过指导和评估对当地球员进行初步筛选，然后将最出色的球员输送到北美，留下其他成绩普通的球员供当地球队挑选（Klein，1994）。在这种新殖民主义的生产和消费体系中，许多拉丁裔棒球运动员在较低级别的美国职业联赛中浪费掉了自己的大部分职业黄金期。同时，当地棒球学院对年轻球员的培养的不足也逐渐显现，他们仅专注于提升球员的棒球技能以迎合美国职业棒球大联盟俱乐部的需求，而不是为球员提供完善的职业教育并为他们今后的职业发展考虑（Marcano and Fidler，1999）。类似的新殖民主义理论也可以用来解释其他体育运动的国际分工，例如非洲足球运动员和田径运动员如何被欧洲俱乐部和北美大学校队招募和训练。

伊曼纽尔·沃勒斯坦作为当代社会科学多学科综合研究的倡导者，提出了"世界体系理论"并对全球化的政治与经济进行了系统的批判性分析。沃勒斯坦认为世界体系中有三种主要的民族国家类型。一种是美国和西欧国家这样核心的、富裕的、完善的和占主导地位的民族国家。另一种是有限的半外围民族国家，它们经历了大规模金融扩张，政府权力相对较小，技术发展较好，商品多样性较强。当代半外围国家包括亚洲的新加坡和韩国，欧洲的波兰、匈牙利等。还有一种是处于结构性依赖位置的外围民族国家，它们政府力量比较弱，这些国家包括许多非洲和拉丁美洲国家。

世界系统理论的基本模型可以分成两种形式应用于体育运动，第一，全球体育体系将最好的资源从贫穷国家引向富裕国家，非洲、拉丁美洲足球运动员参加欧洲的核心联赛和半外围联赛。外围和半外围国家的许多足球俱乐部依赖于向核心国家的俱乐部收取转会费用。第二，世界体系理论有助于解释体育用品的全球产业链，总部位于核心国家的跨国公司在低工资的半外围和外围国家建立制造工厂。沃勒斯坦后来探讨了世界资本主义体系如何陷入长期的经济危机，这种危机从 2007 年开始愈演愈烈，这场危机可能会导致世界资本主义体系的崩溃，经济危机也以不平衡的方式影响着体育运动。在外围环境下，精英体育赛事和俱乐部可能会失去观众、赞助、广告、运动员，从而导致收入减少；在内部，大的体育联盟似乎在很大程度上避开了危机，尤其是其电视收入保持强劲增长，欧洲顶级足球比赛和北美主要体育赛事也不断扩大规模。莱斯利·斯克莱尔（Leslie Sklar）的新马克思主义模式的全球体系研究更加强调塑造世界经济的阶级属性和意识形态。在莱斯利·斯克莱尔看来，全球体系由跨国资产阶级主导，这是具有全球视野和自我认同感的、多元的、高素质的国际管理资产阶级。跨国资产阶级主要由企业决策者、政府官员、专业人士和商业媒体领域消费者团体组成。消费主义的文化意识形态促进了对消费品的需求诱导，助长了购买情绪，这种消费主义世界观现在已经渗透到大多数国家。例如，印度板球超级联赛（IPL）通过卫星广播公司的业务管理和球队赞助商锁定目标受众，如印度不断壮大的中产阶级，并在体育场内和电视上广泛投放消费品广告，将联赛包装在消费主义文化意识形态之中。

自 20 世纪 70 年代后期以来有关全球经济的评论主要集中在右翼新自由主义经济和社会政策在全球范围内的传播上。新自由主义与个人主义强调以市场为基础的政治行为者，支持发展放松管制的跨国资本主义。新自由主义的负面社会影响在发展中国家尤为明显。全球新自由主义与全球精英体育的超商品化有着广泛的联系，体现在精英赛事电视转播权的销售和职业运动员的流动中，最有钱的俱乐部招募最好的运动员，并在重大比赛中占据主导地位，会导致体育运动中更大的财务和竞争不平等。因此，在欧洲足球中自 20 世纪 90 年代中期以来，最赚钱的俱乐部是英格兰、西班牙、意大利和德国的俱乐部，它们已经垄断了影响力最大的冠军联赛。新自由主义也推动了体育机构的商业化转型，英格兰的曼联和巴西的科林蒂安等精英俱乐部已被出售给更看重商业的所有者，与此同时这些精英俱乐部组成团体，主要是为了推动进一步的新自由主义改革，以促进它们的商业收益增长。在日常生活中新自由主义政策也导致国家对体育运动的财政支持减少，发展中国家的体育设施和教育经费提供尤其不足。跨国公司是新自由主义政策的重要倡导者和受益者，跨国公司一般都是大型企业，其生产工厂、销售点、投资和广告投放活动遍布全球。市场放松管制使跨国公司能够从跨越国界的资本、劳动力、商品的自由流动以及媒体营销中受益。在世界经济体系中著名的跨国公司包括摩根大通、汇丰银行等金融公司，埃克森、壳牌等石油和天然气公司，沃尔玛等零售公司，以及微软、苹果、索尼和三星等科技公司。

在新自由主义的背景下，跨国公司以不同的方式成为精英运动的重要参与者。根据莱斯利·斯克莱尔的观点，主要的体育俱乐部、锦标赛和活动都被包裹在跨国公司的广告图片中，并得到企业合作伙伴和赞助商的支持。并且许多大型的跨国公司为了建立其全球业务而将体育作为媒介，如天空和福克斯等媒体跨国公司就严重依赖体育节目的独家播放获得收入，耐克和阿迪达斯等体育用品跨国公司的营收也可以说明这一点，而且我们可以将全球较大的精英体育俱乐部视为跨国公司，曼联、达拉斯小牛队、巴塞罗那和洛杉矶湖人队等俱乐部在跨国招募球员、吸引球迷或消费者，它们在品牌塑造方面与跨国公司相似。这些体育俱乐部在保持其独特和流行文化身份的某些方面与许多其他跨国公司相似，所以体育的新自由化既不是统一的，也不是毫无争议的。在全球公民社会领域，地方、国家和国际层面都出现各种草根运动对体育新自由化的批评或对自由市场对体育运动的影响的反对，如非政府组织反对为建设体育设施而对贫困社区进行清理，以及对有些国家体育用品生产工人的剥削。在制度层面，国家体育管理机构在引入或适应自由市场政策时采取不同的方法。欧洲和拉丁美洲一些国家的足球体系倾向于将俱乐部部分或全部作为会员协会而不是私有企业来管理。在美国体育联盟中几乎所有的球队都是私有的，只是部分分享电视收入，这在一定程度上是为了抵消自由市场的弊端并保障公平竞争。

起源于 20 世纪 80 年代的极限运动的商品化属性最为明显，一般具有很高的风险性。运动员以最惊险的方式用身体接触自然环境、建筑环境，比如骑自行车从山顶快速滑下、不系安全装备攀爬悬崖峭壁、从飞机上跳下来或攀爬城市中的摩天大楼。极限运动往往可以吸引年轻男性，他们通常把自己定义为"反文化的"，且有足够的业余时间来学习这些要花很多时间接受培训才能习得的技能。运动员经常将极限运动视为对主流社会的批判，他们谴责大众过度关注极限运动的安全和风险控制问题，极限运动爱好者没有回避风险而是接受风险。极限运动也经常被贴上"浪漫""回归自然"的标签，尽管其中一些运动其实需要大量的高科技装备（Martínez and Laviolette，2016）。正是由于极限运动具有巨大的潜力，它们才能经常出现在电影院的大屏幕上。极限运动是一种亚文化，它的爱好者把大量时间和资源投入这些活动中，当然从事极限运动可以获得报酬并吸引媒体关注，这对于许多年轻人来说是非常诱人的，但是这也违背了极限运动最初的理念——保持体育文化中的反抗精神和不受商业利益的污染。跑酷是一项极限运动，这是一种充满技巧表演元素与融入城市环境的跑步形式，从事这项运动的运动员跑步穿过城市公共场所的隧道、桥梁、大楼、雕塑，并流畅地做出各种高难度动作。"跑酷"源自法语中"parcours"一词，其意为"路径"，20 世纪 90 年代后期这项运动从法国开始兴起。据称它是由法国前士兵和消防员在精英军事训练的启发下发明的（Atkinson and Young，2008）。在跑酷的全球化推广中它强调自力更生、自我完善、增强适应能力、新自由主义等信念。跑酷运动因为运动员展示的惊险动作而特别具有拍照的价值，因此吸引了各类媒体的注意，并被电视广告、纪录片、电影和社交媒体短视频、游戏行业所广泛宣传，但是这使得这项运动逐渐远离了它最初的价值信念而被商业化所裹挟。

总之，对体育与经济学关系的探讨主要涉及四类政治主体：个人或基于市场的主体、国家或以国家为中心的主体、国际主体以及以人为中心的团体。以市场为基础的个人、团体和机构主要表现为跨国公司和全球精英，其在塑造全球体育经济方面发挥着关键作用。因此，新自由主义政策仍然是全球体育运动中占主导地位的政治和经济政策，然而新自由主义政策以不同的方式受到质疑、调整和实施，我们可以探讨全球体育中的框架和权力关系如何在社会文化方面发挥作用。

第四节　体育与政治的研究方法

在过去一个多世纪里全球化迅速发展的原因之一是参与者的数量和多样性不断提升。第二次世界大战结束以后，全球化最重要的参与者是联合国及其相关机构，比如国际劳工组织（ILO）、联合国教科文组织（UNESCO）和世界卫生组织（WHO）。联合国是一个高度复杂的全球政治机构，1946 年时仅有 51 个成员国，发展到现在已有 193 个成员国。同样，体育全球化的特点也是政治参与者或利益相关者的数量和种类急剧增加，特别是自 20 世纪 80 年代后期体育商业迅猛发展以来，这些政治参与者和利益相关者往往有不同的利益和政策，并对全球体育政治施加了巨大的影响。

为了理解这些不同的政治参与者和利益相关者，我们可以将它们置于不同的模型之中。这些模型旨在分析这些政治参与者和利益相关者的主要发展趋势和组成要素。首先是与全球体育中的新自由主义政策相关的"个人"或基于市场的政治行动者。自 20 世纪 70 年代末以来，新自由主义政策一直主导着全球政治和经济，它们推动形成了以发展自由市场、削减福利国家措施以及促进个人主义为中心的社会政策（Harvey，2005）。在体育领域，自由市场政策最有力的支持者和受益者包括那些规模大且资金雄厚的俱乐部，如巴塞罗那、切尔西、洛杉矶道奇队、曼联、纽约洋基队、皇家马德里队等，其他受益者和支持者有顶尖运动员及其经纪人、为体育报道运营付费系统的媒体公司、体育组织和赛事的企业赞助商，以及有能力购买体育门票和体育产品的球迷观众。其次是特别与新商业政策相关的以国家为中心的政治实体，其目的是维持国家层面的体育治理并在全球体育中代表国家利益。新商业政策的最强代表是国家体育管理机构和协会，包括各个国家的足球协会和国家奥林匹克委员会、国家体育管理部门，以及英国广播公司（BBC）、加拿大广播公司（CBC）和澳大利亚广播公司（ABC）等国家官方媒体。再次是与维持和增强国际治理正式机构影响力的政策相关的国际政治实体，主要是国际体育管理机构和协会，如欧洲足球协会联盟（UEFA）、国际足联（FIFA）、国际奥委会（IOC）等，以及政府间国际组织，如欧盟和联合国。最后是与全人类相关的社会团体，它们的活动以全球社会建设为中心，主要包括非政府组织、记者和公共知识分子团体。这些行动者倾向于优先考虑进步的社会事业，例如利用体育促进人类发展、和平建设、社会正义、环境保护等。

但是我们注意到，这些模型分析低估了每个类别中发生的实质性差异和分裂。在国家层面，不同国家竞相举办大型活动或吸引企业赞助。而许多组织在此模型中超越了它们自己所隶属的类别，并试图影响其他类别的组织或政策领域，全球体育治理往往基于这些不同类别组织的伙伴关系。其中最具影响力的合作伙伴关系涉及精英体育俱乐部和运动员、富裕的体育消费者、国家政府和国际体育组织。这些伙伴关系倾向于促进新自由主义发展或推行亲市场政策，这些政策进而推动了体育的高度商品化。与此相对，全球体育界的一些政治行动者被边缘化。这些行动者往往位于全球公民社会的核心，但也包括其他的弱势群体，如小型体育俱乐部、地区体育协会和社区体育组织等。很多时候这种政治边缘化也会受到质疑，尤其是在人们反对体育运动中的种族主义和性别歧视等方面。最后需要强调一点：全球体育政治的整体框架还是需要通过全球体育经济得到巩固和维系。

第五节　体育促进发展与和平

"国际发展援助"是公共外交形式之一，在体育领域里中国的"体育场外交"就是对它最好的示例。自 1958 年以来，中国在非洲、亚洲、拉丁美洲和太平洋岛屿建立了超过 140 个体育场馆，自 2000 年以来已经建造了 100 多座体育馆。除了 2013 年的南非世界杯，2008~2017 年的所有 6 届非洲杯足球锦标赛比赛的体育场馆都由中国建造。数十年的国际发展为决策者和官员提供了非常稳定的框架，精英阶层也了解到富裕的西方国家与第三世界之间复杂的关系。

在过去的 20 年中，体育运动的日益普及已成为发展实践的最新转变。

尽管联合国教科文组织于 1978 年将体育视为一项基本权利，1989 年联合国大会通过《儿童权利公约》，其第 31 条正式承认游戏是每个儿童的权利之一，2001 年联合国秘书长科菲·安南（Kofi Annan）任命"体育促进发展与和平"特别顾问并为此建立了一个新的机构，使得体育可以被用作促进发展与和平的工具，该机构于 2008 年改为联合国体育促进发展与和平办公室（UNOSDP）。安南最初的目标是让体育成为改变联合国的传统形象的最佳途径。此外，体育在发展和人道主义事务领域已经被许多机构采用，最主要的参与组织是教科文组织、联合国儿童基金会和联合国开发计划署。关于体育的活动可以雇用难民，激励儿童学习，促进性别平等，通过宣传健康信息降低儿童死亡率，通过让来自受到社会排斥群体的母亲参与来降低产妇的死亡率……体育活动最终通过创建体育与和平网络来协助全球发展。体育促进发展与和平计划出于对接收者福利的真正关注而进行了善意努力，但其也遭受了人类学家的批评，因为西方人在善意干预措施中发现他们与基层社会没有有机联系，因此无法从头开始发起可持续的变革。此外，发展体育运动也会受到国际政治的限制，因为它往往是由国家政府或联合国组织起来的。与联合国不同，国际奥委会和国际足联是具有更强灵活性的非政府组织，但其运动援助计划仍必须与接受国的国家政府协商。

自 20 世纪 90 年代后期以来体育促进发展与和平一直是体育全球化发展最快的方面之一。体育促进发展与和平可以理解为广泛存在的、多样的计划、运动和组织，其将体育作为干预场所或工具，以促进世界各地不同类型的社会发展和和平建设。因此，它代表了重大转变——从体育发展到通过体育促进社会发展，体育促进发展与和平计划的出现也反映了"世界是一个人类共享的地方"的意识日益增强。体育促进发展与和平涉及的主要组织类型有以下几个：政府间组织，如联合国，它拥有体育促进发展与和平办公室；欧盟委员会和英联邦秘书处，各国政府及其教育部、国际发展部和体育部，还有政府资助的体育和发展机构，支持发展工作的体育管理机构，如国际奥委会和国际排球联合会（FIVB）；支持体育促进发展与和平工作的私营公司和个人捐助者，如耐克、可口可乐、麦当劳；在国际、国家和地方层面协调或实施体育促进发展与和平计划的非政府组织，如德国的街头足球世界、瑞士的体育发展平台；关注体育促进发展与和平相关问题的非政府组织……在这些组织中联合国在推动体育促进发展与和平方面发挥了至关重要的作用，其倡导将体育的使用合法化，并建立了联合国自己的体育促进发展与和平办公室。

大多数国际层面的体育促进发展与和平工作是由非政府组织在发展中国家开展的，它们实施旨在满足当地社会需求的项目，如保障女性的基本社会权利，减少城市中心地区的犯罪和暴力，吸引年轻人接受教育、培训并成功就业，以及帮助无家可归者。体育促进发展与和平中最有影响力的利益相关者是国家和国际政府间组织、私人捐助者和体育管理机构。这些利益相关者拥有最多的财务、政治和组织资源，因此能够为体育促进发展与和平项目设定目标。处于明显弱势的是非政府组织，它们往往依赖上述利益相关者的财政和其他支持来实施项目。大多数体育促进发展与和平活动往往具有务实的工作取向，尤其是在将年轻人培养成有竞争力和自力更生的个体，帮助他们满足眼前的社会和经济需求方面（Darnell，2012）。

小　结

自 20 世纪 90 年代初以来，全球化与体育之间的联系一直是体育人类学中最重要的问题之一。在研究方法层面，全球体育具有融合和分歧的混合特征，特别是在美学、身份、风格和技术方面。全球本地化的概念有助于记录和解释体育全球化这一包含了融合与分歧的双重过程。在政治和经济方面，体育全球化的特点是利益相关者的数量和多样性不断提升、民族认同和民族国家意义的持续和部分转变，以及高度分层的新自由主义全球经济的发展。近年来发展非常迅速的体育促进发展与和平是不断发展的全球社会的一部分，虽然务实或新自由主义的体育促进发展与和平活动似乎最为普遍，但体育促进发展与和平工作仍有很大的改进空间，其目标指向更深层次的结构变化。全球体育应侧重于确保社会行动者在不同文化环境中的关键作用发挥和参与。新自由主义在全球体育运动中的强大作用往往会阻碍实现这些目标。与此同时，全球化进程促进了不同文化之间形成更密切的联系，从而使公众能够更好地体验和理解体育是如何在不同的背景下以不同的方式被组织和解释的。

本章推荐人物阅读

1. 伊曼纽尔·沃勒斯坦（Immanuel Wallerstein），著名的社会学家和历史学家，沃勒斯坦的世界体系理论是他最重要的学术贡献之一，这一理论试图解释现代世界历史和社会发展的总体结构，强调全球经济和社会体系的动态和不平等关系。沃勒斯坦将世界分为三个主要区域。核心（core）包括发达国家和经济强国，这些国家占据世界经济中的主导地位，控制全球金融、科技和生产资源。半外围（semi-periphery）包括中等发达国家，这些国家在核心和外围之间起到中间作用，具有一定的工业基础和经济实力，但仍然依赖核心国家。外围（periphery）包括发展中国家和经济弱国，这些国家主要提供原材料和低附加值产品，受到核心国家的经济和政治影响。沃勒斯坦认为，现代世界体系始于16世纪的资本主义发展。他提出，资本主义世界经济是一个历史性的体系，通过不平等的经济交换和劳动分工实现全球范围内的财富积累和资源分配。他的理论中包含对历史周期的分析，他认为世界体系经历了多个长周期，每个周期在 50~100 年。每个周期包含经济扩张和收缩阶段，系统内部的经济和政治权力会发生重新分配和调整。他分析了全球化过程中的帝国主义和殖民主义，认为核心国家通过政治、军事和经济手段控制外围国家，导致全球范围内的不平等和剥削。沃勒斯坦的主要著作包括《现代世界体系》（*The Modern World-System*，1974年）和《世界体系分析：导论》（*World-Systems Analysis: An Introduction*，2004年）。沃勒斯坦的研究方法包括历史分析和宏观社会学分析。他的研究具有跨学科性质，结合了历史学、经济学、政治学和社会学的方法。

2. 塞尔日·拉图什（Serge Latouche），著名的法国经济学家，以"去增长"（décroissance）理论而闻名。他的理论对现代经济学、可持续发展和生态学产生了重要影响。拉图什是去增长运动的主要倡导者之一，他指出了传统经济增长范式的问题，主张通过减少生产和消费，实现社会和生态的可持续发展。他认为传统经济学过于关注 GDP 增长，忽视了增长带来的环境破坏、资源枯竭和社会不平等。他指出无限制的经济增长是不可能的，也是不可取的，因为地球的资源和生态系统是有限的。去增长并不是简单的负增长或经济萎缩，而是一种有计划、有目标的经济和社会转型。其核心是减少不必要的生产和消费，注重生活质量和生态平衡，而非物质财富的积累。去增长理论强调生态和社会的双重可持续性。他认为真正的可持续发展不仅要考虑环境保护，还要实现社会正义和人类福祉的提升。拉图什发表了多篇关于去增长理论和生态经济学的论文和著作，包括《逃离经济学——经济去增长的理论与实践》《经济去增长宣言》。拉图什的研究方法包括批判理论、跨学科研究和实证分析。他的研究具有强烈的批判性，结合了经济学、生态学、社会学和哲学的方法。拉图什的理论为理解现代社会中的生态和经济问题提供了重要的框架，对现代经济学、生态学和社会科学研究产生了深远影响。

3. 乔治·里策（George Ritzer），著名的美国社会学家，以其对消费社会、全球化和现代社会理论的研究而闻名。他最著名的贡献是提出了"麦当劳化"（McDonaldization）理论，该理论分析了现代社会的理性化过程。里策在其著作《社会的麦当劳化》（*The McDonaldization of Society*）中提出了"麦当劳化"理论。该理论分析了现代社会中理性化的过程，以及这种过程对社会和文化的影响。麦当劳化是指社会各个领域逐渐采用快餐业的原则和方法，追求效率、可计算性、可预测性和控制。里策认为，这种过程不仅限于快餐业，而是渗透到各个社会领域，包括教育、医疗、零售、旅游等。麦当劳化导致个体在消费过程中失去个性和自主性，变得机械化和工具化，它推动了社会的理性化和标准化，但也带来了去人性化、环境破坏和文化同质化等问题。除了麦当劳化理论，里策还深入研究了全球化和消费社会。他提出"全球化"与"无全球化"的概念，分析了全球化过程中的本地化适应和文化融合。无全球化是指全球化过程中本地文化和全球文化相互适应和融合的现象。里策认为，全球化并不是完全消灭本地文化，而是通过适应和改造形成新的文化混合体。

4. 爱德华·萨义德（Edward Said）是杰出的文学批评家、文化理论家和公共知识分子，以其对东方主义（orientalism）和后殖民理论的研究而闻名。他的研究对文学研究、文化研究和政治学产生了深远的影响。萨义德最著名的贡献是他的著作《东方主义》（*Orientalism*，1978 年），在这本书中，他提出了"东方主义"这一概念，分析了西方对东方的描绘和理解方式。萨义德将东方主义定义为西方研究、描绘和理解东方（主要是中东、南亚和东亚）的方式。这种方式不仅是学术研究的一部分，更是西方控制东方的一种工具。他认为东方主义反映的是一种构建"他者"的过程，通过这种过程，西方强化了自身的优越感和东方的劣等地位。东方主义构建了一种二元对立的框架，将西方描绘为理性、先进和文明的，而东方则被描绘为神秘、落后和野蛮的。东方主义通过固定的刻板印象来描述东方，忽视了东方文化和社会的多样性与复杂性。东方主义不仅是文化上的，还包含了政治和经济方面的权力关系，涉及通过知识生产和传播来控制和支配东方。萨义德认为，东方主义不仅影响了西方学术和文化界的东方观，还在更广泛的政治和社会层面上塑造了西方对东方的态度和政策。通过揭示东方主义的内在逻辑和机制，萨义德呼吁重新审视和批判西方对东方的看法，推动更加平等和相互尊重的文化交流。萨义德的研究对后殖民理论的发展产生了重要影响，他的观点帮助学者们理解殖民主义和帝国主义对文化与身份的持久影响。爱德华·萨义德发表了许多关于文学批评、文化理论和政治学的论文和著作，包括《东方主义》（*Orientalism*，1978 年）和《文化与帝国主义》（*Culture and Imperialism*，1993 年）等。萨义德的研究涉及文学批评、文化研究和批判理论。他的研究具有跨学科性质，结合了文学分析、历史研究和政治批判的方法。爱德华·萨义德的理论为理解现代社会中的文化和政治现象提供了重要的框架，对文学研究、文化研究和社会科学研究产生了深远影响。

第七章　体育与世界体系

包括国际奥委会（IOC）和国际足球联合会（FIFA）在内的国际体育组织都坚持体育运动体现了人类普遍的价值观，并认为这些价值观可以被全人类所共享。由国际奥委会制定的《奥林匹克宪章》（Olympic Charter）涵盖了奥林匹克运动的核心价值观、组织结构、赛事规则以及运动员和其他相关人员的权利与义务等内容，《奥林匹克宪章》明确指出：

> 奥林匹克运动是一种生活哲学，旨在使体质、意志和精神全面均衡发展。奥林匹克运动将体育与文化、教育相结合，力求创造一种生活方式，其基础是追求快乐、发挥榜样的教育价值、承担社会责任和对普遍基本道德原则的尊重。[①]

几十年来奥林匹克研究学者一直在研究和完善"奥林匹克价值观"的内涵，现代体育运动已经成为被人类共享的全球文化的一部分。但是现代体育并非天生具有普遍性，如果说体育今天在世界范围内普遍存在的话，这是因为无数个地方体育竞技比赛共同构成了全球体系，以及于18世纪末开始从西欧向世界广泛传播的体育运动在长达200多年的时间里与各地不断磨合。这个磨合过程甚至一直持续到今天，全世界不同地区的民族国家都不同程度地参与其中。我们在本章将探讨基于相交叉的地方和文化身份认同的国际体育体系形成的动态过程。

[①] 《奥林匹克宪章》，https://stillmed.olympic.org/Documents/olympic_charter_en.pdf，最后访问日期：2024年9月5日。

第一节　体育与国际主义

体育的国际主义根植于民族国家的管辖范围，并巩固了当今世界的民族国家体系。巩固现代民族国家之间关系的第一个正式的国际协议是在1648 年签署的《威斯特伐利亚和约》（the Peace of Westphalia），因此在这之后现代民族国家体系也被称为"威斯特伐利亚体系"。和约标志着现代国际关系中国家主权原则的确立，承认各国在其领土内拥有绝对的统治权，强调了国家在国际事务中的独立性；对欧洲的领土进行了重新划分，涉及瑞典、法国、荷兰、西班牙、神圣罗马帝国等国家的利益和疆域调整；和约确认了天主教、路德宗和加尔文宗在神圣罗马帝国内的合法地位，并规定了宗教宽容和信仰自由的原则。和约的签署标志着欧洲国际关系体系的重新构建，奠定了以主权国家为基础的国际秩序，为后来的国际法和国际关系理论奠定了基础。《威斯特伐利亚和约》被视为现代国际关系史上的重要转折点，它不仅结束了长达数十年的冲突，也确立了国家主权和国际法的基本原则。国际主义建立在国家主权的基础上并得到加强，这个体系维护了民族国家的领土土地权力，它是国家主权和外交平等且不被干涉的原则和国际法原则的基础。本书前文提及的帝国主义和殖民主义的扩张进程兴起于 19 世纪末 20 世纪初，体育中的国际主义普遍存在，政府、工人组织和其他非政府参与者基于此将体育运动用于特定的政治议程，特别是各国政府越来越多地将体育作为外交工具，而非政府机构则将体育作为它们各种工作议程的实践机制。而跨国主义以不依赖国家主权也不挑战国家主权的方式跨越国界将人、观念和象征联系在一起。国际主义与跨国主义的不同之处在于国际主义涉及民族国家及其代理人，而跨国主义则由非国家代理人所掌握，非国家代理人破坏国家权威的力量是非常有限的。职业运动员能够跨越国界自由流动也是体育跨国主义的一个实例。

全球化发生在国家领土和全球治理体系中，体育全球化是一个将体育活动与特定国家的领土分离的过程。体育存在于超越国家、文化和政治边界的全球空间中，全球化被定义为国际联系的不断加强，在加速时间的同时也压缩和拓展了空间。它包括两个截然不同但紧密联系的过程：全球联系加强的同时，地方社会意识也在逐渐增强（Giulianotti and Robertson，2004：546）。大型体育活动，如国际足联世界杯与奥运会中的盛典、仪式、口号和统一标志的营销，在增强人类意识和提供强大的统一体育梦想方面发挥了巨大作用，从而无意识地构筑了人类学家本尼迪克特·安德森（Benedict Anderson）所说的"想象的共同体"。全球化与地方环境相互依存，特定地区的人们会适应和重新定义全球文化产品以满足他们自己的需求。因此，这些全球文化产品并不一定以统一的形式被接纳和理解，而是处于由本地化和全球化组成的全球本地化双线趋势之中。这看似矛盾，但其实很常见，如奥运会和国际足联世界杯主办城市在展示本地特色的同时也为维持所举办活动中的国际惯例提供便利（Robertson，1995）。国际主义、跨国主义和全球化相互重叠并相互联结，它们经常同时运作但又是截然不同的过程，区别在于个体如何形成对世界的基本理解。人类学研究的主要目的是理解支撑人们日常生活的对世界运转、存续和发展方式的认知，因此体育人类学的一项重要工作就是解构体育运动中相互关联的各种过程。

第二节 体育与国际关系

当体育处于国际关系的舞台上时，它可以从一种以个人发展为导向的具体实践转变为试图说服一群人相信他们可能不同意的事情。在这个过程中，体育运动不是为了它自身的内在价值而被实践，而是为它能够展示和发展的运动之外的价值而被认可，在这方面体育被视作外交方面的理想工具。一些国家将体育运动用于扩大势力范围，将其作为维持对被占领领土和人口的控制以及比军事干预更温和的外交手段。美国政府鼓励发展棒球运动以增强其在世界范围内的影响力，19世纪末20世纪初美国著名的棒球运动员、经理和运动装备商阿尔伯特·斯伯丁（Albert Spalding）主张棒球应该"追随国旗"。此外，国际奥委会在建立之初就将自己定位为民族国家之间的中间人，致力于利用体育将原本的竞争对手聚集在一起并使它们达成协议。

　　体育外交中最重要的事件当属 20 世纪 70 年代中国和美国之间的"乒乓外交"。1958 年中国退出国际奥委会和一些其他项目的国际体育联合会，国际乒乓球联合会是当时中国没有退出的仅有的 3 个国际体育联合会之一。在 1971 年日本举行的第 31 届世界乒乓球锦标赛中，美国乒乓球运动员格伦·科恩（Glenn Cowen）登上了中国国家队的大巴，并与中国队队长庄则栋进行交谈。巴士到达目的地时，两人公开交换了礼物。两人微笑握手并拿着礼物的照片迅速传遍全世界，这也标志中美关系开始解冻，随后一个美国代表团访问了中国。1971~1973 年在北京举行的一系列国际乒乓球邀请赛，也为中国与非洲和亚洲其他国家建立外交关系提供了非常好的平台，1979 年中国重新回归国际奥委会（Xu，2008）。乒乓外交体现了体育如何在两个民族国家之间的关系中发挥催化剂和引导作用，来自不同国家的运动员可以保持友谊，体育交流可以为外交和解铺平道路。

　　体育也可以作为增强国家软实力的一种重要方式，通过非强制性手段在国际舞台上施加政治影响力。大多数形式的软实力可以通过政策来增强，这种做法属于公共外交的范畴，比如软实力可以由电影、音乐和时尚产业产生。体育也可以是一种非常有用的软实力，据统计，美国职业棒球大联盟比赛、美国国家篮球协会比赛和美国国家橄榄球联盟超级碗的全球观众数量与美国电影的观众数量相当。亚洲国家更加热衷于通过体育追求软实力，在 20 世纪 90 年代中期至后期，日本和韩国颁布政策，促进本国的文化产业发展，以此来增强国际影响力。中国在 2007 年开始大力推动文化产业发展以增强国家软实力，这恰好是北京奥运会举办的前一年，奥运会是一个理想的展示平台，中国成功地举办了迄今为止最盛大的奥运会，中国也在此次奥运会上获得了奖牌榜第一名的出色成绩。此后 2018~2022 年在东亚又连续举办了三届奥运会，包括 2018 年平昌冬奥会、2020 年东京夏奥会和 2022 年北京冬奥会。

第三节　体育与全球地方化

　　美国的印度裔文化人类学家阿尔俊·阿帕杜赖（Arjun Appadurai）提

出了"全球地方化"（glocalization）的概念，强调全球化过程中地方文化
如何与全球力量互动，创造出新的混合文化形式。"全球地方化"是指在
全球化过程中，全球化的产品、服务或理念被本地化，以适应特定地区的
文化、需求和偏好。这一概念结合了"globalization"（全球化）和"localiz-
ation"（地方化），强调了全球和地方之间的互动。举例来说，一家公司
可能会在全球范围内推广其品牌，同时根据不同国家和地区的文化与市场
需求调整产品或营销策略。这样既保持了全球品牌的一致性，又满足了本
地消费者的特殊需求。例如，快餐连锁店的菜单在不同国家会根据当地的
口味和饮食习惯进行调整。学界引入全球地方化理论来描述全球体育运动
中同质化和异质化的双重可能性。全球地方化的概念自20世纪90年代进
入研究全球化的社会和文化动态的学者的视野，这些学者中也包括与体育
相关的领域的学者。著名的社会学家乔治·里策（George Ritzer）的"麦
当劳化理论"（McDonaldization theory）探讨了全球化过程中的标准化和理
性化现象。另一位社会学家约翰·朱利安诺蒂（John Giulianotti）的研究则
涉及全球化对体育的影响，以及体育如何反映和塑造全球化过程。全球地
方化通常用于强调文化分歧，可以理解的是这种用法有助于挑战关于文化
融合的过于简单化的说法。然而正如这个词本身所暗示的那样，全球地方
化实际上是指本地和全球的相互依赖与相互渗透。全球地方化理论指出了
我们所说的全球地方化的二元性，即包括全球体育在内的全球文化中的趋
同和分歧过程。全球地方化的二元性如何在体育运动中得到证明？从广义
上讲，趋同或同质化过程在特定体育领域中更为明显，这与"自上而下"
的全球发展相关。反之，在其他领域，体育内容的分化或异质化过程更为
明显，尤其是在日常水平的自下而上的体育制作中。足球、板球、橄榄
球、棒球、篮球等运动在19世纪末和20世纪传播到世界各地，在大多数
地方这些运动的关键形式基本保持不变，也就是说这些运动的规则以及制
度和组织都在各地得到保留。当然，这种"运动形式的同质化"也有一些
重要的例外，如在特罗布里恩群岛，土著人将板球比赛变成了一种独特的
当地男性仪式，具有一套与其他地区截然不同的规则和习俗；19世纪英国
的橄榄球运动在美国转变为美式橄榄球。但是，总的来说当大多数体育运
动在国际上传播并被新社会接纳时，这些体育运动的基本形式往往会在不

同的环境中保持不变。同时，体育中的意义、技术、审美规范、身份和价值观往往被不同的社会创造性地解释和调整。与北欧相比，拉丁美洲的足球文化往往更重视个人特点。在大型体育赛事中，我们能够看到球队及其支持者如何以强烈的象征性方式，如歌曲、旗帜、球队代表色和比赛技巧等识别和区分彼此。

从更广泛的意义上说，全球地方化的二元性体现在体育俱乐部的营销和大型体育赛事的举办中。一些著名的体育俱乐部会精心设计部署营销策略，举行巡回表演赛，让明星运动员在媒体上亮相，在大型户外广告牌上打出广告和聘请公关公司提供公关服务，目的是接触不同的受众，扩大俱乐部影响力。但大型体育赛事可能在图像、叙述和主题方面大大改变体育俱乐部这些过往的营销策略。对于大型体育赛事，无论哪个主办城市都必须提供相同类型的场地布置和设施，如特定的赛事场地、运动员住宿设施、赛事吉祥物和标志等。多样性则体现在赛事环境中，例如体育场建筑、奥运村的设计，举办赛事的城市的文化和地理景观，以及为特定赛事增添个性色彩的赛事叙事和象征符号。

体育运动中也存在反向全球地方化的过程。反向全球地方化是对早期文化交流的明显逆转，也就是说次级、边缘社会的文化实践或技术回流到"核心"或"原始"社会。板球起源于英格兰，然后在南亚和其他地区经历了大规模的普及和本地化。反向全球地方化随之发生，一些亚洲的打法和技术已经开始影响英国板球，比如慢速投球手使用的新技术，或开局击球手为了缩短比赛时间而使用的高度激进的打法。反向全球地方化也体现在运动员移民方面，专注于特定运动项目的国家通过招募外国运动员来提高其比赛水平。美国的职业棒球大联盟（MLB）球队雇用了许多拉丁裔和东亚的棒球运动员，而美国国家冰球联盟（NHL）球队雇用了斯堪的纳维亚和东欧的球员。

总之，全球地方化是一个适应性很强的概念，它使我们能够探索和解释同质化与异质化的过程是如何在体育全球化中体现出来的。我们还应该强调全球地方化概念使我们能够解释和反思体育全球化中的政治、经济和社会文化方面的进程。由此，我们可以认识到新自由主义政策如何强烈地影响全球体育经济的发展。

第四节　运动员的跨国流动

体育跨国主义的主要表现形式是职业运动员和相关体育从业者跨越国界的流动，运动员跨国从事体育运动的现象一直伴随着现代体育发展的整个历史过程。但是在最初的很长一段时间里，为追求体育事业发展而移民的运动员的流动仅限于邻近国家和地区之间，因为来自邻近地区的运动员在语言和文化上更加相近，并且他们之间有很强的人脉关系（Taylor，2006）。在20世纪末体育界发生了巨大的变化，运动员的跨国流动大大加速，并主要集中在足球、棒球、篮球和橄榄球这些团体运动项目上；田径、体操和拳击等个人运动，以及冰球和板球则更多保持本地化的人员组成。这些新模式可以归因于许多因素的同时出现，包括体育政治和经济的全球化。在20世纪80年代和90年代，电视转播体育比赛的版权费收入猛增，体育俱乐部也转型成为公司实体。在最受欢迎的体育项目中，精英运动员的薪水和转会费随之迅速增长。面对日益激烈的竞争和最大化利润的需求，俱乐部和球队开始在全球范围内发掘体育人才，从而吸引了大量来自发展中国家的球员。这使得发达国家中来自发展中国家、外国出生的运动员数量大大增加。在西欧职业足球俱乐部中，非欧洲裔球员占比在50%以上，在美国职业棒球大联盟中外国出生的球员占比在2017年达到了历史最高的29.8%，259名外国出生的选手中有235名来自拉丁美洲和加勒比地区。

在世界许多地方体育正在人们的生活中获得空前的关注并占据越来越重要的位置。电视是引发体育向产业转型的第一种媒体，它也有助于使体育获得全球知名度，并在人们的日常生活中发挥重要作用，当然，今天能够产生最大影响的媒体是手机客户端。在斐济农村，原住民男孩在村子里的草地上随意打橄榄球时，会以慢动作形式进行投球练习，这其实是在模仿他们在体育电视频道看到的电视转播的橄榄球比赛慢镜头回放。特别是今天体育不再只是一种游戏形式，而是成为一种获利非常可观的劳动形式，体育明星的影响力已经触及全球最偏远的地区。随着人们寻求进入富裕经济体以求生存，全球许多国家已经成为移民社会。改善生活的希望几乎完全寄托于向富裕的劳动力市场迁移，而许多民族国家的经济发展在很大程度上得益于移民汇款。因此，运动员跨国流动性的增强是这种变化的结果。在体育产业的全球体系中，国家也在发挥作用，一些政府将职业运动员的移徙视为国家社会经济政策领域的问题。对于许多地区的年轻人来说，要实现通过体育运动获得成功的梦想几乎不可避免地需要迁移到发达国家，比如去欧洲踢足球，到北美加入棒球或篮球职业俱乐部。这些梦想与移民十分困难的现实共存，移民到富裕地区从事体育职业这条光明的道路吸引了大量优秀的年轻运动员，但是实际上只有少数幸运者会获得这种难得的机会。

　　职业体育移民主要是男性，体育劳动力市场中的劳动力也大多是男性。在许多社会中，人们期望男性尽早为家庭提供支持，而一些国家的经济发展却使男性尤其是年轻男性的工作机会比较少。因此，在世界上许多地方贫穷的年轻人结婚越来越难，体育移民也顺势成为一种帮助男性择偶结婚的方式。同时现在有越来越多的女性运动员也加入体育移民中，尽管她们主要是个人项目的运动员。不过，斯堪的纳维亚团体运动（Scandinavian team sports）除外，在斯堪的纳维亚国家（如瑞典、挪威和丹麦）流行的各种集体运动为东欧和西非妇女提供了就业机会。来自发展中国家地区的运动员迁移到了欧美发达国家之后，始终保持着对家中亲戚的经济支持与他们原有的社交网络，因为他们肩负着帮助其他家庭成员过上美好生活的希望。一般大家庭将钱花在年轻人身上以支付年轻人前往发达国家的费用，他们将这些费用视为一笔投资。对于来自贫穷国家的运动员移民来说，体育意味着有偿工作，履行对家庭的义务，同时财富可以流入资源匮乏的国家。跨国体育事业成功的阻力还在于，具有专业潜能的运动员需要被俱乐部经理、经纪人、教练等具有决策权的个人看见。这就是体育社会学家托马斯·卡特（Thomas Carter）所提出的"能见度的产生"，在体育领域能见度的提高可能涉及运动员、团队或节目的曝光度提升，达到这一目标的方式包括赛事宣传、媒体报道、社交媒体互动等，运动员如果没有出色的体育能力就没有流动的可能性。在斐济的一些小村庄，土著年轻人梦想在海外开始自己的橄榄球生涯，但他们所处的村落十分偏远，以至于他们因无法负担进入市区的公交车费用而放弃参加地区比赛。因此，无论他们多么努力，他们都没有机会被职业经纪人发掘。相反，纳德罗加（Nadroga）地区运动员移民人数众多，导致橄榄球运动发展过度。因为拥有美丽的海滩和舒适的气候，这里是旅游胜地，因此其成为橄榄球经纪人在海外的度假地，当地的年轻橄榄球运动员也就会有更多被发掘的机会。

运动员移民也面临其他限制，在许多国家体育管理机构经常对非本地运动员加以限制，如限制他们加入的球队和参加比赛的时间。"非本地"的定义因具体环境而异，通常与合法公民身份相关。俱乐部和个人可以找到破解这些限制的方法，如俱乐部可以帮助外国运动员入籍，或者从公认擅长这些运动的国家地区招募年轻的运动员，并使其通过归化计划被当作本地人报名参加比赛。这样做还可以确保他们更好地适应移入国的环境，对于俱乐部来说也很方便，但这会使年轻运动员与自己的出生地逐渐疏远。其实在更深层次上说民族主义与跨国主义之间也在不断地博弈。年轻人热爱比赛且满心期望为家人汇款以支持家庭，但是很多时候他们被困在欧洲边缘地区的较低级别的联赛中，由于球队的资金不足而无法使他们获得足够收入，他们不得不兼职其他工作，但是这需要占用训练时间，因而也就降低了他们加入顶级俱乐部的可能性。运动员的跨国流动涉及处于运动员与俱乐部之间的经纪人，在多米尼加共和国他们寻找年轻的棒球天才，然后输送到美国的职业棒球俱乐部。如果球员成功签约，他们就能获得一定比例的签约金，他们也会参与制定年轻运动员的职业发展规划，以及教育、健康和家庭福利分配计划。

围绕运动员尤其是年轻运动员的跨国流动也存在争议。总部位于巴黎由喀麦隆前足球运动员帕特里克·姆博马（Patrick Mboma）组织成立的帕特里克·姆博马基金会致力于通过足球和其他体育活动促进社会发展和教育，尤其关注青少年和弱势群体。巴勒莫协议（Palermo Protocols）旨在打击跨国有组织犯罪，它是《联合国打击跨国有组织犯罪公约》的一部分。该协议旨在打击人口贩运，特别是针对女性和儿童的贩运。基金会在包括巴勒莫协议在内的国际协议允许的范围内开展工作，以减少向运动员尤其是未成年运动员提供虚假的招聘承诺或缺乏透明度的合同的情况。有些运动员在类似于人口贩卖的情形之下移民，但这种情况总是比其表面看起来的样子要复杂得多。运动员移民通常会嵌入亲属结构之中,在这种结构中通常家人和亲戚非常支持年轻运动员的迁徙。反人口贩运的努力意味着要告诉运动员留在家乡会更好,但是这一假设与运动员本身的发展明显矛盾。

体育社会学家马克·汉恩(Mark Haan)和乌罗什·科瓦奇(Uroš Kovačić)分别基于塞内加尔和喀麦隆的民族志田野调查报告,希望在欧洲俱乐部踢球的年轻足球运动员意识到潜在的风险,他们与顶级俱乐部签约的可能性很小,但他们有可能承担被精心设计的风险。当代体育的跨国性最明显地体现在多米尼加共和国的棒球学院以及欧洲俱乐部在西非和非洲南部建立的足球学院中。这些足球学院受到各种指责,因为它们从负责培养年轻球员的机构变为了帮助欧洲俱乐部在球员体育生涯中身价最便宜的时刻招募到最有才华的球员的机构。它们做出很多承诺却没有兑现,剥削这些年轻人的潜在未来价值,并迫使他们脱离正规学校投身于赛场踢球。

地理学家詹姆斯·埃森(James Esson)认为加纳的足球学院是在特定的历史时刻出现的,当时全球和地方都在物质和意识形态层面上趋于融合。今天情况已大为不同,在加纳接受正规教育不再能够保证在劳动力市场中获得工作机会,这使得男孩越来越多地转向足球学校,相比之下女性接受的教育则更多。今天的男孩们理想化了一种"生活方式",其包括所谓的炫耀型消费和"坏男孩"的声誉等,而他们又错误地把这些气质特征置于阳刚之气之下,这种形象塑造与在国外踢球的加纳足球运动员相关。因此随着生活机会的性别化,男女优先事项之间的差距正在逐渐扩大。我们必须在历史背景下理解足球学院,其中包括各种政治经济变化、在当代背景下对男子气概的特定表现形式的培养,以及不断变化的性别关系。一些本地人抱怨人才流失,体育人才耗尽,他们看到其中有些关系其实是复制了过去的殖民关系,在那个年代殖民地向殖民宗主国提供商品和劳动力。但是也有人对运动员的跨国流动持不同看法。众多斐济橄榄球运动员移居海外打橄榄球,因为该国并不富裕且没有足够的实力来支持全国发展橄榄球运动。斐济橄榄球球迷认为这不是问题,因为他们也会为在海外球队打球的斐济球员欢呼。对于他们来说,橄榄球移民向世界展示了斐济人的能力,并使斐济人拥有了国际视野,这是他们无法通过其他方式实现的。这就像他们已经重新构造了他们的国家想象社区,拥有遍布全球的公民身份，这与本尼迪克特·安德森（Benedict Anderson）把国家作为一个受地域限制的想象的共同体的观点完全不同。

尽管运动员外流历史悠久，但世界秩序的变化在近几十年来创造了新的运动员流动模式。来自英国、澳大利亚和新西兰的板球运动员越来越多地出现在印度的板球赛场上，明显印度已成为这项运动的世界中心，这扭转了传统的板球运动地域流动关系。随着中国成为政治、经济和体育强国，越来越多的中国教练和运动员开始向全世界流动。中国在乒乓球运动上拥有绝对的实力，许多没能进入中国国家队的球员会去其他国家寻找机会。对于年轻的乒乓球运动员来说，他们移民的目的是在一个乒乓球竞争不那么激烈的国家参加更高级别的比赛。运动员的跨国迁移虽然具有一些独特性，但也与其他领域的流动重叠，其中就包括军事和安全行业的流动。斐济人认为他们在橄榄球和武装部队这两个方面都出类拔萃，这植根于二者相同的价值观：韧性、纪律、军团精神以及对国家的尊重。人们认为橄榄球和兵役中的价值观念都是建立在当地历史上的，年轻人是国家安全的捍卫者。今天，土著斐济人热衷加入国家武装力量，许多人从那里被借调到联合国维和部队。同时他们在全球私人安全领域影响力也非常大，这些领域的职位是橄榄球职业运动员的替代选择。当地武装部队，诸如警察、监狱和消防队这样的国家机构招募有前途的运动员，他们也可以协助自己的橄榄球队赢得比赛获得奖金。斐济的警官甚至可以获得海外橄榄球俱乐部的临时合约，而警署也会延长他们的休假以确保他们在合约期满后可以继续回来做警察。正是通过这些经济、政治和历史的关联，体育和军事才可以相互交织，成为替代性和重叠的跨国职业。

第五节　体育盛事和全球化

伴随着全球化的发展，全球化的真实含义常常被忽视，主要是因为它不容易被定义，只是表示我们都在朝着成为一个全球整体迈进，但这一概念的普遍性掩盖了资本主义生产和消费的地方化现实。全球市场仍然主要由发达国家所控制，尽管随着跨国金融和政治权力的集中化，这一点变得越来越模糊，也变得越来越不透明。体育全球化的优势来自它推动形成了一种拥有标准化规则的文化习俗，并且还有现成的观众。奥运会、国际足联世界杯以及类似的大型体育赛事虽然基于民族国家而开展，但也可以超越传统。大型体育赛事及其赞助组织都是全球化的产物。国际体育组织是非政府和非营利组织，但国际奥委会和国际足联可以与主办城市直接进行合作。这些组织还控制着巨额的预算，国际足联的预算甚至比许多国家预算还多，因为其拥有庞大的球迷观众群体，地球上每 25 个人中就有约 1 人踢足球。在过去的 20 年中足球的飞速发展则得益于跨国公司和广播电视公司的发展，以及亚洲、俄罗斯和巴西新贵财富的注入，它们创造了无国界的资本流动。

从 1896 年到 2024 年，举办奥运会的城市主要在欧洲、美洲和大洋洲之间轮转。在西方国家之外举行的冬季和夏季奥运会中，2008 年中国第一次成功举办了奥运会，2022 年中国又成功举办了冬奥会。20 世纪西方国家在举办奥运会方面拥有统治地位，与之形成鲜明对比的是，2016 年南美在里约热内卢举行了第 31 届奥运会，从那之后到 2022 年所有奥运会都在东亚（平昌、东京和北京）举行。国际足联世界杯在 2010~2022 年鲜少由西方国家举办，南非的 2010 年世界杯是非洲大陆上的第一个大型赛事，巴西于 2014 年举办，然后是 2018 年的俄罗斯和 2022 年的卡塔尔。因此，在举办大型体育赛事方面，重心已从传统的西方转移到非西方。实际上，现在西方仍在奥林匹克经济中占主导地位，并通过出售电视转播权和全球赞助来获取赛事收入中的绝大部分。从 2006 年和 2008 年（都灵、北京）到 2014 年和 2016 年（索契、里约热内卢）的奥运周期中，奥运会电视转播权收入增长了 60%，达到 41 亿美元；全球赞助金额增长了 15%，达到 10 亿美元。美国电视网络（NBC）支付了 20 亿美元以购买自 2010 年开始 12 年奥运会的版权，占总收入 39.1 亿美元的一半以上。加上欧洲、加拿大、澳大利亚和新西兰支付的费用，西方国家的总支付金额为 31.3 亿美元，而亚洲总共仅支付了 5.75 亿美元。2017 年西方继续在全球奥林匹克赞助商中占据主导地位，全球 13 个赞助商中有 8 个来自欧洲和北美国家，其中 6 个来自美国、2 个来自欧洲，其余 5 个来自亚洲，3 个来自日本、1 个来自韩国、1 个来自中国。2002 年国际足联世界杯是在亚洲举行的第一场国际足联世界杯比赛，也是韩国和日本这两个国家第一次共同举办比赛。这场比赛为东亚融入由西方主导的全球体系提供了一个窗口。两国共同主办引起了全球关注，此后日本和韩国的足球文化蓬勃发展了20余年，但其光环一直被欧洲和拉丁美洲所主导的足球文化所掩盖。东亚足球之所以处于外围地位，不仅是因为西方国家的球队能力强，也是因为西方国家对于足球运动经济利益的绝对支配。日本和韩国之间政治、经济、文化、历史关系的复杂性为共同举办世界杯提供了新思路——可以在大型活动的组织中调和二者矛盾。当然2002年国际足联世界杯也证明了东亚仍然在全球足球体系的边缘徘徊，这也说明了体育全球化并没有看起来那样容易实现。

小　结

　　体育与世界体系的形成之间存在着复杂而多样的关系。体育作为一种文化现象和社会实践，受到了世界体系的影响，并在其中扮演着特定的角色。体育在世界体系的形成中起到了推动市场化和全球化的作用。体育产业成为全球化经济的一部分，体育比赛和赛事成为全球媒体和商业机构关注的焦点。全球性的体育品牌、赞助商和媒体合作加强了世界体系内部的联系。同时，体育活动促进了跨国交流和文化传播。国际体育比赛和赛事为不同国家和地区提供了交流的平台，促进了文化、价值观和身份认同方面的交流和互动。体育在跨国文化交流中起到了桥梁的作用，而且体育在世界体系中也扮演着政治和外交方面的重要角色。国际体育比赛常常与政治事件和外交关系相互关联。体育被用作政治宣传渠道和国家形象的展示窗口，同时也成为国际合作和冲突解决的平台。此外，体育活动促进了跨文化理解和认同的发展。通过参与和观看体育比赛，人们能够了解和尊重不同文化的体育传统和价值观，体育赛事和运动员成为促进跨文化交流和对话的重要力量。当然体育活动也可以促进社会变革和抵抗。在一些历史事件中，体育运动和运动员成为社会变革和抵抗的象征与力量。通过体育活动，人们表达对不平等、不公正和不正义的抗议，推动社会变革和发展。体育与世界体系形成是相互作用的，体育受到世界体系的影响，同时体育活动和实践也影响着世界体系的演变。因此，可以通过探索体育与世界体系的互动关系，深入理解体育在全球化和跨文化交流中的作用和意义。

本章推荐人物阅读

1. 马克·汉恩（Mark Haan）是一位在体育社会学和体育文化领域内活跃的学者，主要研究体育的社会影响和相关文化动态。汉恩的研究通常关注体育在社会中的作用，包括如何通过体育活动反映与塑造社会结构、文化和身份认同。他分析了体育文化如何在不同社会和文化中发展，及体育文化对社会习俗和价值观的影响。汉恩研究了运动员在社会中的角色，包括他们的公众形象、社会责任，以及体育明星如何影响社会观念和文化。他的研究还涉及全球化对体育的影响，以及如何通过全球化的视角理解体育文化和国际赛事。马克·汉恩的研究往往具有跨学科的特点，结合社会学、文化研究和体育学的理论与方法，为理解体育在全球化时代中的角色提供了重要的视角。

2. 乌罗什·科瓦奇（Uroš Kovačić）是一位研究体育社会学和体育文化的学者。他的研究主要集中在体育的社会影响、体育文化的传播及其对社会的广泛影响上。科瓦奇的研究涉及体育如何在社会阶层、性别和身份认同等方面反映和影响社会结构。他关注体育活动如何在不同社会和文化中运作以及其对社会变迁的影响。他研究了全球化对体育文化的影响，特别是体育如何在全球范围内传播和变迁。他分析了体育赛事的国际化以及体育文化在全球化过程中的适应和转化。科瓦奇还探讨了体育在社会变迁中的角色，如何通过体育应对社会问题、推动社会融合或促进社会发展。他研究了运动员在社会中的多重角色，包括他们作为公众人物的社会责任和影响力。乌罗什·科瓦奇的研究为理解体育如何在不同社会背景下运作提供了重要的见解。

3. 詹姆斯·埃森（James Esson）是一位专注于体育社会学和国际发展研究的学者。他的研究主要涉及体育如何影响和反映社会变迁、社会结构以及发展政策。埃森的研究关注体育在国际发展中的角色，尤其是体育如何作为工具促进社会变革、健康和教育发展。他探讨了体育项目如何在发展中国家支持社区发展和改善生活条件，以及体育如何反映和促进社会变迁，包括体育在不同社会和文化中的作用及对社会结构的影响。他的研究也涉及社会不平等如何在体育中体现，以及体育如何作为一种工具来应对这些不平等问题。詹姆斯·埃森为理解体育在全球发展和社会变迁中的复杂作用提供了宝贵的见解。他的研究常常结合社会学理论和国际发展实践，为学术界和政策制定者提供了重要的参考。

第八章　体育与大型活动

　　人类学的体育研究的重要意义在于它能够解释体育运动非理性的一方面，即体育的象征和情感力量。体育从世俗事件发展成为精神信仰具有悠久的历史，并且随着时间的流逝，体育的象征性内涵逐渐丰富，形成了独特的思想文化体系。但是由于体育学缺乏来自历史学、哲学、法学这类具有强大的学术反思力学科的理论，因此较难产生更深层次的理论分析结果。人类学具有独特的文化表演研究传统，其历史可以追溯到一个多世纪之前，并以仪式和游戏研究为其理论基础（前文已经详细讨论）。在过去的 20 多年，学术界对世界上最大的两项体育赛事——奥林匹克运动会和国际足联世界杯的关注度迅速提升。尽管大多数研究成果都来自人类学以外的社会学、历史学、管理学等学科，但这些研究者的分析还是基于仪式和游戏这两大人类学理论，这些研究的局限性在于其理论意义远大于经验意义。大型活动因为规模比较大，参与人数众多，往往需要进行定量分析，以统计参与者和观众情况以及活动的开支和收入。但是如果要对运动员、观众、志愿者、商家、管理者或生活受到影响的居民这些相关人员的体验进行定性分析是极具挑战性的，确定人类学研究的切入点则更加具有挑战性。看起来人类学研究的范围似乎非常有限，按照人类学的学科发展历史和关注旨趣，它也不太关注规模较大的活动和人数太多的群体。因此，人类学家一直很少涉猎作为全球体系形成标志之一的跨国大型体育活动，然而民族志研究方法在这个领域之内可以发挥远比想象更大的作用。

第一节　体育与文化表演理论

著名的社会学家和人类学家米尔顿·辛格（Milton Singer）提出了"文化表演"（cultural performance）和"表演体裁"（performance genre）的概念。20世纪50年代他在印度进行田野调查，他认为婚礼、庙会、音乐、舞蹈和戏剧表演等公共活动可以作为研究文化的基本单元。另一位人类学家克利福德·格尔兹（Clifford Geertz）也在其关于"巴厘岛斗鸡"的研究中讨论了此类话题（详见第一章第四节）。格尔兹将斗鸡阐释为巴厘岛人讲述自己故事的方式，它影响了许多当地其他的文化表演形式。这与维克托·特纳（Victor Turner）的研究一起为应用解释和象征性研究方法开辟了新的视阈，因为文化表演被认为是参与者有意识地代表和评估价值观、角色和社会制度的浓缩结晶。在哲学家朱迪思·巴特勒（Judith Butler）的表演理论中，她使用"表现力"这一概念分析了语言行为、日常行为和性别表现。尽管个人和集体之间存在联系，但针对二者的研究分别关注的是人类经验的不同类别。一些民族志研究结合了这两方面，尤其是在考察墨西哥、英国、日本和古巴的足球和棒球比赛中特定观众的表现时。在每种情况下都会生成特定的"类型"，并在其中体现体育运动的价值，这些价值有助于运动景观的整体性生成。温纳-格伦人类学研究基金会（Wenner-Gren Foundation）是一家主要资助人类学研究的非营利组织。由温纳-格伦人类学研究基金会资助的一系列专题研讨探讨了研究文化表演的解释性和象征性方法。1974年马克斯·格拉克曼（Max Gluckman）、萨莉·福克·摩尔（Sally Falk Moore）和特纳（Victor Turner）三位人类学家组织了第一次关于这个主题的会议，主题为"世俗仪式——关于仪式、庆典和形式论的理论"。这次会议是要打破过往传统研究的假设——仪式必须与超自然力量联系在一起。在当时的西方学术界承认有一些仪式并不是神圣信仰活动是非常前卫的，剥离超自然元素的世俗仪式也是一个全新的研究课题。

在创建现代奥林匹克运动会时，皮埃尔·德·顾拜旦渴望通过体育创造一种世俗的信仰。曼彻斯特大学社会人类学系的创始人马克斯·格拉克曼（Max Gluckman）教授后来也被称为"曼彻斯特学派"的代表人物，他在自己的学术领域内涉猎了体育研究的话题。格拉克曼本人是曼联的资深球迷，在他的代表作之外也有关于体育的著作《现代世界的体育运动：机遇与问题》，但是他否认了将体育视为一种世俗仪式的看法（Gluckman and Gluckman，1977）。因为体育活动与仪式一起进行，它们如同仪式一样受到正式和常规规则的约束，它们像仪式一样体现道德原则。但是它们缺乏仪式的核心元素——对最终未知结果的信心。1977年维克托·特纳（Victor Turner）等组织召开了第二次研讨会，会议题目为"文化框架与反思——仪式、戏剧和景观"。本次会议之后芝加哥大学教授约翰·马克阿隆（John MacAloon）主编了一本论文集《仪式、戏剧与感官：文化表演理论框架的排练》（*Rites，Drama，and the Senses: Rehearsing the Theoretical Framework of Cultural Performance*）。米尔顿·辛格（Milton Singer）和克利福德·格尔兹（Clifford Geertz）认为文化表演只是社会制度的凝聚和反映。特纳认为文化表演与日常的社会文化过程之间的关系不是单向而是互惠和反身的。文化表演是语境中的文本，它所呈现的是在既定地点和时间的戏剧性和社会文化过程之间的辩证关系。此外，文化表演在某种程度上具有反结构的特征，它不仅反映现状还可能会颠覆现状（Turner，1988：29）。综合诸位人类学家对仪式和表演研究的经典理论，可以看出他们在讨论之中不断地凝练对仪式核心要义的理解。

关注文化表演与仪式关系的历史可以上溯到比利时民俗学家阿诺德·范·盖内普（Arnold van Gennep），20世纪初期盖内普就提出了"过渡仪式"，他认为在仪式的第一个阶段，空间、时间和符号与正常的社会结构分离；在仪式的第二阶段，仪式主体的合法性处于中间模棱两可的状态；在仪式的第三个阶段，仪式主体又重新融入回归原先的社会结构。同时文化表演理论还强调社区的反身性，其中"交融"（communitas）这个概念表示一种普遍的纽带和一种共融的状态，它在仪式参与者之间产生关联性。反身性的表现是仪式呈现出一种模棱两可的状态，貌似可以实现人们的某些愿景。仪式提供了一个出口让参与者可以暂时摆脱社会规范的约束，反思并质疑现状，这个过程中产生了高度人为和刻意的反身性。这意味着尽管仪式通常起到巩固现有社会结构的作用,但它具有一定的创新性。当人们想知悉仪式之后未来将如何发展时,参与个体会被紧张和期望的情绪所包围。当然文化表演像仪式一样发挥作用,它们助推完成了社会转型。尽管人类学家起初并不承认这一点,但在现实中仪式确实可以加强人们对社会核心价值信念的理解,为社会变革提供结构选择,并模拟体现世界变化方式的具体情境。希瑟·列维(Heather Levi)的民族志《墨西哥摔跤》深入探讨了墨西哥摔跤卢卡利伯(Lucha Libre)的文化和社会意义。在这本书中,列维研究了墨西哥摔跤如何作为一种文化表演和社会现象,对墨西哥社会和政治产生影响。列维分析了摔跤如何反映和塑造社会身份、阶级和文化认同,探讨了摔跤表演如何与观众互动以及这种互动如何影响观众的社会和文化体验,摔跤在墨西哥社会变迁中扮演了重要角色,特别是在社会政治背景下进行了象征性表达。墨西哥的职业摔跤卢卡利伯不仅仅是一项体育运动,更是一种具有强烈文化和社会象征意义的表演艺术。它以其独特的表演风格而闻名,摔跤手们穿戴着华丽的面具和色彩斑斓的服装,采用戏剧化的动作和招式。这些表演风格包括高难度的空中动作、华丽的招式以及复杂的情节设置。面具(máscaras)是摔跤手的重要标志,代表了他们的个人身份和角色,也体现了某种程度上的神秘性和社会阶级。希瑟·列维认为在这些表演中重要的是特定的社会关系,如亲密关系、人脉、忠诚度和敌意,而并非输赢记录。在现实比赛中,摔跤冠军不是通过积累胜利而是通过应对挑战者来获得的,胜利不一定会带来收入增加,但它可以重新调整社会和家庭关系。卢卡利伯反映了墨西哥社会中的阶级斗争、文化认同和社会变迁。摔跤手们经常在比赛中表现出英雄与反派的角色,通过这些角色对社会问题进行隐喻式的探讨。它的比赛形式强调了观众的参与和互动。观众通常会热情地支持自己喜欢的摔跤手,同时对比赛中的戏剧情节做出反应,这种互动是卢卡利伯表演的核心部分。

维克托·特纳(Victor Turner)的研究方法最适用于时间有限并有组织的仪式事件分析,这些事件具有固定的开始、过程和结束时间点。但是自20世纪80年代以来,学者们已经将仪式的概念扩展到了多种其他形式的研究之中,有时甚至将许多寻常普通的日常生活事件视为仪式。这些尝试与特纳如何定义仪式截然相反，特纳把仪式定义为与日常生活不同的事件。特纳并不关心日常生活之中的普通事件，因此，从某种程度上讲这与皮埃尔·布尔迪厄（Pierre Bourdieu）的"惯习"概念完全不一样。特纳的研究方法论的另一个特点是他认为研究仪式之前的组织工作非常重要，因为大多数象征意义其实都是被精心设计出来的。他的研究重点关注如何解释在仪式表演本身中观察到的符号，这也可以运用在奥运会开幕式、颁奖仪式和闭幕式的研究之中。此外，特纳对前现代社会和农业社会中的边缘现象、戏剧和工业化社会中的体育竞技、音乐会的阈限（liminoid）现象进行了区分。"阈限"概念在人类学和文化研究中非常重要，它用来描述现代社会中类似于传统社会中"临界"（liminal）仪式阶段的体验或现象，但具有更加自由和强调个人选择的特点。在传统社会中，临界阶段是指在仪式过程中的一个过渡时期，如相对成年礼而言的青少年阶段，此时个体会脱离常规社会角色，处于一种模糊不清、未定形的状态，最终获得新的社会身份。特纳将这种状态描述为具有高度的创造性和可能性，是社会结构和规范暂时解除的时期。相比之下，阈限（liminoid）现象在自由、个人主义盛行的现代社会中更为常见。这些体验通常是个人自愿参与的，如艺术表演、节日庆典或其他文化活动，它们提供了一种逃离日常生活的机会，允许个人在没有严格社会约束的情况下探索不同的身份和生活方式。阈限体验虽然带有临界阶段的某些特征，但更强调个人表达和社会规范的灵活性。这一概念有助于理解现代社会中个体如何通过参与各种文化活动来探索和表达自己的身份，以及这些活动如何反映和影响文化和社会结构。

阈限（liminoid）是特纳仪式研究中的核心概念之一，体现了工作与休闲之间的二分法，这对理解现代性至关重要。对特纳而言，在现代社会中处处都存在"阈限"，而"阈限"通常以表演体裁来表现，如文学、戏剧和比赛等。特纳所识别的"阈限"也属于一种社会景观，并且通常是娱乐化的表演，而边缘现象由于其神圣性而不能被资本主义社会的世俗性所改造，也无法被资本主义本身所改造。但是，特纳将体育运动排除在"阈限"的类型之外，因为体育仅确认社会秩序但不具备"阈限"的核心要素，也就是说仪式并不能带来社会变革。像格拉克曼和特纳一样，阿伦·

古特曼（Allen Guttmann）也认为体育与仪式之间的清晰区分反映了传统与现代之间的差异。在现代化理论尚未成熟之时，人们认为传统与现代性是非黑即白的。阿伦·古特曼的想法反映了一种今天仍然普遍存在的观点：在某种程度上国际体育是典型的现代化的产物。人类学家亨宁·艾希伯格（Henning Eichberg）反对将仪式从现代体育中剥离出来，他指出事实上对体育纪录的追求已使体育成为一种仪式。伴随着全球经济的快速发展，现代化理论也开始受到挑战，日本、韩国、新加坡等东亚国家的传统家庭结构和集体主义意识并没有阻碍这些国家的现代化进程。

20 世纪 80 年代开始，后现代理论的流行使学者们开始质疑文化表演中的象征意义到底满足了谁的需求。"交融"（communitas）是不是一个过于乐观的概念？并不是每个参与者和观众都平等地参与活动。后现代转向的结果之一是对文化表演的质疑，学者之间出现了理论上的分歧，有些人强调体育赛事创造"交融"的能力，并强调体育赛事其实是欺骗和操纵公众的方式。马克阿隆（John MacAloon）指出，具有讽刺意味的是愤世嫉俗的学者也会在奥运会到来之时参与到奥运会的庆祝活动中。实际上特纳本人承认仪式具有争议性，在他的书中也提到了恩丹布族长老通过组织仪式来使自己成为乡村领袖的努力。由于没有让他领导的村庄团结起来，这项仪式没有使他的权力合法化，而是引发了更大的冲突。因此，仪式可能通过迫使人们站出来而导致分裂或维持连续性。但是特纳的理论强调仪式可以加强团结，承认仪式和体育赛事可以在某些群体之间建立团结，同时在其他群体之间加剧分裂。格拉克曼和特纳认为体育不是一种仪式的主要原因是：他们不相信体育赛事会带来社会变革。但是大型体育赛事的组织者经常认为它们具有带来社会变革的能力。奥运会和国际足联世界杯带来的变革包括了澳大利亚和南非的民族与种族和解、巴塞罗那和伦敦的城市复兴。

阿兰·罗奇（Alan Roche）提出了"大型体育赛事生态"概念，用以描述大型体育赛事（如奥运会、国际足联世界杯等）在社会组织、经济和文化层面上的复杂互动。这个概念包括了赛事的多个方面及其相互关系，强调了体育赛事对城市、国家和全球的广泛影响。"大型体育赛事生态"包括涉及赛事的策划、组织和执行的组织结构，赛事的财政预算、经济收益、投资回报，赛事对主办城市和国家的社会文化氛围的影响，以及大型赛事对环境的影响。罗奇将"大型体育赛事生态"描述为时间和文化标志，特别是各国为构建"国家的故事"而建立的博物馆、百货商店、游乐园等永久性文化展示设施。大型活动也促进了大众媒体和通信技术的发展，以及消费文化、旅游业和体育运动的广泛兴起。因此，大型活动促进了国际公共文化的形成以及在国际社会中对民族身份的表达。大型活动构成了现代性的空间和时间，通过在全球同质性框架内制造局部差异营造了一种可以预测和控制的社会变革趋势。大型活动通常由政府和国际非政府组织共同组织，尽管它们以一定的周期间隔举办，但竞标计划与活动执行会持续数十年，并与其他竞标和准备周期重叠，因此很多时候这些活动持续不断地计划、申请、举办、评估。罗奇提出了"大型体育赛事生态"综合体的模型，其通过连接多个活动将绩效系统扩展到单个活动之外。大型活动位于这个模型整体结构的顶端，该结构包括范围越来越小的活动，如区域、国家和本地的活动等。罗奇的"大型体育赛事生态"模型与仪式理论中发展的仪式系统模型遥相呼应，尽管如前所述后者的基础理论提出者比如特纳并未将其应用于体育赛事研究。在一个仪式体系中国家权力中心是一个特定的"文明中心"，其权力通过国家仪式向外围景观辐射开来。这让我们不禁联想到格尔兹分析的巴厘岛的"剧场国家"，壮观的群众仪式表演与国家权力交织在一起，以至于仪式不再只是支持国家的手段，国家反而成为展演仪式的工具。

第二节　马克阿隆的综合表演模型

　　尽管格拉克曼（Gluckman）和特纳（Turner）两位著名的人类学家都否认了体育包含仪式的元素，但特纳的学生，著名的人类学家、奥林匹克研究学者约翰·马克阿隆提出了"分枝表演类型理论"，这个理论模型的贡献在于它为还原体育的本质含义和分析大型体育活动的底层逻辑提供了一种全新的诠释方式。"分枝表演类型理论"用于理解和分析不同类型的文化表演及其在社会中的作用。这一理论将文化表演分为不同的类型，如仪式、戏剧、节日等。每种类型的表演都有其特定的形式、结构和功能。不同类型的表演在社会和文化中扮演不同的角色，"分枝表演类型理论"关注表演如何与观众、参与者和社会环境互动。不同类型的表演在互动的形式和深度上可能有所不同，其随时间演变，从而反映社会变迁和文化发展（MacAloon，1984b）。通过这种类型分析，约翰·马克阿隆的理论帮助我们更好地理解和解读文化表演的复杂性及其在社会中的多重意义。这个理论为分析不同类型的表演提供了一个系统的框架，有助于揭示表演如何塑造和反映社会文化。马克阿隆认为任何公共事件研究的起点都应该是对其类别的剖析。在这里，通过分析事件的基本元素"元类型"就可以将事件与一系列规则和参与个体的主观预期结合在一起（MacAloon，1984b：250）。奥运会可以算作一种"分枝表演类型"，它由类似"回"字形的同心框架和以"比赛"为核心要义的体育运动分析模型组成。第一，比赛具有固定的公共规则，可以将体育活动本身与日常生活区分开，它们是有趣的并且具有丰富的象征意涵。第二，比赛被外围的仪式所包围，这些仪式包括体育活动的开幕式、闭幕式、奖牌颁发仪式等，仪式召唤神圣的力量并影响社会和改变个人的精神气质。第三，这些仪式又被在竞技场外举行的节日活动所容纳。所有这些嵌套的活动加在一起构成了最具容纳性的框架——社会景观，它也是这些同心圆的最外围部分。景观的含义并非传统地理学和城市规划讨论的仅限于物理空间的景观，而是时间和空间共同交织形成的理论意义上的地景（landscape）。这要回到居伊·德波提出的"景观社会"（La Société du spectacle）和基于此框架所进行的研究分析。"景观"（spectacle）是德波提出的新的社会批判理论的关键词，原意为一种被展现出来的可视的客观景色、景象，也意指一种主体性的、有意识的表演（德波，2007：13）。"景观"的特征是具有相对比较模糊的边界，并且主要由观众观看。马克阿隆精心设计的嵌套框架系统地反映了顾拜旦所致力于创建的"整体系统"，其又被称为"优律司美"（Eurythmy，该词源自希腊，意指和谐有韵律的动作）。

除了理论贡献外，马克阿隆还大力倡导将民族志作为研究奥运会的一种方法。针对学者倾向于通过收集媒体信息来研究奥林匹克运动的情况，他提出了自己对民族志的理解。他使用民族志方法驳斥了理论派的守旧观点，并认为民族志是学者们尽可能深入地亲身体验包括奥运会在内的具体活动并从中发掘信息的一种绝佳方式。马克阿隆曾主持项目，深度研究1984年洛杉矶奥运会，他也跟随1988年汉城奥运会的火炬传递在韩国进行了为期三周的访问，并随后首次提出了奥运会民族志研究范式。此后一项由奥斯陆大学的阿尔内·马丁·克劳森（Arne Martin Klausen）负责的项目研究了1994年挪威举办的利勒哈默尔冬季奥运会，该研究以"世俗仪式"的概念和仪式理论搭建了基本框架。但是，马克阿隆倡导的奥林匹克民族志的研究方法并没有吸引太多人类学家的注意，因为很少有人类学家将注意力转向奥林匹克运动会这样的大型活动，反之社会学家、历史学家和体育研究学者对奥运会进行了大量研究。此外，对世博会和国际足联世界杯等各式各样的大型活动的民族志研究也十分匮乏。

马克阿隆在20世纪80年代撰写文章时坚信电视无法创造节日，后来他仍然想将体育比赛的直接体验放在优先位置。他承认球迷可以聚集在电视机前一起观看奥运会，大屏幕前人们也可以举办街头节日（MacAloon，1984a）。当然马克阿隆的保留观点有他的合理性，在电视屏幕上观看比赛与真实的身体体验并不相同。与在家单独看电视相比，现场观赛可能更具节日气氛，并可以营造团结的氛围。传播学研究学者丹尼尔·达扬（Daniel Dayan）和埃利胡·卡茨（Elihu Katz）在他们对媒体事件概念的分析中运用了仪式理论，通过电视观看，活动的喜庆氛围可以席卷整个国家和全世界。这两位学者将媒体事件划分为三个类型，即涉及政治和体育的比赛、巨大科技进步下的人类征服活动，以及贵族通过仪式完成的加冕礼。三者对应的大事件分别是奥运会、阿波罗登月和英国王室加冕典礼。这些电视转播活动吸引了世界上最大规模的观众，从而整合比国家更大的社群。这个分析的创新之处在于发掘了媒体事件与仪式的连接点。

第三节　大型体育活动的发展历程

在世界范围内公共活动规模正在变得越来越大，参加人数也越来越多，而且这些活动也越来越重要。是什么推动形成了这一趋势？从表面上看，政府和企业似乎对这些活动进行了越来越多的投资，因为它们被认为对塑造城市品牌和推广国家形象很重要，特别是"节日"被认为对于文化遗产保护和城市品牌塑造至关重要。20 世纪 90 年代以后，各国政府对公共外交进行了越来越多的投资，并试图通过由非政府机构提供的文化方面的软实力来补充经济和军事这样的硬实力。尽管古希腊已经举行了大型运动会，估计在公元 1 世纪时有 4 万多名观众参加了奥运会，但大型活动通常还是具有明显的现代化特征。一般而言，无论规模大小体育赛事都是公众关注的焦点，然而规模较大的国际性体育盛会往往会拥有独特的赛事形式。社会学家莫里斯·罗奇（Maurice Roche）将大型活动定义为大型文化和商业活动，当然也包括体育活动，它具有戏剧性、大众吸引力和国际意义。对于罗奇而言，只有奥运会、世界博览会和国际足联世界杯满足这些对于大型活动的要求。

1851 年在伦敦举行的水晶宫国际工业博览会是第一个国际层面而非国家层面的工业博览会，在 1896 年雅典举行了第一届现代奥林匹克运动会之后，接下来的三届奥林匹克运动会都与世界博览会同时举办，这包括了 1900 年的巴黎世界博览会、1904 年的路易斯安那世界博览会和 1908 年的伦敦世界博览会。从 19 世纪中叶开始，世界博览会和奥运会在早期全球化中发挥了重要作用。它们形成了全球性的人员、资本、商品和思想交流平台。这也促进了技术转让，传播了艺术、建筑、音乐、绘画等现代美学形式，并为通过全球化改善城市基础设施提供了可以借鉴的样板，通过建立全球消费群体促进了跨国公司开拓和进入新的市场，这也在无形之中为殖民主义和帝国主义提供了发展的机会。奥林匹克运动会从 1912 年的斯德哥尔摩奥运会之后开始进一步走向国际，同时全球范围内民族主义浪潮不断兴起，这是第一次世界大战爆发的诱因之一。从 1928 年以来世界博览会一直在国际展览局的主持下举行，国际展览局是根据条约建立的政府间组织。尽管世博会今天仍然在举办，但它已经不再能够吸引媒体关注，虽然它曾经在全球公众想象中占据非常重要的地位。马克阿隆将奥运会的兴起归因于奥运会经过一段时间的试验之后成功地将各种表演类型联结成一个大型活动。当然现代奥运会举办初期也出现了一些失败的尝试，比如与世界博览会一起举办、赛事持续数月之久导致各个体育项目比赛分散进行。

尽管如此，1900~1936 年的奥运会仍然是包含了游戏、仪式、节日和景观表演的综合表演场域，经过精心制作被呈现给观众，且内部存在分层的精彩叙事。

历史人类学家马克·戴森（Mark Dyreson）提供了另一种思路让我们来了解奥运会的历史，他指出 1936 年奥运会首次在电视上播放，当时柏林奥运会主办方尝试向几个城市的闭路电视发送影像。接下来的两届奥运会由于战争而被取消，但在 1948 年恢复比赛后，电视转播无形之中阻碍了世界博览会的发展，但同时强力助推了奥运会的发展。当然，世博会和奥运会在全球化的进程中都扮演着非常重要的角色。

近年来奥运会和国际足联世界杯的转播覆盖了全世界一半以上的人口，这两个大型活动为越来越多的全球人民提供了有关体育赛事的共同话题。互联网为跨国界的讨论提供了网络空间，这是一个新兴的跨国公共领域，有助于形成全球舆论。人类学家认为重要的仪式活动、重大体育赛事、大型活动或媒体活动会制造强大的团结感，从而增强单个社区中的共享感，这与本尼迪克特·安德森（Benedict Anderson）所提出的"想象中的共同体"相呼应。由此产生的共同体意识可以激发应对被视为全球共同面对的挑战的信心，如推动环境保护主义的兴起，环境保护也是最近几届奥运会关注的核心议题之一。尤尔根·哈贝马斯（Jürgen Habermas）曾说过，公共领域的特征就是对共同关心的问题进行批判性讨论。公共领域是人们可以聚集在一起进行理性辩论的领域，他们或多或少地达成共识，使政策决策合法化（Habermas，1983）。安德森和哈贝马斯在民族国家的背景下构想了想象中的共同体和公共领域。举办大型体育赛事已经成为国际组织超越单纯的国家边界开展活动的重要平台。国际奥委会已在其《奥林匹克宪章》中增加了关于体育文化遗产的规划，遗产规划在奥运会申办城市之间的竞争中发挥着越来越重要的作用。这一更新反映了奥委会对体育文化遗产的重视，旨在保护和传承奥林匹克运动的历史、文化和传统。应评估奥林匹克赛事对举办城市和国家文化遗产的影响，确保赛事的举办不会对文化遗产造成负面影响。

第四节　大型体育活动与礼物经济

　　自 20 世纪 90 年代以来，有越来越多的声音批评大型活动的巨额支出，从古典经济学的角度来看大型活动的经济成本已经超越了它们在经济上的理性成本。人类学家很早就在反对经济学家关于理性经济人的观点，这源自著名的经济人类学家马林诺夫斯基对巴布亚新几内亚的特罗布里恩群岛（Trobriand Islands）库拉圈的研究。在特罗布里恩群岛地位高的人花费了大量的时间和精力从附近岛屿上的贸易伙伴那里获取贝壳项链，其很少被出售以换取货币，而且大多数尺寸都很小，几乎没有成年人可以戴。马林诺夫斯基说："他们占有贝壳项链，仅仅是为了拥有随之而来的声望，这才是拥有它们的价值的主要来源。"（马林诺夫斯基，2016）因为库拉圈交换的物品从未长期停留在某个人的手中，而且贸易伙伴之间的关系是持续一生的，库拉圈的作用是将成千上万居住在散布在广阔海洋区域的岛屿上的人们联系在一起。人类学的另一个理论认为人类会通过负债甚至毁灭性的债务来为仪式筹集资金。尽管这无法用市场经济的逻辑解释，但根据礼物经济的逻辑来看是可行的，在这种礼物经济中进行的是商品交换而不是买卖；他们不仅可以交换商品，还可以交换劳力、服务、款待、舞蹈，甚至仪式和节日。信用是由一个人的名誉来衡量的，在提供者和接受者之间长期存在的信任纽带加强了团结。当人们参与礼物经济时，他们必须给予和接受礼物。正如提出"礼物经济"这一概念的人类学家马塞尔·莫斯（Marcel Mauss）所言："拒绝奉献、忽视邀请、拒绝接受等同于宣战，这就是拒绝结盟和共融。"（莫斯，2016：76）人类学家也发现在庆典活动中，商品和财富完全是以破坏性的方式被处理的。例如，埃里克·沃尔夫（Eric Wolf）认为墨西哥乡村的节日庆祝活动之所以如此隆重，是因为这样可以重新分配财富，有助于减少可能引发动荡的不平等现象。"通过清算盈余，这会使所有人都拥有丰富的神圣经验，但在财物上可能会比较贫乏。"（沃尔夫，2018）

　　乡村精英资助的仪式能否使贫富之间的差距变小还有待商榷，精英们的慷慨可能会误导人们，因为它掩盖了贫富差距背后的经济利益问题，即使贫穷者对为这些活动提供资金的精英感到感激。同样，大型活动所伴随的财富积累和再分配的结合也受到了关注。总之，在某些条件下人类付出大量的努力并花费大量的金钱来获取仅具有象征价值的物品，他们承担毁灭性的债务来为庆祝活动提供资金或丢弃大量的物品。为了给竞争对手留下深刻印象，他们陷入了并非基于市场的关系的交换系统中，以荣誉、信任、团结和声望为基础进行交易。换言之，他们是围绕情感和象征主义而非商品进行交易。特纳的另一位学生惠特尼·阿祖伊（G. Whitney Azoy）于20世纪70年代在阿富汗进行了田野调查，他的研究生动地展示了礼物经济在当地的运作方式（Azoy，2011）。他关注了当时被视为阿富汗的国家运动的布扎卡西（buzkashi，意为马背叼羊）的比赛，比赛中骑马的人试图抓住山羊或小牛的尸体并将其放入目标地点。布扎卡西比赛通常是为了庆祝男性的割礼或婚礼而举行的，这两个都是阿富汗社会主要的男性通过仪式。它们通常由当地的领袖人物——可汗主持，可汗拥有很好的名声和一批受过他恩惠的客人。可汗获得声誉的重要方式之一是慷慨的捐助，其中包括举办盛宴，例如在举行布扎卡西比赛时举办宴会。比赛中骑马的人主要是可汗的客人，有时可汗和他的儿子也会参加比赛。由此，布扎卡西深深植根于两性化中的男性世界及其权力和影响力的竞争中。数百人甚至数千人会受邀参加布扎卡西活动，他们在盛宴中品尝美食并得到庇护。为了开展活动，可汗依靠亲密的父系亲属、姻亲、朋友、受供养者和盟友来建立社会网络，这个团体在活动之外没有正式的组织存在。当举办特别重要的布扎卡西活动时，整个阿富汗北部的人们都有可能受到邀请。客人会在抵达时赠送礼物，通常是现金。这些钱物补偿了举办活动的部分费用，并会作为布扎卡西比赛的奖品进行再分配。布扎卡西活动中包含的所有元素都可以在奥运会中找到，但后者规模要大得多。全球体育已经成为一个庞大的网络，触及了全球政治经济体系中的各种力量。奥运会和其他大型体育赛事的不同之处在于如果没有志愿者，那它根本无法正常举行，许多志愿者来自其他国家，他们自己支付旅费和伙食费来参加赛事。这种劳务捐赠也很像阿富汗社会网络为布扎卡西活动提供的支持。年轻人认为作为奥运会的志愿者经历会为他们的简历增彩，这实则与在阿富汗协助可汗举办布扎卡西活动，希望赢得可汗的青睐以便为自己谋取更好的发展机会的普通人想法一致。

如果大型活动并非在所有方面都遵循市场的逻辑，那么我们可能会问，其是否有任何方面遵循礼物经济的逻辑。莫斯认为"好客"是礼物经济的一个特别重要的方面，特别是在接待不信任的陌生人时。就像在布扎卡西活动中一样，好客也是体育赛事的重要方面。奥运会和国际足联世界杯本身就是由东道主国家主办的，这意味着参加比赛的人是"客人"。这就是为什么奥运会的举办场地总是像库拉圈交换贵重物品一样，从一个城市轮换到另一个城市。1896 年希腊举办了第一届现代奥运会后，希腊也曾尝试使自己成为奥运会的永久举办国，并且一直在商讨建立永久性纪念场地的问题，但是这一想法从未得到过真正的支持。在夏季奥运会和国际足联世界杯举办期间，国家、跨国公司和体育协会会组织盛大的招待活动，其中一些吸引了成千上万的游客。因此大型运动会类似阿富汗的酋长制再分配经济的中心，所以它们没有理性经济人层面上的意义。但是从人类学的视角来看，人们对于大型体育赛事的热情有其特殊意义。人类学基于小社区研究而提出的理论在扩大应用规模，同时礼物经济中存在不确定性。与遵循市场规律和法律规范的市场经济不同，礼物经济中的交易涉及无法量化和无法预测的人类情感。

第五节　大型体育活动与社会景观

大型活动实际上包括多种形式的文化表演，其中最核心的表演是赛场比赛。在活动中的其他文化表演，尤其是像奥运会这样的全球范围内的大型赛事的开幕式和闭幕式中，东道国会展现本国的核心价值观和历史文化。在体育馆之外会出现在比赛与开幕式/闭幕式之外的第三种文化表现形式，即围绕礼物经济组织起来的一种表演形式。大型活动是资本的庆祝活动，领导人、政府官员、国际奥委会成员以及跨国公司的高管交换礼物以展示自己的身份，提高自己和他人的地位。主办方提供招待和体育赛事门票、住宿、城市交通以及其他服务，这些服务可以证明城市和主办国的财富以及政府的执政能力，并向潜在的投资者展示实力（MacAloon，2011）。就像在库拉圈和布扎卡西活动中一样，举办大型活动在"政治现实的仪式建设"中也发挥着作用。政府努力证明自己适合成为全球经济的参与者，举办如奥运会这样的大型活动日益成为城市和国家提升国际地位时需面对的一项基本考验，其反映出这一国家或城市改变甚至控制自己在全球政治经济中的地位的能力。这些表演是经济表象的一部分，也是吸引资本投资所必需的文化表演。文化表演理论为理解体育作为表演系统的一部分提供了新的分析工具，同时体育也为我们提供了丰富的视角。将体育视为一种表演系统，可以发现它包括各种相互交织的表演类型，可以针对本地、国家、区域、大洲乃至全球的观众进行表演，从而将他们编织成越来越大的社区。

尽管人类学对大型活动的研究不多，但我们相信最初旨在解释小型社区中的仪式和文化表演的理论，也会有许多与大规模活动相共通的元素。大型体育活动将大批人聚集在一起共同庆祝，它们为反思个人身份和共同体制造提供了文化资源。艾伦·辛格（Alan Singer）和维克多·特纳（Victor Turner）认为文化表演是其田野研究的核心，而其他人类学家则认为体育盛会和全球体育文化是后现代资本主义社会和城市现代化的核心。

对全球体育景观的利用及其文化和经济影响一直是媒体和体育全球化的关键指标。从古希腊和古罗马文明到现代早期欧洲社会，再到现代西方社会和非西方社会，体育赛事长期以来一直受到政治和意识形态的影响。现代奥运会和国际足联世界杯是体育景观中最具戏剧性和最引人注目的赛事。这样的大型体育赛事为景观表演提供了素材，也为国际大众传播时代的媒体活动提供了焦点。在全球化历史中国际奥委会和国际足联及其举办的重大活动为民族自豪感和国家声望的展示提供了平台。希腊举办的1896年第一届现代奥运会就具有象征性潜力，它既可以彰显希腊早期的现代性，又可以缓和希腊国内紧张局势等。

这些活动的发展、整合和扩张确实是惊人的。从1904年的7个创始成员开始，国际足联的成员在一个世纪的时间里扩充到200多个国家协会。1930年的第一届国际足联世界杯只有13个国家参加比赛，目前其参赛球队数已增加到32支。奥运会最初是欧洲和北美享有特权的男性精英进行身体能力表现的舞台，现在世界上绝大多数国家都会派代表参赛。在参与性方面，世界杯和奥运会为世界上所有国家，尤其是小国提供了一个任何其他文化或政治机构，甚至联合国都无法比拟的舞台。在 20 世纪后殖民时期的不同阶段，来自非洲、亚洲、加勒比地区的国家能够在全球舞台上展示自己，体育由此成为一种主要的文化力量。虽然这种文化和政治潮流推动了世界各国参与国际体育赛事，但事实证明此类赛事日益受到跨国企业的影响。本书对全球体育景观的定义是一种涉及世界大多数国家的活动，它在全球范围内传播，突出形塑商品化的运动员的身体，并精心策划了文化表演展示，从而使现场比赛和活动吸引了大量观众。在文化和经济全球化的世界中，体育大型赛事的重要性日益得到认可，此类活动的文化、政治和经济意义不断增强。体育外交、奥运会和国际足联世界杯作为媒体事件继续刺激国家间相互竞争以争取大型赛事的主办权。值得注意的是，体育变得越来越国际化并不是说体育文化已经同质化，比如足球在全球的流行和影响并没有削弱不同地区足球文化的独特性。

20 世纪以来各国越来越致力于举办大型体育赛事，中国申请并成功举办了 2008 年夏季奥运会和 2022 年冬季奥运会。国家体育文化并没有全部融入一种全球化的同质化形式，在 2000 年悉尼奥运会上，澳大利亚的三大国家级运动项目——澳式橄榄球、橄榄球和板球——都不是奥运会项目。然而，体育盛会，特别是具有国际包容性的常规赛事，在媒体活动和全球消费狂欢的推动下具有全球影响力。这些活动受国家、地区政治和全球消费市场扩张的影响。

将体育景观作为媒体事件进行研究也是一种新探索，其包括对思想的持续影响力的分析，即对特定概念、价值观和意识形态的剖析，以及对表演运动的身体的解析。奥运会创始人皮埃尔·德·顾拜旦男爵和国际足联世界杯的创始者里梅特（Jules Rimet）两位法国人都阐述了这些赛事的创办理念。顾拜旦作为巴黎贵族对奥运会和国际奥委会的制度演变产生较大影响。在 1896 年雅典举行的第一届现代奥运会的筹备过程中，"一份雅典报纸说他是'一个试图掠夺希腊遗产的小偷'"（Guttmann，1994：19）。但是，顾拜旦并没有受到这种言论的影响。顾拜旦相信年轻人之间的体育竞赛可以成为促进国际和谐与普遍和平的力量。对于顾拜旦来说，奥林匹克项目具有哲学、历史和教育层面的目标："恢复现代化的奥林匹克主义的一切。"（de Coubertin，1959：59）他在自己的作品中写道："这些都集中在相互依赖和团结的思想上。"（de Coubertin，1959：35）顾拜旦40多年间始终如一地坚持奥林匹克主义理想信念，并坚称奥林匹克运动和大家庭的影响与重要性具有显著的连续性并在不断增强。1921～1954年担任国际足联主席的朱尔斯·里梅特是一位白手起家的慈善家，他曾主导了足球的国际发展，里梅特本人接受过法律培训，是巴黎精英中的知名人物。他本人来自移民家庭，里梅特年轻时在街头接触了足球的基础训练，他努力争取获得职业运动员资格，并积极鼓励贫穷的孩子们踢球。在体育运动中他看到了塑造良好品格和爱国主义的方式，他对国家的热爱与他对足球的热情结合在一起。他在足球中看到了建立一个与其价值观相结合的全球"足球大家庭"的可能性。和顾拜旦一样，里梅特相信体育可以成为促进国际和谐的力量。他认为体育和足球可以将人们和国家团结在一起，形成健康的竞争力。体育可以成为促进身体和道德进步的有力手段，提供健康的快乐和乐趣，促进不同种族、民族、地区之间的友谊。因此，指向普遍和平与国际和谐的理想主义支撑了奥运会和国际足联世界杯等事件的基本信念，不过这些活动在全球化形成阶段的重要性仍然鲜少受到关注。这些大型体育赛事被主办国用来保存其历史遗产并彰显其现代性。

国家和体育组织持续发表普遍主义言论，但同时大型体育赛事也被跨国公司视为全球营销机会，国际奥委会和国际足联等国际组织就此进行谈判。国际体育权力结构的转变与不同国家间利益结构的演变相一致，在20世纪前3/4的时间里，北欧和美国主导了国际奥委会，这为国际体育赛事的新秩序奠定了基础。追踪体育社会景观的变化和连续性可以发现，在新兴国家崛起与后殖民时期，新形式的关系以及世界体育机构合作赞助商不断升级的形象体现了国际体育权力动态的变化。从这个意义上说，正是体育实践、表演、象征资本和文化资本之间的关系提供了考察个案的理论视野。案例研究的对象包括电视、电影、纪录片、新闻、海报、徽章这样的物品，以及关于性别、民族认同、帝国主义和新殖民主义等方面事件的话语和叙述。马克阿隆从事对奥林匹克运动会的民族志研究，他为概念化体育景观、仪式和节日的相关元素提供了广泛的经验和分析基础。他对作为一种公共节日的奥运火炬传递有特别兴趣，正是在圣火接力中数以百万计的人体验了奥林匹克理想，他们可能未曾参加过奥林匹克比赛或进入体育场。因此，应理解景观在全球社会中的地位、通过体育景观和竞赛产生的国家身份认同，以分析全球体育赛事的文化和政治等多方面的价值。

小　结

体育与大型活动之间存在密切的关联。大型活动包括具有较大规模和影响力的体育赛事，如世界锦标赛、奥运会、国际足联世界杯等国际级体育盛事，以及其他大型体育文化活动。大型体育活动提供了一个国际舞台，吸引了全球的关注和参与。通过举办和参与大型体育活动，国家和城市能够展示自己的实力、文化和形象，提升国际影响力。同时，大型体育活动对经济和旅游业的发展具有重要的推动作用。举办大型赛事可以带动旅游业的发展，吸引国内外游客、运动员和观众。大型体育活动还能够带来经济效益，促进商业活动发展和就业。此外，大型体育活动往往成为社会文化的盛会和庆典。它们提供了让人们欢聚一堂、共同庆祝的机会，增强了社区凝聚力和集体认同。大型体育活动通过激发热情、激励人们参与和支持体育，成为社会文化生活中的重要组成部分。大型体育活动在结束后留下的体育遗产和社会影响也很重要。可以通过对大型体育活动的分析，探索其对社会、经济、文化和城市发展的影响，以及其与体育、政治和社会的关系。

本章推荐人物阅读

1. 米尔顿·辛格（Milton Singer），著名的社会学家和人类学家，以其对印度社会、文化和宗教的深入研究而闻名。他深入探讨了印度的宗教仪式、社会习俗和传统，以及这些元素如何影响印度社会的方方面面。他研究了印度社会中的文化变迁，尤其是现代化进程对传统社会结构和文化习俗的影响，探讨了全球化和社会变迁如何改变印度的文化和社会生活。他还研究了宗教在印度社会中的作用，包括宗教仪式和节日对社会结构和个人生活的影响，特别关注了宗教如何与社会变迁和现代化过程相互作用。他的代表作包括《印度的宗教和社会：一个理论的探索》（*Indian Religion and Society: A Theoretical Approach*）。辛格在文化人类学领域的贡献包括对印度社会的深入分析和对文化变迁的理论探讨。他的研究帮助学术界更好地理解了传统社会如何在现代化背景下进行调整和变迁。他对印度社会的研究推动了关于文化现代化和社会变迁的理论发展，为理解非西方社会中的社会和文化动态提供了新的视角。

2. 朱迪思·巴特勒（Judith Butler）是著名的哲学家和性别理论家，她在性别研究、酷儿理论、社会理论和政治哲学领域做出了重要贡献。她的研究主要集中在性别身份、社会性别理论以及权力和身份的交互作用上。巴特勒最著名的贡献是她对性别的理论化。她提出性别是一种社会建构的表现形式，而不是自然的或生物学的事实。她的观点挑战了传统的二元性别观念，主张性别是通过社会行为和文化规范不断建构的。巴特勒是酷儿理论的关键人物之一，她在自己的著作中探讨了性别流动性和性取向的多样性，并探讨了酷儿身份的流动性和多样性。她研究了权力如何影响个体的身份形成及社会位置，特别是权力如何塑造性别和性取向的表现方式。她的研究还涉及社会规范如何通过话语和行为影响个体的自我认同。她的主要著作包括《性别麻烦：女性主义与身份的颠覆》（*Gender Trouble: Feminism and the Subversion of Identity*，1990 年）、《激动人心的话语：表述性政治》（*Excitable Speech: A Politics of the Performative*，1997 年）。巴特勒的性别表现理论革新了性别研究，为理解性别身份的社会构建提供了新的视角。巴特勒的研究对权力、身份和社会规范的理解产生了深远的影响，为社会理论和政治哲学提供了重要的理论基础。

3. 萨莉·福克·摩尔（Sally Falk Moore），著名的人类学家，以其在法律人类学、政治经济学和社会结构领域的研究而闻名。她的研究主要集中在社会结构、法律制度及其在不同文化中的功能和意义上。摩尔的研究对法律制度在不同文化中的作用进行了深入分析。她探讨了法律如何在社会中运作，特别是法律与社会变迁、社会结构和权力关系的互动。她研究了社会结构如何影响社会变迁，以及这些变迁如何影响法律和制度。她特别关注社会变迁中的权力和资源分配问题。摩尔的研究涉及政治经济学领域，分析了经济活动、资源分配和政治权力如何相互作用并影响社会组织和法律制度。她的主要著作包括《法律即过程：一种人类学路径》（*Law as Process: An Anthropological Approach*，1978 年）和《法律与人类学读本》（*Law and Anthropology: A Reader*，2004 年）。摩尔在法律人类学领域的工作扩展了对法律和社会的理解，特别是在法律如何影响社会结构和变迁方面。摩尔的研究为理解法律和社会结构的复杂关系提供了重要的理论框架，并在法律人类学和社会学领域产生了深远的影响。

4. 阿诺德·范·盖内普（Arnold van Gennep），著名的文化人类学家，他对仪式和社会过渡的研究具有重要影响。他的代表作是《过渡仪式》（*Les Rites de Passage*），该书首次出版于 1909 年。在《过渡仪式》中，范·盖内普提出了仪式的三个阶段：分离（separation）、过渡（transition）和重新整合（reintegration）。他认为，仪式是一种帮助个体从一个社会身份或状态过渡到另一个社会身份或状态的过程。这一理论对后来的仪式研究和社会学研究产生了深远的影响。范·盖内普的研究奠定了仪式研究的重要基础，并为文化表演和社会变迁的分析提供了有力的理论工具。

5. 希瑟·列维（Heather Levi），人类学家，专注于体育、文化和社会变迁等领域。她的研究关注体育如何影响与反映社会结构、文化认同和全球化进程。她的代表作包括《墨西哥摔跤》（Mexican Wrestling），将摔跤视为审视阶级、性别、血统、审美价值观和国家之间联系的窗口。列维的研究对理解体育在不同文化和社会中的作用提供了思路。

6. 皮埃尔·布尔迪厄（Pierre Bourdieu）是法国社会学家，他的理论对理解社会结构、文化和权力关系具有深远影响。他的主要贡献如下。①社会资本（social capital）：布尔迪厄将社会资本定义为个体或群体通过网络关系、社会联系获得的资源。他认为，社会资本在社会互动和社会地位的获得中发挥了重要作用。②文化资本（cultural capital）：布尔迪厄提出了文化资本的概念，其指的是个体拥有的文化知识、教育背景和品味等，这些资本可以帮助个人在社会中获得更高的地位和更大的权力。他区分了文化资本的三种形式——内化的、物化的和制度化的。③惯习（habi-

tus）：惯习是布尔迪厄用来描述个体行为和思维的结构化倾向的概念。这些倾向是通过社会化过程形成的，影响个体的选择和行为方式。④场域（field）：布尔迪厄提出了场域的概念，其指的是社会中不同的社会空间（如教育、艺术、经济空间等），每个场域都有其特定的规则和资源分配方式。个体在不同的场域中竞争，争夺资源和社会地位。⑤象征权力（symbolic power）：布尔迪厄认为，象征权力是通过文化符号和意义在社会中行使的权力，这种权力在不被直接看出的情况下影响社会结构和个人的社会位置。布尔迪厄的理论为理解社会不平等、文化消费和社会互动提供了强有力的工具。他的作品如《区分：判断力的社会批判》《实践与反思：反思社会学导论》和《实践理论大纲》对社会学和人文学科产生了深远的影响。

7. 阿兰·罗奇（Alan Roche）是体育管理和体育赛事组织领域的学者。他的研究主要集中在大型体育赛事的组织、管理及其经济和社会影响上。他的著作强调了大型体育赛事在全球化背景下的复杂性及其对主办城市和国家的多重影响。他的研究为理解大型体育赛事的综合效应和复杂性提供了深入的见解，并为体育管理和政策制定提供了宝贵的参考。

8. 居伊·德波（Guy-Ernest Debord），法国的理论家、作家和电影制作者，他是情境主义国际的核心人物，这是一个影响深远的先锋派艺术和政治集团，主张通过激进的艺术和政治行为改变现代社会。德波最著名的作品是《景观社会》（La Société du Spectacle，1967 年），在这部作品中，他探讨了"景观"概念，认为景观是现代资本主义社会的主要表现形式。在他看来，景观不仅仅是媒体和广告中的图像泛滥，更是一种社会关系，通过图像而不是直接经验连接人们，从而造成了人的异化和社会的被动化。他的思想强调现代社会中的消费文化如何影响人的日常生活和人际关系，他认为景观通过制造欲望和假象维持了现存的社会秩序和资本主义的统治。他的理论对后来的批判理论、媒体研究和艺术实践有着深远的影响。他的研究和情境主义国际的活动，特别是在 1968 年法国五月风暴中的角色，显示了他们试图通过实验性的艺术实践和直接行动来挑战现代社会的结构和观念。德波对现代社会的批判视角至今仍引起广泛关注和讨论。

9. 阿尔内·马丁·克劳森（Arne Martin Klausen），挪威人类学家，曾在奥斯陆大学任教，他的研究涉及多个领域，包括萨米人的文化、现代宗教运动以及挪威社会变迁等。克劳森发表了多部著作，并且在学术界有着广泛的影响。他的研究不仅局限于理论方面，还包括田野调查，这使他对挪威及北欧文化有了深入的理解。克劳森也参与了公共辩论，特别是在文化保护和少数民族权利方面，为保障挪威社会的多样性和文化宽容做出了贡献。

10. 莫里斯·罗奇（Maurice Roche）是社会学领域的学者，尤以对体育、文化和社会变迁的研究而著称。他的研究主要集中在大型体育赛事的社会、文化和经济影响上。罗奇深入探讨了大型体育赛事（如奥林匹克运动会、世界杯等）的社会和文化影响，包括这些事件如何影响主办城市和国家的社会结构、经济发展和文化认同。他的研究关注体育如何反映和推动社会变迁，特别是如何在全球化背景下对地方和国家层面的社会结构产生影响。罗奇对体育的文化意义进行了分析，探讨了体育如何作为文化表演和社会象征在社会中发挥作用。他研究了大型体育赛事的经济效益和社会影响，包括对城市基础设施、旅游业和地方经济的影响。罗奇的研究为理解体育事件如何塑造和反映社会文化提供了重要的理论框架，并为体育管理和政策制定提供了宝贵的参考。

11. 马克·戴森（Mark Dyreson）是体育人类学和体育历史学领域的著名学者，专注于研究体育的文化和社会意义。他的研究对象涵盖了体育的全球化、文化表现以及体育与社会、政治的关系。戴森研究了体育如何在全球范围内传播和影响不同文化，包括体育赛事的国际化和全球观众的参与。他探讨了体育如何在国家和文化认同的构建中发挥作用，特别是体育赛事如何被用来塑造和反映国家形象。戴森的研究还涉及体育的历史发展以及体育作为文化表现形式的演变，分析了体育如何与社会和文化变迁相关联。他的代表作包括《制造美国队：体育、文化和奥林匹克经验》（*Making the American Team: Sport, Culture and the Olympic Experiene*）。在这本书中，他分析了体育在美国社会中的角色和影响。马克·戴森的研究为理解体育的全球影响、文化意义和社会角色提供了深刻的见解，并为体育学界和社会科学领域做出了重要贡献。

12. 马塞尔·莫斯（Marcel Mauss）是著名的法国社会学家和人类学

家，他是社会学家埃米尔·涂尔干的侄子和学生，在人类学和社会学领域都有着重要的贡献，特别是在礼物交换的经济和社会功能方面。《礼物》（*Essai sur le Don*，1925 年）是莫斯最著名的作品，他在书中分析了礼物交换在不同社会中的角色和功能。他通过比较多个社会中的礼物交换仪式，论证了礼物交换不仅仅是经济行为，更是维持社会联系和社会秩序的重要方式。莫斯强调研究社会现象时需要考虑整体性，认为个体的行为和心理状态都是对社会结构和文化背景的反映。莫斯还研究了技术在不同文化中的社会功能和意义，他的这些研究对后来的人类学研究产生了影响。

13. 埃里克·沃尔夫（Eric Wolf）是一位杰出的美国人类学家，他以对权力研究、政治经济学以及跨文化研究的贡献而闻名于世。沃尔夫的研究涵盖了社会结构、民族身份和经济变化等多个方面，尤其关注边缘化群体和小规模社会。沃尔夫的代表作是《欧洲与没有历史的人》（*Europe and the People Without History*，1982 年）。他在书中批评了传统历史书写的欧洲中心主义倾向，强调全球历史中许多被视为"没有历史"的人实际上对世界历史产生了深远的影响。通过分析全球范围内的贸易网络、劳动力流动和文化交流，他展示了不同社会和群体如何互相影响并共同塑造了现代世界。沃尔夫的研究着重于探讨权力在不同文化和社会结构中的表现形式，他认为为了全面理解一个社会，必须考虑到社会内部和外部的权力动态。他还探讨了社会如何通过各种方式（如利用经济、政治和象征性资源）来构建和维持权力关系。沃尔夫致力于将人类学研究与历史数据结合起来，强调历史背景在理解文化现象中的重要性，他的研究方法强调了文化和社会不是孤立的，而是彼此连接和相互影响的。埃里克·沃尔夫的研究在学术界产生了广泛的影响，尤其是在将历史维度整合到人类学研究中的方法方面。他的思想启发了许多研究者重新考虑非西方社会在全球历史中的作用和影响，以及权力如何在全球范围内运作和重新配置。沃尔夫的研究强调了人类学的政治经济学分析，促进了对全球化进程中文化与经济力量相互作用的深入理解。

14. 惠特尼·阿祖伊（G. Whitney Azoy）是美国人类学家和外交官，以其对阿富汗的研究和相关著作而知名，他在阿富汗的工作和生活经历使他对该国的文化、政治和社会结构有了深入的了解。阿祖伊的代表作《布扎卡西：阿富汗的比赛与权力》（*Buzkashi: Game and Power in Afghanistan*，1982年）详细描述了阿富汗的国家运动布扎卡西，这是一种类似于马上橄榄球的游戏，但使用山羊的尸体代替球。他分析了这项运动如何反映阿富汗社会的权力结构、社会层次和文化价值。书中不仅描述了比赛的过程，还深入探讨了参与者的社会地位、比赛对个人声望的影响，以及这项运动在阿富汗社会中的象征意义。除了人类学研究，阿祖伊也在阿富汗担任过美国外交官，他的研究帮助人们了解了阿富汗复杂的社会政治环境。阿祖伊的研究为理解阿富汗的社会文化动态提供了宝贵的视角，特别是在西方对阿富汗的认识往往受到战争和政治冲突的影响的背景下。通过他的作品，读者能更深入地了解阿富汗人的日常生活和文化实践。他的工作强调了人类学在外交和国际关系中的应用，显示了深入的地方文化研究如何增进国际理解和对话。

15. 朱尔斯·里梅特（Jules Rimet），法国的足球管理者，以创办并发展国际足联世界杯而闻名。他在1921~1954年担任国际足联的第三任主席，并对全球足球的发展产生了深远的影响。里梅特在1930年促成了首届世界杯的举办。这项赛事最初被称为"里梅特杯"，以表彰他为创办这项全球性足球比赛所作出的巨大努力。在他的领导下，世界杯从一个初步的想法变成了全球最大的体育赛事之一。里梅特坚信足球不仅是一项体育运动，还能够促进国际和平与友谊。在里梅特的推动下，世界杯逐渐发展成为一项重要的国际赛事，吸引了来自世界各地的球队和观众。即使在他卸任后的岁月里，世界杯的影响力仍然持续增强，并成为现代体育中最具象征意义的赛事之一。

第三部分

专题剖析

我们需要理解体育与社区之间的复杂但持久的关系。现代性往往会给人带来一种不安全感，与之相应的是对社区边界何在的思考。许多人通过维持与他人的密切关系来寻找个人意义，这种关系植根于现实的生活条件。对于人类学家、社会学家和政治学家来说，这一寻找过程的焦点是一种交流的动态过程。其强调一种话语而不是有限的社区意识，以及一种固定的模式组合和结构体验。人们对日常生活的常规模式以及维持自身认同感和归属感的元素会产生依赖，这些元素涵盖居住的地方、组织和制度结构、物理空间和场所以及他们在这些空间内参与的社会活动。

社区的特征是可以跨越阶级、种族和民族的分歧，体育也能将人们聚集在一起，产生对同一社区的归属感。然而单靠体育能够在多大程度上实现这一雄心？总结体育与社区之间的关系可以看出，从现代体育19世纪的发展和合理化时期开始，其参与者就对地方和国家对应的空间与地点产生了强烈的认同，这些积极的认同可以为社区团体提供聚焦点。体育被纳入公民自豪感和民族主义情绪的培养中，在奥运会等全球体育赛事的推动下，体育已成为重要的城市元素，其影响超出了体育的范围。

本部分通过对两个国家（英国、澳大利亚）体育运动的专题研究，让我们了解不同国家或地区的社区体育实践和经验，目的是拓展我们对体育在社区中的作用和影响的认识。国外专题研究可以为我们提供创新和启发，促进让体育在社区发展中发挥作用的新思路和实践模式的形成。通过对两个国家的专题研究，我们可以进行跨文化比较，了解不同文化背景下社区体育的异同，增进我们对不同文化的理解和尊重，接纳和包容多样的体育文化。

第九章　体育与社区

　　使用"社区"（community）概念来解析体育，首先需要明确社区概念所涵盖的相关元素，譬如性别、年龄、民族、种族、职业……这些被包含在各种社会结构中的元素并不是孤立存在的，它们相互连接搭建起社区结构的基本框架。结合前面章节的分析，可知这些基本元素可以用于解析本章的核心议题——社区的认同感。其中，社会资本已被证明是理解社区整体观念如何产生和维持的关键所在，特别是"结合资本"和"桥接资本"的概念巧妙地概括了存在于社会网络中的人们的矛盾心理。

　　社会资本是资本的一种形式，是指为实现工具性或情感性的目的，可以通过社会网络动员的资源或能力的总和。资本的另外两种形式为物质资本和人力资本。它们的共同点是强调群体的凝聚力以及群体凝聚力和个体互动之间的相互关系。对于社会而言，社会资本在关系网络的框架内为个体提供帮助和支持，从而降低社会成本。在现代社会，个体化加剧，流动性增强，社区、朋友圈、俱乐部等社交网络不再那么有效。社会资本为个人提供了获得社会资源，如支持、帮助、认可、知识和联系的途径，可以帮助个人找到工作。它还通过互赠、施以恩惠、拜访等交换关系而得到生产和再生产。在社会学中有一种研究方法将社交网络置于概念的中心。越来越多的人认为社会资本在概念上是基于社会网络的，强调社交网络的集体价值，如在包括高尔夫俱乐部在内的熟人网络中，熟悉的人可以带来信息优势，可以帮助个体获取还没有正式发布的新工作信息等，其可以被"转换"为就业机会。结合型社会资本是网络关系较为紧密者之间的联结，他们具有较强烈的对彼此的认同感以及共同的目标，常见的关系紧密者有家庭成员、好朋友与邻居等。结合型社会资本能够促进团体成员间的承诺与互惠，并强化团体内部的联结。桥接型社会资本主要指网络关系较为疏远，但彼此拥有共同利益者，如同事或社区成员等所形成的联结，这种水平的联结机制，有助于外部资源的链接与资讯的畅通，能够促进相对异质之人群或团体内部的联系与互动。

当个人与年龄相同、族裔相同、肤色相同的人交往时，就会发生联系。但是为了使一个多元社会保持和谐，一个人需要拥有社会资本以进行桥接。当与来自其他群体的人，比如另一支球队的支持者成为朋友时，桥接就是个人需要做的事情。这样做才可以真正化解社区内的组成元素多样性和信任建立的矛盾。社区中新兴的体育运动发展往往会吸引那些已经参与其他体育运动的人，而不是此前并未参与体育运动的群体。体育具有成为推动社区发展的积极力量的巨大潜力，但在有体育活动的地方所产生的凝聚力同样可能产生负面的后果。社区在官方政策和政府话语体系中占据突出地位，同时体育又被视为社区改革的推动力之一，正如我们在本书中已经详尽展开论述的那样，最直接的证据就是奥运会等全球体育赛事对我们这个时代的社区发展产生了重大且深刻的影响。

现代体育如何与社会分化过程相关联？这种关联如何受到各种因素的影响？在这里，人们能否获得各种形式的资本尤为重要。我们的世界正在迅速改变，体育就是这种改变的主要推动力之一，体育以我们通常认为理所当然的方式植根于社会的深层结构之中。鉴于体育的社会、文化和经济意义，社会学家在他们的论著中也提及了"体育的力量"：体育的力量可以在很多方面改变人们的生活。它可以改善个人健康，培养团队合作精神，甚至可以将愤愤不平的年轻人变成自律的运动员。体育也可以改变社区，进而在共同的事业中团结社区甚至整个国家（Sugden and Tomlinson，2002）。

在这一章，我们将探讨体育的力量对人们生活所产生的积极影响，并批判性地评估政策、体育和社区之间的关系。考虑到社会、经济和文化问题的复杂性，我们需要促进跨越社区中种族界限的体育活动的开展。体育是一种促使统一体形成的力量，利用体育可以促进宽容和理解，在社区之间搭建友谊的桥梁，当然体育也可以反映社会的分歧，社区内部的不平等也可以反映在体育赛场上。

第一节　体育与社区的概念

人类学和社会学的研究对殖民、社区和社会等议题一直有着浓厚的兴趣。社区的核心是一种象征性和交流性的归属模式，而不是实际的制度安排，它是可变的，社区能够维持现代的社会关系和传统的社会关系（Delanty，2003：31）。

社区作为不断扩大的非个人化和理性化的实体，越来越多地陷入一种悖论：公共生活方式逐渐消失，同时在日常的现实生活中需要文化活动和公共空间来建立共同的意义和解释以支撑共同体的现实感。社区建设的关键是不同文化群体共享熟悉的社会空间，比如社区街道、公园、学校、商店和体育俱乐部等。社会学家齐格蒙特·鲍曼（Zygmunt Bauman）认为，社区概念使用的政治和公共话语能带来现代性共鸣，因为它们描绘了安全和社会团结的景象，迎合了对身份和归属感的强烈渴望（Bauman，2001：9）。然而对于鲍曼来说，这种想象中的社区仍然是一个无法实现的梦想。因此，尽管对社区的讨论保持着强大的吸引力，但也不能回避它在现实中的无力。跨学科研究的社会学家吉尔德·德兰逊（Gerard Delanty）的研究兴趣主要在社会理论以及对社会和政治问题进行文化层面的分析上。他对社区概念进行了非常详尽的描述：在社区的当代形式中，人们需要接受他们现在生活的大多数社区环境不再受传统身份表征的限制，对社区的归属感不再基于对种族、性别或阶层的相对稳定的看法。他认为，我们现在需要将社区理解为高度流动的、象征性和交流性的归属模式，而不是固定的制度安排。其中的基本元素都是可变的，它们也能够维持现代社会关系，就如同传统所发挥的作用一样（Delanty，2003）。因此，社区不仅仅是一个地方或共享文化实践的某种抽象表现形式，它们可能构成我们与他人交流和互动的基础。社区生活的社会现实会使我们自主行动的能力和现代生活的责任之间产生一种张力，它总是约束我们的行动能力（Bourdieu，1984；Giddens，1991；Foucault，1976）。作为社区的一员，人们需要向他人展示自己对社区的忠诚和承诺（Alexander，2007），这些情感支撑着社区生产与再生产的过程，形成了社区的基础。而社区共同价值观对社会秩序稳定的重要性是一个备受争议的话题，这也引发了各种辩论，其试图将注意力集中在个人权利与责任之间的紧张关系上。社区主义转向很好地反映了许多人希望消除我们个性化社会中的一些不安全感的想法，然而社区主义政策在许多方面也往往具有保守主义色彩，比如强调自愿和奉献精神。社区中存在的很多围绕资源、身份和归属感的冲突是被社会建构的，当然，通过地方社区组织的运作，体育活动可以促使新的公民意识和社会融入感逐渐形成（Long and Sanderson，2001）。

对于体育和社区的具体关系，我们首先可以通过国际奥委会的工作实践看到，它有一种具有全球性的体育愿景，国际奥委会自豪地宣称奥林匹克的使命是将世界人民团结起来，并制订了应对社会不平等的各种具体计划方案。奥委会的讨论集中在与多样性和多元文化主义有关的问题上，但是更加重要的是在世界奥林匹克运动大社区之中要认识到各类群体与这些体育实践过程和政策框架的具体关系。比如女性群体通常主张在社会中更好地实现公平，她们强调要让女性群体更加活跃，并认为体育运动对于实现这一目标至关重要。很多国家的政府部门、智囊团以及体育管理机构出台的政策文件中，都指出体育运动可以培养公民意识、加强社会团结和增强社会凝聚力。然而，这种论证有可能会掩盖社会群体使用体育作为他们自己独特身份的标志的现象。在某些层面上这也是体育文化中的一部分，比如某支球队的球迷聚集在体育场，用歌曲和嘘声斥责对方球队。我们应当强调的是体育有促进与国家、地方、种族和性别认同密切相关的竞争的传统，但体育也具有统一的能力，它可以跨越许多分裂地方和国家社区的分歧元素制造社区一体感。近二十余年的体育发展实践表明如果体育实践与政治、社会和经济实践保持一致，那么其将会系统地边缘化人们认同的合法身份，体育也会具有团结之外的其他力量——加剧社会和文化分裂与冲突，或者体育有可能巩固某种本就强大的文化认同，这使体育有可能掩盖各种形式的不公正、贫困或财富分配不当。所以对于体育的力量要加以引导而不能放任它自由发展。

第二节 体育与社会资本

法国社会学家布尔迪厄（Pierre Bourdieu）的研究吸引了学术界对体育如何产生不同形式的资本，尤其是经济、文化、社会和物质资本的兴趣。经济资本不仅由客观经济财富来定义，它需要被理解为控制和使用金融财富或实物资产等经济资源，以使个人或团体受益的能力（Bourdieu，1986）。文化资本则是指文化过程和产品，其中包括教育、社会和智力知识，可用于使处于特定社会和经济地位的个人或群体获利。社会资本是资源的总和，包括实际和虚拟的资源，对其的持久累积使得个人和团体相互认可。罗伯特·普特南（Robert Putnam）的社会资本则是指个人之间的联系，包括社交网络以及由此产生的互惠和可信赖的规范（Putnam，2007）。布尔迪厄的研究主要关注社会差异，特别是社会阶层是如何实现生产和再生产的。对于布尔迪厄来说，资本和阶级权力至少具有三个维度：经济、文化和社会。布尔迪厄的社会资本概念强调个人或群体维护既得利益的能力如何引发阶级权力冲突。社会资本的好处源于一个群体内部的社交网络成员建立支持性关系和履行对彼此的义务的能力，以及利用这种能力来提高群体及其成员的社会地位的可能性，因此社会资本是群体之间争夺的重要资源。对于中产阶级而言，高尔夫和网球俱乐部的会员资格为他们提供了远远超出体育运动范围的互惠互利，通过成为这些俱乐部的会员他们可以加强商业和社会联系。这不仅有利于俱乐部发展会员，同时还固化了他们与其他社会群体的区别。从这个意义上说，社会资本并不是将不同群体聚集在一起的一种方式，相反，它的作用是使他们在社会中持续保持分离的状态。但是，更加重要的不是社会资本如何在不同群体之间制造冲突，而是社区内的组织和传统如何促进强调信任、承诺和团结的价值观的形成与维持（Putnam，2007）。以社区为基础的组织对于减轻文化多样性加剧社会分裂的影响和建立增强社会凝聚力所必需的桥梁机制至关重要，由此普特南提出了两种形式的社会资本——结合型社会资本和桥接型社会资本。

奥运会和其他全球体育赛事既可以反映精英运动员成功的荣耀，也可以在这些运动员所取得的成果之上建立社区体育遗产。当国家队的运动员比赛获胜，在赛场悬挂国旗并自豪地代表他们的国家领奖时，这一场景对这些体育英雄的家庭、俱乐部和公共场所都会产生深远的影响。体育项目大多能体现国家成员的多样性，获胜的体育英雄中有许多人就来自少数族裔群体。从这个意义上说，国际体育赛事为我们提供了展示国家形象的机会，将人们与国家的体育历史和遗产联系起来，同时定义和具象化了一种国家认同感，将人们与不断变化的现实联系起来。以这种方式理解体育让我们看到了一个指向联系和统一的社会过程。志愿者组织对个人与群体之间的社会互动和合作会产生积极影响，提升个人可信度，并促进个人以及体育俱乐部等团体的良好声誉的传播。可以依此创建一个社会框架，在这个框架内个人和团体之间过去的成功合作可以被记住，并作为未来合作的模板，这就是普特南所说的桥接型社会资本运作的主要流程（Putnam，1993：173）。以这种方式理解和参与体育活动，让个人成为体育俱乐部和组织的一员，可以在个人、团体和更广泛的社区之间架起桥梁。

第三节 体育与社区认同

在现代化、全球化和网络化的世界中，大多数人有能力发展新的社区形式，并基于种族、性别和生活方式选择自己的归属。这正在改变体育世界以及体育在世界中所扮演的角色。社会、文化和政治转型是由于人们迅速流入文化和传统与移民之前所在地的文化和传统截然不同的国家而发生的。有学者激进地认为今天几乎没有必要讨论多元文化主义的现实（Bourne，2007），因为没有任何关于社区的讨论可以避免多元文化主义的问题。一个社会的文化认同是天然内生的，但其也需要发展出有效的同化机制以解决一些结构性问题，这一过程不可避免会产生许多其他后果。同化是指少数民族和移民人口文化被涵化并融入其他文化的过程；整合则是使少数群体适应主流社会并被给予平等的权利和待遇（Delanty，2003：92）。自由多元文化主义话语假设一旦人们拥有平等权利，那么与市场力量、消费文化和个人生活方式偏好相关的社会体系的力量就会介入。新兴的多元文化社会将转变为一个"大熔炉"，其特点是新的社会和文化形态能够实现融合并建立共享身份。

西班牙人类学家曼纽尔·卡斯特尔（Manuel Castells）的研究对理解影响现代世界的一些深刻的变化具有重要意义。卡斯特尔描述了新形式的技术和信息流影响现代社会结构特征的方式，在我们日益网络化和个性化的世界中，一种新的差异政治已经出现，它正在重申公共身份的力量和吸引力（Castells，1998）。这使许多侨民重新开始关心他们的原生文化和族群社区。在移民社会与劳工发展的积极方面，卡斯特尔认为新的身份开始出现，它们与当前的现实结合得更紧密，并试图将人们联系起来（Castells，1998）。

体育往往是社区内的一股凝聚力，将来自不同背景的个人聚集在一起。社区体育赛事和当地球队为居民提供了共同的交流基础，培养了归属感和共同身份。当地足球俱乐部或社区板球队可以在成员及其支持者之间营造深厚的友情和强烈的自豪感。社区体育活动可以弥合文化和社会鸿沟，帮助社区内不同背景的人口群体融合起来。

体育传统和历史成就在塑造社区身份方面可以发挥关键作用。长期的竞争、年度锦标赛和当地体育传奇有助于形成将社区成员团结在一起的共同历史。一个长期举办年度马拉松或地区体育比赛的社区，会对这些赛事产生集体记忆和自豪感，并将其代代相传。

成功的当地运动员和团队可以成为社区自豪感和成就的象征。他们在地区、国家或国际舞台上的成就可以对社区产生积极的影响，提高社区的声誉和居民的自豪感。一个社区如果能培养出知名运动员，如奥运会奖牌获得者或职业运动员，当地人的自豪感通常会得到提升，集体认同感也会增强。

青年人参与的体育项目对于塑造年轻社区成员的身份至关重要，可以教会他们团队合作、遵守纪律等，增强他们的毅力。这些项目还可以提供建设性的精力发泄渠道和个人发展途径。课后体育项目和青年联赛可以让孩子们参与积极的活动，减少青少年犯罪，并让他们产生责任感和社区归属感。

体育可以成为增强包容性和社区多样性的有力工具。包容性体育项目迎合各种能力、性别和种族背景的人，有助于建立一个更具凝聚力、更公平的社区。为残疾人士提供的适应性体育项目或多元文化体育节，可以凸显社区履行了对包容和平等的承诺。

在日益突出的文化多样性的背景之下，如何重建社区凝聚力？在人类学家的分析中，只有在社区承诺得到足够充分的履行，且有社区组织如体育、舞蹈和艺术等方面的组织提供社区成员黏合剂时，才会出现具有强大凝聚力的社区，这也需要在不同文化群体之间产生广泛、安全和有价值的联系。社区组织经常选择体育运动作为推动社区成员共同发展的工具，因为体育具有塑造凝聚力和归属感的能力。

小　结

体育与社区之间存在着紧密的联系和相互影响。体育在社区中扮演着重要的角色，对社区的发展、凝聚力和社区成员的身心健康有着积极的影响。体育活动可以促进社区凝聚力的形成和增强。通过参与体育活动，社区居民能够加强彼此之间的社交和互动。体育俱乐部、团队和比赛成为使社区成员相互联系和认同的平台。同时，体育活动对社区居民的身体健康和生活方式具有积极影响，而且体育活动有助于培养和传承社区的认同与文化。某些特定的体育项目和传统运动在特定的社区中具有重要的地位和象征意义。通过参与和支持这些体育活动，社区成员可以表达对自己社区身份的认同，传承和弘扬社区的文化遗产。体育活动在社区治理方面发挥着积极作用。体育与社区之间的关系是双向的，体育活动受到社区的支持和影响，同时也对社区的发展和社会资本产生影响。

第十章 体育与英国的国家认同

回顾 200 多年来体育影响和塑造英国国家认同的历史，我们会发现，英国近代教育家和历史学家托马斯·阿诺德（Thomas Arnold）曾于 1828~1841 年任拉格比公学校长，并对公学中包括橄榄球在内的多项运动进行了改革；英国文学家查尔斯·金斯利（Charles Kingsley）和托马斯·休斯（Thomas Hughes）的小说展示了在维多利亚时代的英格兰，广泛的英国认同如何促成统一的体育运动项目的出现，以及英式价值观随后如何渗透到英国国内外的体育运动之中。当时特殊的社会条件和历史环境之下，社会精英阶层对工业化之后工人阶级的社会习惯和休闲消遣活动加以关注与"改造"，并且随着时间的推移这一时期形成的体育价值观也发生了各种形式的流变。本章就这一发展趋势及体育在塑造广泛的国家认同方面的潜力提出一些新的分析思路。

第一节 体育与英国的民族主义

长期以来英国体育与民族主义之间的关系一直非常密切，这方面的研究最早可以追溯到英国作家约瑟夫·斯特鲁特（Joseph Strutt）1801 年所出版的《英格兰人民的体育休闲》一书。200 多年后的今天体育仍然被视为观察英国国民性的最重要领域之一，体育在展现英国民族主义方面日益占据中心地位，这一观点也是贯穿英国体育和英国国民身份的中心议题。近年来这种特殊形式的民族主义受到越来越多的争议，英国人称他们拥有"危机中的身份"——英国人在思考："我们是谁？"从概念上讲体育可被视为分析这一问题的切入点。比如在奥运会中，体育强化了对英国整体而不只是对英格兰、苏格兰、威尔士或北爱尔兰地区的认同。许多研究探讨了具体体育运动项目、体育团队和赛事在英国人身份建构过程中的作用，以及英国社会各个群体对体育运动与国家之间关系的态度，具体研究主题有英国国民身份与足球迷身份之间的关系、英语中用于描述板球的词汇，以及苏格兰球迷的特殊民族主义情绪等。梳理和探索体育与英国国家认同之间关系的代表性案例，可以使我们获得一些关于体育塑造民族认同的实际经验。学者们关注民族主义在精英体育参与者生活中的作用，分析体育与民族主义是如何通过各种形式的大众传媒结合起来的。通过分析英国的体育和英国国民身份的关系可以揭示这一过程的复杂性和矛盾性。为了对研究的理论基础进行回顾，下面首先探讨民族主义研究中的一些理论范式，然后详细解释当代关于"英国性"的争议。

民族主义（nationalism）理论中，"传统-现代"的二元模式主导了民族主义的叙事模式，在这种二元论中有许多理论可以解释民族及其民族主义是如何发展的。国家是一个拥有划定领土的历史和文化区域，是一个统一的经济体，其成员具有一致的法律权利和义务（Smith，2010）。然而国家和民族这两个概念比较容易混淆，尤其是在英国，因为英格兰常常被视为英国（国家）的同义词（Colley，1996；Kumar，2003）。从本质上讲，在现代民族国家中的民族主义旨在将民族的概念置于国家框架之下，一些人指出"传统的发明"就是文化的象征并且经常是创造民族历史的方式之一。

现代民族主义的范式认为，当代欧洲人的民族国家、民族主义和民族认同完全是现代的，因为它们是于1650年以后在启蒙运动时代才开始发展起来的。现代民族主义特别重要的开端是17世纪中后期至19世纪一系列的现代革命，包括英国的光荣革命、工业革命，美国南北战争和法国大革命。现代主义者认为民族国家和民族主义是通过西方社会的现代化和精英阶层的国家政治而产生的，因此它们并没有深深植根于国家的历史发展。史密斯描述了大多数现代民族国家为何必然与公民身份和种族族群相关联，因为他观察到被卷入国家生活的民族情感不可避免地会滋生排他性和零容忍，从而导致冲突。马克思主义学者则倾向于认为民族国家是现代资本主义的发明（Smith，2010）。霍布斯鲍姆对民族主义的产生做出基于马克思主义的解释，认为民族主义是一种政治意识形态，将与现代民族国家相关的实践解释为"发明的传统"（Hobsbawm，1983b：1）。霍布斯鲍姆提出，在整个工业化和现代化时期拥有权力的政治精英创造和发明了某些国家符号，比如国旗和国歌就是用来代表特定的民族国家的象征符号（Hobsbawm，1990）。

本尼迪克特·安德森（Benedict Anderson）试图强调产生现代民族归属感和情感的文化基础，他提出民族主义实际上是被想象出来的，因此民族是现代化的产物。安德森指出现代民族国家被定义为"一个想象中的共同体，并且被想象为具备固有的有限性和主权性"（Anderson，1991：6-7）。国家之所以被想象出来，是因为居民虽然很难见到或认识其国家内的大多数人，但他们想象自己与存在于他们相对自治国家相对固定边界内的更广泛社区的成员之间存在相似之处。比利格则进一步研究了霍布斯鲍姆的发明传统如何被用来维持想象中的民族共同体，他认为国家认同是通过国家在日常生活的许多领域，包括体育运动中的行为被构建的。比利格承认国家媒体和其他文化领域的表述虽然并不直白，但仍以微妙的方式影响普通人的国家认同，正是通过不断强化如国旗、国歌、博物馆、国家历史等方面的国家象征，民族主义才会被固化。

民族主义的传统理论提供了与现代理论相反的范式，从这个角度来看格尔兹已经注意到后殖民社会是如何通过六个基本因素创造出一种共同的集体归属感的，这些基本因素包括血缘、族群、语言、区域、宗教和习俗，这些元素构成了格尔兹提出的"原始纽带"（Geertz，1994）。有学者会从国家领土的地理概念入手来理解国家和民族主义，认为其实民族关系在古代已经存在，民族主义是和人类历史一起发展起来的。因此，可以从古老的民族关系而不是现代化进程中推导出现代国家的形成过程（Smith，2010）。这需要参考与社会中多数群体有关的神话叙事，并且它们通常通过公共纪念活动得到合法化，以使大部分人民感到彼此间存在更紧密的联系。正如史密斯所描述的，传统民族主义理论支持民族象征主义，该理论旨在寻找现代民族主义意识形态重新使用民族历史符号的地方，这些符号就包括了神话和传说等（Smith，1981）。哈钦森指出文化民族主义者努力将民族传统融入现代世界，并通过民族符号、价值观和道德来团结传统主义者和现代主义者（Hutchinson，1987）。跨国生产、移民、旅行和大众传播本身已经发展了很长一段时间，自 20 世纪 60 年代以来，由于技术进步，它们出现了融合的趋势。现代化的进程中，各国在相互竞争的世界中捍卫和扩大其在国际上的影响力（Kennedy，2010）。

全球化从经济、政治、社会和文化四个维度展开，现有的研究大都针对这四个领域中的某一个领域。许多社会学家已经对全球化影响传统国家的理论进行了详细的论证，他们认为同质化与异质化的分歧是全球化研究中的方向性问题。其中，"同质化理论"认为全球化的特点是在国际层面上日益加强的文化融合。与此相反，"异质化理论"认为全球化进程维持和增强了文化多样性。从同质化的角度来看，全球化被视为一种使用新马克思主义话语解读的单一文化的形成过程，它具体表现为西方化、全球化、文化帝国主义等形式。坚持这一观点的学者将全球化视为一种单向过程，推动这个过程的核心内驱力来自主导国家的民族文化，或跨国公司迫使其他国家进行产品复制生产的做法，有时这些国家甚至会牺牲自己的民族传统来完成这种复制生产（Wallerstein，1974）。而从异质化的角度来看，全球化为世界各地不同文化之间的互动提供了机会，从而导致了新产品的出现和文化的混合，推动了身份的创造。促使许多民族国家内部文化身份混合化或克里奥尔化的全球移民无形之中改变了传统叙事的基础和同质国家身份的形象（Smith，1998）。因此，今天的文化身份变得越来越多元化。

20 世纪 90 年代中期以来，许多学者都开始对当代英国民族认同这一主题重新产生研究兴趣。1998 年英国广播公司（BBC）的记者杰里米·帕克斯曼（Jeremy Paxman）撰写的《英国人的肖像》一书在短时间内售出了几十万册。这反映了广泛的英国社会趋势——人们普遍渴望理解当代的英国性（Englishness）和英国人（the English）身份。对这两个概念的研究结合了人类学、民族学、历史学、社会学、政治学和文化理论来关注民族主义，试图以多种不同的方式展示英国人如何定义他们自己。人们对这个话题感兴趣的另一个原因是，20 世纪中叶以来，由于一系列社会问题，英国的国家认同所受到的挑战越来越多。受到全球化的影响，民族主义开始抬头，全球化被认为为新的民族主义的兴起创造了条件。对民族认同话题的兴趣的增强也可以被看作一些大国对边缘民族主义的应激反应（Delanty，2006）。

第二节　被发明的传统——板球

板球被认为是英国的代表性运动项目，拉夫堡大学荣休教授约瑟夫·马奎尔（Joseph Maguire）指出板球运动对英国人而言有身份象征的意义（Maguire，1993：297），英国传统的礼貌、顺从、温和的绅士精神可以在板球比赛中得到充分体现，因此许多研究从板球入手进行对英国国家认同的讨论。板球运动从英国开始兴起，可以说没有哪个国家的人会像英国人那样关注天气，因此很少有国家的代表性体育运动会如此容易受到自然光线、降水、湿度和温度的影响。同样，板球也与英国的地理环境产生共鸣，由板球可以唤起对英国地景的想象，让人们联想到英国南部的旖旎风光，板球的地景进而也代表了地理意义上英国南部的田园和乡村风貌（Bale，1994：159）。

关于板球和英国人身份认同的研究中最经常提到的对板球的称呼有两个，一个是"帝国的游戏"（Stoddart and Sandiford，1998），另一个则是"帝国的脐带"（Mangan，1986：153）。这也促使学者思考以下问题：板球是属于英格兰地区还是可以代表整个英国？板球独特的"英国属性"是否被夸大了？板球是否只是笼统地反映了"英国特色"（Haseler，1996：30）？如果板球是典型的英国运动，那么板球是否只是代表男性的运动？最后这个问题又带来了一个新的问题：性别、体育与国家之间的关系是什么？当我们思考板球作为典型的英国运动的地位时，我们一般会重点关注这几个问题：首先，我们会探讨板球和英国国家意识的出现，并分析在这一过程中女性形象的地位；其次，我们会探究板球的泛英代表性以及英国板球国家代表队的出现；最后，我们会分析英国的国民性，以及男性和女性球队在此项运动中的不同表现。通过这些我们可以看到板球和英国国家特征的塑造实际上依赖于对板球比赛历史的特定叙述，其强调了一些特定元素，而其他元素则被刻意淡化和边缘化。

英国著名的历史学家和作家埃里克·霍布斯鲍姆（Eric Hobsbawm）认为许多当代的传统都有相对比较新的起源，这些被"发明"的传统可能是人为刻意建构的，也可能是有组织地出现的，它们既可以是由国家主导塑造的也可以是由大众自发形成的，但本质上都是形式化和仪式化的产物。这些"被发明的传统"带来的历史感、与过去的连续性和它们的现代性形成鲜明对比，这也让现代性的变化和创新更加规律和明显。因此，"被发明的传统"巩固了个体身份的形成，并在社会发生重大变化时产生社会群体凝聚力。虽然霍布斯鲍姆特别指出在 19 世纪的最后 30 年里，标志着旧的传播和新的发明的大多数体育项目在国际范围内发生了制度化的转变，比如英格兰的足球、威尔士的橄榄球和爱尔兰的盖尔式足球"提供了民族主义的新表达渠道"（Hobsbawm，1983a），但是，需要强调的一点是板球运动的发明早于以上这些运动，并且在许多方面板球对英国特色的表达更为直接和明显。

纵观历史，形塑英国民族性格的社会过程和作为典型英式体育运动的板球的发明过程是高度重合的。民族性格的概念最早出现在 18 世纪晚期的英格兰，到 19 世纪 30~40 年代迅速发展，当时英国的民族性格被视为坚定、正直、诚实和自律，拥有巨大的能量和毅力，且十分推崇实用主义（Langford，2000）。这种变化的民族性格观念与英国的工业革命和英国作为欧洲大国的崛起有关联，当时大量出版的文学作品描绘和传播了新的英国民族性格。英国民族性格被认为体现在普通民众之中，作为对社会迅速变化的一种反应，一种对古老英国的怀旧崇拜逐渐在民间酝酿发展起来，板球之所以成为典型的英式运动就是因为它的"发明"具有适应这一过程的特征（Mandler，2006）。尽管历史表明板球的比赛规则在 18 世纪已经正式确立，但当时主要在伦敦这样的大城市的贵族社交俱乐部进行板球比赛，而到了 19 世纪中期，板球的社会意义和它独特的英国特色在当时的文学作品中已经多有提及（Bateman，2009）。在 20 世纪 40 年代英国文学家的作品中板球运动员表现出的性格特征与对英国民族性格的刻板印象非常相似。其中，英国南部乡村的怀旧崇拜有助于加强板球与特定区域的联系，因此与欧洲大陆相比，英国人独有的社会凝聚力和传统的连续性可以归因于板球运动（Pycroft，1948：63）。而女性在英格兰打板球的历史从1745年第一场女子板球比赛开始，当时的报道称之为"英格兰南部有史以来最伟大的板球比赛"（Flint and Rheinberg，1976：14）。女子板球比赛通常在已婚女子队与未婚女子队之间进行，而奖品一般为啤酒或丝带，这些比赛与今天的板球比赛几乎没有相似之处，规则和装备差异也比较大（Flint and Rheinberg，1976：20）。男子组和女子组的板球比赛规则也不相同，男性裁判男子组比赛，女子组比赛裁判则由参赛者的男性亲属担任。事实上，这暗示了女子板球的被塑造地位。后来女子板球在19世纪女子公立学校非常流行，它也被认为是宗主国与殖民地之间、不同阶级之间、不同种族之间的牢固纽带（Flint and Rheinberg，1976：108），比赛中的行为准则也与社会阶层和女性气质紧密相关。当一支以中下层女性为主的职业女子巡回赛队成立时社会反应不一，所以她们很快就解散了。她们为赚钱而打比赛在当时被认为是不合时宜的行为，并且超出了女子比赛允许的边界。

1926年英格兰女子板球协会（WCA）成立时的成员基本由上流社会妇女组成，其实关于英格兰女子板球协会成立的讨论进行了很长一段时间，支持者认为它的成立将使任何希望打板球的女性能够以严格的秩序和礼仪参加比赛（Flint and Rheinberg，1976：31）。女性意识到板球是一项与男子气概相关的运动，场地和主要设施属于男性板球运动员，因此确保女性的参加不会挑战或威胁这一典型的英国运动的男性主导地位至关重要（Flint and Rheinberg，1976）。女子组比赛和男子组比赛的分开进行使女子板球可以作为一项独立运动来进行，这种运动既符合英国特色和女性对国家的忠诚的理念，也承认女性主要是为了休闲而非竞技来打球，这一点与男子比赛是不一样的。民族性格和民族认同的概念先前很少明确被提出来，但考虑到板球被定位为民族运动，实质上它强化了民族性和男子气概的融合。因此，通过板球表现出来的英国民族性格与男性气概融合在一起，性别区隔也由此形成。被发明的板球传统的一个基本特征是板球从根本上来说是属于英国人的，但从细节上看它不属于英国的非英语人口和女性群体。所以板球对威尔士人、苏格兰人、爱尔兰人和法国人的民族性格影响有限（Bradley，1995）。许多文学作品中都描述了板球中的男子气概，但是女性则越来越多地被排除在正式的板球竞技比赛之外（Bateman，2009）。

第三节　板球与英国国家认同的塑造

有学者指出历史上大英帝国的建立既是其内部殖民主义的产物，也是英国政治、文化和经济一体化的过程，其结果是使英国社会变成了不同族群的集合整体（Kumar，2003：85），这一点在板球项目比赛中尤为明显。18 世纪后包括板球在内的民间运动在欧洲大部分地区开始兴起，板球运动因其具备新兴、现代、相对标准化的形式在整个英国流行起来。历史记录中的第一场板球比赛于 1783 年在卡马森郡进行，而威尔士学院百科全书记录的第一场正式板球比赛是 1785 年在彭布罗克郡的斯旺西的第一家板球俱乐部进行的。苏格兰板球历史则可以追溯到 1750 年（Penman，1992），该地区的第一场正式板球比赛通常被认为于 1785 年举行（Siggins，2005）。但是，更为大众所广泛接受的说法是第一场正式的板球比赛是 1792 年由英国军队驻军成员与爱尔兰人所组成的球队在都柏林凤凰公园举行的比赛。需要特别指出的是 1727 年爱尔兰人马修·布罗德里克与里士满公爵合作制定了现存最古老的一套板球规则。

虽然都共同经历了殖民历史，但是事实上欧洲各国的殖民经历存在相当大的差异，其表现在时间先后、地理边界、内部团结与分裂、殖民者的冲突程度以及宗教等方面。不过这些国家体育比赛的传播主要是由教育、军事和社会整合方面的不同机构推动的，个人价值可以通过参与比赛来实现，这进而塑造了个人的社会认同（Malcolm，2013）。因此，在这些地方，板球在广泛的社会人群中变得越来越流行。在苏格兰有以格拉斯哥为中心的球队，即使在一些偏远地区也有很多热情高涨的板球球迷，矿区、乡村、城市的绝大多数社区都有自己的板球队。爱尔兰的板球潮流到 1870 年达到顶峰，因为当时在爱尔兰所有 32 个郡都开展了板球比赛（Gemmell，2010）。板球运动渗透到当地社会的各个领域，爱尔兰民族主义运动的领袖约翰·雷德蒙德和查尔斯·斯图尔特·帕内尔都对板球运动非常感兴趣。爱尔兰移民对澳大利亚板球运动发展的巨大影响进一步印证了这一点。总之，19 世纪板球在英国各地都获得了热烈欢迎和广泛普及，史料记载到 1860 年板球已成为爱尔兰最受欢迎的运动，19 世纪 80 年代初期在苏格兰板球成为受欢迎程度仅次于足球的运动（Tranter，1987）。板球在英国的发展历史表明该运动的独特英国性在实际中有被夸大的成分，在发明英国板球传统的过程中英国人刻意强化了英国特色核心——英国认同，以让更多人能表达其英国国家身份认同（Nagel，2005）。

英国的民族主义被视为一种特殊的帝国形式的民族主义，板球为英国的民族主义提供了完美的体育载体。当穿着正式比赛服装的球队在观众面前比赛时，比赛双方平等且相互尊重对方选手，而板球比赛经常没有明显的赢家或输家。在英国板球被视为一项皇家的运动，但即使这样也无法将板球与广大的基层社会民众隔离开来，这种趋势在 20 世纪 90 年代中期以后伴随着英国国内爱国主义情绪的日益高涨不断发展（Stoddart and Sandiford，1998）。随着殖民帝国的瓦解，全球化和欧洲一体化趋势加强，板球运动也开始引起更广泛的社会共鸣。起初这表达了所谓的英格兰人心态，它在捍卫传统和抵制变革方面起到了很明显的作用（Edmunds and Turner，2001）。这之后人们开始发现印度和巴基斯坦逐渐成为全世界最主要的板球强国，无形之中板球运动体现了英联邦内部的移民关系，人们开始关注少数族裔球员如何在英国板球队中谋求发展（Malcolm，2013）。但从 20 世纪 90 年代中期开始出现了一种新的相互竞争的叙事，其基于承认民族身份流动性的观点，以更强的族群身份开放性和包容性为标志。这种叙事转变的最明显标志是"巴米军"（Barmy Army）的出现，这是一群在海外支持英国板球队的英国板球迷。他们最初的口号是"热爱英格兰，热爱板球，热爱板球运动员"，这表明了球迷的主要动机是在比赛中获得乐趣，同时对比赛施加影响并塑造民族认同。起初他们遇到了相当大的阻力，报道板球比赛的记者担心英国的足球流氓已经渗透到板球这一具有代表性的英国比赛中。所幸这一担心并没有变成现实，而板球潜在的商业影响力让其受到了体育行业的欢迎和接纳。2005 年英格兰战胜澳大利亚的板球比赛使板球中的爱国主义情绪表达引起了英国公众的广泛关注。期待已久的胜利和特殊的竞争方式获得了媒体的广泛报道，这促使板球比赛这种特殊的民族主义表现形式开始流行起来。对球队胜利的庆祝也是表现球队多元化族裔构成的一种方式，英格兰球队的安德鲁·弗莱迪·弗林托夫（Andrew Freddie Flintoff）被视为英国的标志性人物，他体现了板球比赛中勤奋、忠诚、勇敢、可靠、脚踏实地的体育精神。因此，这里出现了现代性的英国特色，它既受时代发展的影响，又植根于 200 多年来人们所描绘的英国传统民族性格，这种适应性对于通过板球保持典型的英国运动特色非常重要。

作为典型的英式运动的板球有着悠久的历史，它是被人们传承的文化遗产，在全球化深入发展的今天仍然受到欢迎，同时维持板球传统也是对激烈时代变革的一种抵制。但是板球发展也存在一些问题，比如人们仅仅将男子板球与英国国家认同相结合，因此他们建构的典型的英式体育比赛有着明显的以男性为代表的特征，直到今天女性仍然没有被纳入这个典型代表之中。

第四节　体育与英国社会世俗化

近年来围绕体育和国家认同的关键叙事的研究也越来越多。马蒂森在分析这种研究中理解体育的功能性方法时使用了"公民宗教"一词（Mathisen，2005），他指出当今个人经常在体育活动中或是通过身体运动探索自我意义、价值、身份认同（Uszynski，2016）。随着时间的推移个人和集体的身份认同都会发生转变，体育可以被用作地缘政治权力博弈和展示民族自豪感的民族主义工具，奥运会奖牌榜就可以显示一个国家的实力。自 20 世纪初以来，人类学、社会学和历史学理论被广泛应用于体育研究之中。体育史学家古特曼运用韦伯经典理论解释体育历史时指出，世俗化的现代体育有效地切断了其自身与神圣的联系，并且基于许多与罗马的体育模式相似的方式和功能成为娱乐和民族认同的来源，不过这种世俗化的范式是非常复杂的，并且不同学科理论之间的分歧也非常大（古特曼，2012）。

在对英国体育与其国家认同之间关系的讨论，以及对现代体育本身发展脉络的分析中，大家的共识是 19 世纪中叶的一些体育活动就是从一系列规则比较松散的娱乐消遣活动中转变而来的，这些早期的体育游戏在英国公立学校中开始被结构化和制度化（Watson et al.，2005）。有学者指出这些转变主要是由教育机构的治理和实践机制的变化引发的，比如1828~1842年英国中部地区的拉格比公学校长托马斯·阿诺德（Thomas Arnold）对此就曾作出了巨大的贡献。19世纪早期的英国公立学校文化具有巨大的社会影响力，但是这些学校一般比较缺乏领导力和秩序感，这也是1828年托马斯·阿诺德接手拉格比公学时要解决的首要问题。阿诺德曾就读于温彻斯特公学和牛津大学，接受过系统教育，他下定决心要通过引入新的管理方式和新的课程体系来改变学生不守规矩和轻视道德约束的情况。阿诺德体育课程改革的核心是将性格冲动的年轻人转变为品格良好的绅士。他不是单纯让学生玩游戏，而是坚持将体育教育作为道德品格的培养手段，并让年级较高的学生承担更多的责任，将体育运动作为让学生遵守纪律、获得尊重和习得男子汉气概的重要途径（Hargreaves，1986），阿诺德的改革措施在英国的公立学校中迅速传播开来。此外，这一改革措施传播的动力还来自当时一些著名的文学作品的巨大社会影响力，它们对英国体育与国家认同关系的建立也产生了深远的影响。

历史学家指出，从19世纪50年代起体育运动尤其是足球、橄榄球和板球成为英国社会生活中日益突出的一个方面，公共体育赛事也受到了广泛的社会支持。除了体育活动，在大众闲暇时间中还出现了一系列的休闲活动，这些活动包括下午茶、野餐、游戏娱乐和聚会等，这些活动以一种新的方式保留了英国特色。图书馆以及国际象棋、台球、网球和自行车等俱乐部的正式建立也表明了这一点，其中乒乓球、曲棍球、体操和健美操俱乐部主要面向女性。

这些体育活动的举办和体育组织的建立使一个复杂的社会活动网络发展起来。1850年，新教开始在英格兰接受体育作为一种合法世俗的生活方式，反过来说体育运动在这个时候促进了英国教会的广泛世俗化。当然，围绕体育活动在教会生活中的作用存在持续且激烈的争论，其中包括围绕体育活动具体时间分配的争执。事实上民族主义也并没有远离类似的辩论。虽然最早的几支威尔士橄榄球队是由教会创立的，但一些被认为不守规矩的人经常被阻止参加球队。其中一些宗教人士不太重视体育的价值，将其视为一种暂时的消遣，因此为了完成生活中更重要的任务，体育可以被搁置一旁。但是，从19世纪下半叶开始新教教会与英国体育之间的关系日益密切。从19世纪中叶开始教会更倾向于在基督教的背景下开展体育运动和休闲，尽管这种鼓励有其特殊目的性——旨在根除清教主义以及由此产生的对普通世俗生活的疏离。可以说，在维多利亚时代体育不仅体现了更广泛的社会层面上的紧张和冲突关系，还成为英国新教教会内部以及英国国内宗教博弈的场域之一。

在20世纪初英国的新教与体育的关系的密切程度达到顶峰，这也预示着体育领域内更广泛的发展的开始。19世纪中叶之后一些体育运动开始制度化，并建立了多个体育管理组织，其中最主要的是1863年成立的英格兰足球协会。第一次世界大战后英国的公共体育运动场逐渐增加，在《1944年教育法》颁布实施之后体育课程成为英国公立学校的必修课。1937年颁布的《体育锻炼和娱乐法》要求英国地方政府需为体育俱乐部提供必要的设施。但是，二战的爆发阻止了这一进程。战后经济逐渐恢复，1966年英国体育委员会成立后，政府才重新开始对公共体育的社会供给。

与许多欧洲国家的情况一样，英国在20世纪下半叶还见证了世俗化体育带来的繁荣。从1965年起，地方社区在工作日晚上、周末和假期对学校体育设施的使用助推了这一点。同样，在1960年之后，高尔夫、网球、帆船、射击、壁球和其他运动的商业化程度也在不断提高。20世纪80年代开始，健身俱乐部如雨后春笋般大量出现，这进一步促进了体育活动的发展繁荣。在英国文化中体育与宗教的正式剥离开始于20世纪初，尽管这更多是源自两次世界大战、1929年的经济大萧条和一系列社会结构重大改变所带来的影响，而不仅是由个人对宗教信仰依赖程度的下降所引起的。第二次世界大战之后人们对社会制度进行了批判性的反思，与此同时体育机构的定位也开始越来越专业化、商业化和世俗化。世俗化的力量也通过体育参与、体育实践和组织管理的变化得到了验证。比如，在20世纪90年代英国青年足球联赛时间从周六早晨更换到了周日早晨，而周日早晨一般是去教堂的礼拜时间，因此这直接影响了年轻人尤其是年轻男性去教堂礼拜的积极性。这也使得在社区中，体育活动变成了与宗教活动争夺年轻人的主要竞争对手之一。

第五节　体育与英国的国家历史

在 19 世纪中叶，查尔斯·金斯利（Charles Kingsley）和托马斯·休斯（Thomas Hughes）的作品讨论了体育运动与英国民族认同之间的关系，并产生了巨大的社会影响力。在休斯 1857 年的作品中，主人公汤姆·布朗的性格和价值观主要是在他学生时代的橄榄球学校得到塑造。作者休斯本人在 1834~1841 年就是阿诺德橄榄球比赛中的参赛学生。汤姆·布朗在学生时代所获得的崇高道德价值感和体育精神共同构成了后来所谓的肌肉基督教主义的思想基础。肌肉基督教主义强调精神、道德和身体上的卓越以及男子气概，它们共同促成了个人性格的改进和对身体的重视；"肌肉基督教主义"也强调受人尊敬、勇气、节制和团队精神等品质。现代奥林匹克之父皮埃尔·德·顾拜旦曾提及，他也对金斯利和休斯两位英国作家的小说非常熟悉，并深受他们作品的影响。

顾拜旦对这些文学作品的赞赏表明了这些理想不仅塑造了英国国家认同，而且已经传播到英国之外的欧陆地区。事实上，体育运动作为英国文化输出的一个关键方面也成为其殖民统治的一部分。第一次工业革命后英国成为技术进步和国家治理的典范，英国在全球范围内成为经济和产业主导者，体育和竞技比赛也顺势成为其争夺人心的有力工具，其核心要素则是文化主导和同化。从这个意义上说，宗教世俗化的出现和随后的发展促进了英国体育的广泛传播。

回到 19 世纪早期和中期的关键体育人物、活动和组织，我们通过全面回顾维多利亚时代，将此研究置于更广泛的社会历史文化背景下。就体育运动的形成和传播而言，可以看出在英国寻求扩大其殖民统治范围的时候，英国公立学校培养了一代代政治和军事领导人，因此这些毕业生在海外推广一整套典型的英式生活方式显得并不奇怪。19 世纪英国工业化的迅速开展和由此产生的社会动荡引发了重大的社会变革，这带来了住房、工作和社区的变化，反过来又在社会精英中引发了一系列的焦虑，其涉及健康、卫生、福利和生产力等方面。这导致社会精英阶层渴望通过温和的生活方式、价值观和习惯来改变普通劳动人民的行为，能实现这一目标的运动被称为"理性消遣"（Holt，1989）。简而言之，理性娱乐中包含着社会精英将大众的注意力从传统社会消遣转向新式的休闲和娱乐活动，进而改革社会的意愿。改革者表示需要用新的休闲活动来取代令人生厌的旧习俗，比如酗酒、赌博和暴力运动等，以让理性行为代替这些不理性、不文明和不守规矩的行为（Clarke and Critcher，1985）。

随着教会特别是英国国教的影响力下降，其道德化的力量逐渐消散，在农村社区分裂和地方宗教领袖的影响力减弱的情况下，立法和压制开始被视为应对变化的机制。根据这种观点，维多利亚时代的体育运动不仅作为一种新的文化吸引力形式出现，而且也是一种广泛应用的社会纪律维持和控制手段。社会精英担心工人阶级休闲时间的娱乐过于集中在某些活动上，经常光顾同样的公共场所，这些活动本身包含一些体育色彩。事实上对许多人来说，体育活动和饮酒是伴生的，酒吧成为体育活动的代名词，既可以作为球迷交流的场所，也可以作为有组织的竞技活动观看场所（Mason，1980），因此在这些场所搭建拳击台和架起保龄球桌并不鲜见。此外，随着体育融入大众文化生活，工薪阶层的男性开始热衷聚集在一起观看体育赛事，对于许多人来说在周六半天的观赛中可以培养出新的社区认同感。至少在大众文化层面，19 世纪后期的英国体育被视为阶级分化的场域，英国精英阶层试图规范和制度化大众的体育消遣，并借此根除所谓的不守规矩的行为和工人阶级生活中的享乐主义。工人阶级则保持在闲暇时间休闲的习惯并自由追求新体育形式，体育业已成为英国和更广泛的英式文化的一部分，也是其日常生活的重要组成部分。

小 结

英国体育与国家认同的关系深植于其特殊的历史和文化背景之中。从历史上看，英国体育是一股凝聚力，将来自不同背景和地区的人们聚集在一起。许多现代体育运动，如足球、板球和橄榄球的起源，都可以追溯到英国，说明这些活动几个世纪以来一直是英国人身份认同中不可或缺的一部分。这些运动不仅成为全国性的消遣，而且是英国独创性和文化影响力的象征，通过大英帝国的扩张传播到全球。从文化上讲，体育在塑造和表达英国国家认同方面发挥了重要作用。足总杯、温布尔登网球公开赛和灰烬杯系列赛等标志性赛事不仅仅是比赛，它们是团结国家的文化仪式。这些活动提供了一种连续性和传统感，将现在与过去联系起来。英格兰队在1966年夺得国际足联世界杯冠军、安迪·穆雷在温布尔登网球公开赛中夺冠等体育成就都与民族自豪感息息相关，凸显了体育英雄及其成就如何成为国家精神和韧性的象征。体育也反映了英国社会和政治的变化。体育的发展以及不同阶层和性别的参与度不断提高，反映了社会包容性和平等性增强的广泛趋势。此外，英国举办2012年伦敦奥运会等全球性赛事不仅展示了其组织能力，还展示了其多元文化精神和对庆祝多样性的承诺。总之，体育与英国民族认同之间相互交织的关系凸显了前者在历史和文化层面的重要性。体育是国家价值观的一面镜子，是民族自豪感的源泉，也是分裂时期的凝聚力。当英国在快速变化的世界中不断探索自己的身份时，体育仍然是其文化遗产的重要组成部分，也是其集体精神的重要象征。

第十一章　体育与澳大利亚的国家认同

体育在澳大利亚不仅是娱乐消遣，还是国家认同的构筑基石。从灰烬杯的板球场到奥运会的游泳池，体育长期以来一直是澳大利亚人身份的标志。从历史上看，体育在塑造国家认同、培养团结感和自豪感方面发挥了关键作用。该国在板球运动中的成功，特别是在灰烬杯板球系列赛赛场上对阵英格兰的比赛中的胜利，不仅增强了国家自豪感，还象征着澳大利亚在世界舞台上的独立性和独特性。墨尔本杯、澳大利亚网球公开赛和澳大利亚澳式足球联盟（AFL）总决赛等重大体育赛事不仅是比赛，而且是将各行各业的人们聚集在一起的国家庆典。这些活动强化了集体认同和共同遗产，凸显了体育在国家社会结构中的重要性。本章将深入探讨体育如何成为表达和强化澳大利亚民族认同的重要载体，研究澳大利亚体育的发展历史里程碑、文化影响和当代发展。通过了解体育在澳大利亚人国家认同中的作用，我们可以理解它如何塑造和反映澳大利亚的国家价值观和愿景。

第一节　体育与民族刻板印象

民众的体育参与程度在一定程度上可以展现一个民族的固定形象，包括澳大利亚在内的许多国家都对体育展现出极大的民族热情。1988 年夏季荷兰足球队在德国汉堡举行的欧洲足球锦标赛半决赛中以 2∶1 击败德国队，尽管这一天并不是周末，但超过半数的荷兰人走上街头欢呼，这是荷兰自 1945 年结束德国占领以来最大的公共庆祝活动。看起来这似乎是通过庆祝体育比赛胜利来表达战争遗留下来的情感，然而民调显示大多数参加这次庆祝的人与二战的亲历者已经相隔两代人，而这些荷兰青少年对德国的负面情绪更甚。在 1988 年之前荷兰和德国球队曾多次在比赛中相遇，最著名的是 1974 年的国际足联世界杯决赛，然而当时荷兰民众的反应并不像 1988 年那样强烈。战后 40 年间似乎战争记忆不断被加强，而且这种记忆强化在年轻人中表现尤为明显。数据统计显示，在荷兰足球队表现好的年份里荷兰的啤酒销量会更好，当然，酒精并不是直接影响 1988 年荷兰人足球比赛胜利之后狂欢的最主要因素。

1990 年在意大利举行的国际足联世界杯比赛中爱尔兰足球队第一次进入八强，这在爱尔兰的首都都柏林引发了一次全国性的欢腾，直接参与庆祝活动的人数超过全国总人口的 15%，大家聚集在一起欢迎球队从意大利凯旋。甚至爱尔兰航空公司暂时将这架搭载球员回国的飞机命名为"圣杰克"号，以致敬球队的总教练杰克·查尔顿。1990 年之后爱尔兰人对国家足球队的热情明显高涨。首先，爱尔兰足球队当时刚在国际上崭露头角，1988 年的欧洲锦标赛是其第一次获得进入决赛的资格。爱尔兰的足球过去不被该国体育管理部门重视，为了追求纯粹的盖尔运动，盖尔体育协会（GAA）一直到 1972 年还禁止其成员参加足球等所谓的外国运动。其次，正如爱尔兰航空公司的飞机命名所反映出来的那样，球队的成功很大程度上要归功于其教练——1986 年上任的英国人杰克·查尔顿，他曾在 1966 年参加过英格兰的国际足联世界杯。在这之前爱尔兰国家队任命一名外国教练是无法想象的，更不用说这位教练还是英国人。再次，这个比赛队伍的组成体现了对"爱尔兰人"更包容的理解。教练查尔顿巧妙利用了国际足联的比赛规则，允许球员代表他们的父母或祖父母出生地的国家，他成功地将有着英格兰、威尔士和苏格兰口音的球员，以及爱尔兰籍的黑人球员纳入爱尔兰队。球队的后卫保罗·麦格拉思（Paul McGrath）的母亲是爱尔兰人，父亲则来自尼日利亚，保罗本人出生在伦敦，两岁被带到都柏林生活。

民众参与体育的兴趣水平通常存在很大的差异，这涉及参与体育运动背后的不同动机。在参加致力于跨越族群、性别、年龄等区隔的国家体育运动时，这种差异经常又被搁置在一旁（Poliakoff，1987）。爱尔兰裔美籍作家弗兰克·麦考特（Frank McCourt）回忆，在他的童年把大家团结在一起的运动是橄榄球，当爱尔兰橄榄球队赢得 1948 年的三冠王和 1949 年的大满贯时，大家聚在一起欢呼庆祝。体育运动确实可以把大家团结在一起，很多人认为这是一个民族古老传统的体现，但是荷兰人和爱尔兰人在足球运动中所取得的成绩表明，庆祝的方式实则具有非常明显的时代特征。当我们把不同年代的澳大利亚百年庆典主题放在一起比较时，这一点会更加明显。体育活动在 1988 年澳大利亚庆祝白人定居 200 周年的庆典中发挥了重要作用，并且在这一年各体育项目都举办了自己的国际比赛；而在 1888 年的澳大利亚百年庆典上并没有这样的体育项目。这是因为在 1888 年国际旅行比 100 年后困难得多，1888 年百年庆典中四个最重要的主题是：1788 年第一支英国舰队登陆澳大利亚、澳大利亚社会和经济的发展、澳大利亚在世界上的地位，以及澳大利亚百年来社会发展所取得的成就。这些主题中只有"澳大利亚在世界上的地位"这一主题在 1988 年的庆典中被保留，其他主题则被替换为：澳大利亚人与土地的关系、澳大利亚文化的多样性、澳大利亚宏观历史的构建——鼓励庆祝原住民的节日。

2007 年 11 月英国卫报的网站报道中评论描述澳大利亚人外向且热爱运动，美国人咄咄逼人，德国人则尽职尽责，尤其是在体育方面德国人富有条理。2006 年国际足联世界杯东道主德国试图改变其这一刻板形象，并热情地欢迎来自世界各地观看世界杯的游客。关于对国家刻板印象的描述，2005 年美国研究人员收集并比较了来自 49 个国家的两组数据：第一组数据来自在一些国家开展的调查，在调查中研究人员询问了 4000 名受访者他们认为自己国家国民的典型形象是什么；第二组数据来自面向这些国家总共 27000 人的性格测试，测试内容集中在神经质、外向性、开放性、随和性和尽责性这五个人格衡量标准上。调查结果表明，澳大利亚人认为自己性格外向，德国人认为自己非常尽责，加拿大人认为自己比大多数人更随和。但在大多数情况下，这些刻板印象与每个国家普通国民的实际特征几乎没有直接关系。研究表明，尽管德国人的形象是尽职尽责，但他们在这一特征上的得分与土耳其人几乎相同，而土耳其人认为自己相当不可靠。总体而言，对民族性格的刻板印象并不基于与该民族成员一起生活的人的观察，相反它们主要受到社会建构的影响，群体内对本民族性格的看法可能会提供有关文化的信息，但其不能描述个体本身（Byers，2003）。

虽然这项研究质疑了所谓的国家刻板印象，但它也表明了对澳大利亚人常见刻板印象描述的一些合理性。当然这些结果还有两个非常重要的前提限定。首先，该研究比较的是不同国家的平均水平，一般而言一个国家国民内部人格类型的差异远大于国家之间国民平均水平的差异，人们看待自己民族性格的方式也存在一些差异。其次，特定情境以及情境的变化会影响人们对一个国家的刻板印象。随着时间的推移，人们会强调或淡化民族文化中的特定元素。一个国家的国民在对国家典型特征的认识上存在巨大的差异，如果这些差异随着时间而变化，那么就应当思考是谁或什么因素"创造"了"民族形象"。美国历史学家彼得·诺维克（Peter Novick）认为，这些民族刻板印象的形成与当前社会现实有很大的关系，其中最重要的是集体意识的记忆。这些记忆既是关于现在的，也是关于过去的，并且会促使我们反思"我们是谁？"这样的问题（Novick，1999）。

第二节 体育与国家象征

1905年当威尔士橄榄球队与新西兰橄榄球队在赛场相遇时，新西兰人以毛利人的战舞开始比赛，威尔士队的回应则是公开播放了威尔士名曲《我父辈的土地》。舞蹈和歌曲作为象征符号被认为具有一定的象征意涵，它们的广泛使用可以从美国的国家符号形成历史过程中看出。山姆大叔（Uncle Sam）是美国的绰号和拟人化形象，一般被描绘成为穿着马甲礼服、头戴星条旗纹样的高礼帽、身材高瘦、留着山羊胡、帅气、精神矍铄的老人形象。美国人将"山姆大叔"视为诚实可靠、吃苦耐劳及爱国主义精神的象征，山姆大叔直到19世纪晚期才成为常见的美式象征，与此同时美国的学校开始要求悬挂美国国旗。感恩节等重要的全国性庆祝活动在1861~1865年美国南北战争后才逐渐流行起来，倡导这种庆祝活动的目的是为一个分裂的国家提供统一的国家象征。18世纪时法国的国家象征符号《马赛曲》诞生了，1879年其成为法国国歌。而早在法国大革命中就出现的另一个形象"玛丽安娜"（Marianne）也被认为是法国的象征。与代表法兰西民族及其历史、国土与文化的"高卢雄鸡"相对，"玛丽安娜"代表了作为一个政治意义上的国家（state）的法国以及她的价值观念，2024 年巴黎奥运会也采用了"玛丽安娜"的形象。法国保守派政府曾试图压制这些象征，而这些象征又被激进的反对派所用。除了这里提到的美国和法国的国家象征，近年来许多国家也开始积极塑造国家形象。那为什么在 19 世纪 70 年代和 80 年代会频繁出现新的国家象征符号呢？因为在这一时段对民族国家象征形象的塑造代表了一种新兴的民族主义认同现象的出现。

在 19 世纪 70 年代之前大众对民族主义和国家象征的热情并不高涨。本尼迪克特·安德森（Benedict Anderson）指出民族是"想象中的共同体"：共同体中的人们认为他们有很多共同点，尽管他们从来不认识，甚至从未亲眼见过共同体内其他大多数成员。这种超越地域的"共同体感知"不可能存在于封建社会，因为在封建社会地主和农户之间泾渭分明，并且他们的语言习惯也并不相同（安德森，2011）。19 世纪后期社会经济技术等因素助推了国家象征符号的发展。安德森强调，其中最重要的因素是印刷业的大规模发展，尤其是报纸的发展。报纸的发行范围覆盖了具有相似阅读习惯的社区，潜移默化中形成了特定的地方语言区域。尽管早在 19 世纪 50 年代以前报纸就已经存在并影响了中产认同的形成发展，但随着 19 世纪后期普通民众识字率的提升，报纸才真正拓展了民族主义的覆盖范围。安德森认为，塑造国家形象的第二个重要因素是 19 世纪后期现代国家的发展，地方行政、铁路、邮政系统，以及大众教育机构等都被用作传播民族主义的渠道。在这些机构发展之前，固化的地方农民经济使普通民众保持自己的地方语言系统，也不会将自己视为更广泛群体的一部分。安德森谈到的第三个重要因素是特许经营权的扩展，伴随特许经营权被广泛地推广，地方政府需要沟通机制和象征符号来在不断扩大的地域范围之内保持沟通（安德森，2011）。但是，在 19 世纪后期这些鼓励国家象征符号发展的因素的解释力并不够，民族主义的现代化发展动力与民族主义者强调争取支持的历史形象和符号之间也存在某种矛盾。在 19 世纪后期创造国家符号可以被视为一种类似品牌营销的手段，试图让人们接受某一特定固化的国家形象，到今天这种基于国家象征形象的政治操作仍被沿用。

以前民族主义象征符号的范例主要来自历史资料，比如法国大革命相关资料，但从 20 世纪 20 年代起民族主义者开始转而关注体育比赛场上的国家队。在探究这种转向的原因之前，可以思考体育如何成为国家形象的重要组成部分。1990 年 4 月《洛杉矶时报》报道了一场围绕国家认同进行的"板球测试"，其特别面向居住在英国的印度和巴基斯坦移民开展。报道指出，英国的大部分亚裔未能通过测试，而他们在比赛中为哪一方欢呼助威则是一个有趣的问题。这个时候人们还会思考你来自哪里或现在在哪里吗？有学者对这种测试的有效性提出了质疑，指出许多不同的因素，包括国家忠诚度、居民身份、比赛质量、对比赛的整体兴趣等都会对观众产生影响。但是一般民众显然更容易接受《洛杉矶时报》报道的这种看法，他们认为支持国家队可以代表某种程度的国家认同。这种讨论反映出在审视国家象征符号的传播时，我们需要同时考虑支持者的动机和其他群体的反应。其实类似"群体认同"的概念经常在体育话题中出现，同时包括《洛杉矶时报》在内的报纸在促使国家成为"想象的共同体"方面的重要性上文也已提及。在纸媒兴盛的年代，报纸编辑们很快就意识到体育在吸引读者方面的巨大潜力，但是国际竞技体育的发展显然落后于报纸扩张的速度。虽然现代奥运会可以追溯到 1896 年，但早期的奥运会只吸引了少数运动员，媒体也很少关注。奥运会比赛本身的结构是一个问题，它通常与世界博览会一起举行，比赛持续大约 3 个月。1932 年的洛杉矶奥运会是第一届采用现代赛制的奥运会，对参赛者和观众更友好，比赛持续了两三周。在此之前举办的 1924 年的巴黎奥运会是第一届真正成规模的奥运会，因为有 44 个国家派出了运动员和 1000 名记者参加此届奥运会。

因此，政府有意识地将体育作为国家建设的一部分，但结果也可能在意料之外，因为一些复杂性和偶然性使体育在反映国家认同的某些方面遇到了困难。尽管许多人试图将某些体育项目当作特定国家的象征，但这些国家的形象本身并非清晰固定的，相反它们往往是复杂模糊的，就像个人身份一样，其会随着社会变化而改变，同时其呈现方式也会发生改变。

第三节 体育与澳大利亚的国家象征

迄今为止澳大利亚在任时间最长的总理孟席斯（Robert Gordon Menzies）

对 20 世纪 50~60 年代的澳大利亚政坛产生了重要的影响，他也是澳大利亚板球队的忠实支持者。在与英格兰队的板球测试赛中，他还曾自称为"英国人"。虽然 20 世纪 60 年代孟席斯这种国家认同并不普遍，但这也从侧面说明了澳大利亚国民国家认同的复杂性，而澳大利亚的移民经常会感受到双重国家认同。在体育赛事中大家对澳大利亚的认同更为强烈，但是在 20 世纪 60 年代之前对于澳大利亚的富裕阶层来说，他们在文化方面普遍更加倾向接受所谓的"英国性"。著名经济学家阿马蒂亚·森（Amartya Sen）认为国籍只是一个人身份的组成部分，并且也不一定是主导部分（Sen，2006）。如何表达民族感情，以及表达哪些感情，在很大程度上取决于具体的情境。此外，民族主义情感被诉诸的方式以及人们对这些情感的反应也很重要。在澳大利亚，重要的体育赛事中会播放国歌、升起国旗，这些都是与体育成就相关的国家象征；许多体育英雄因表现出"澳大利亚和新西兰军团精神"而受到大众的称赞。澳新军团是一支参加过第一次世界大战加里波利之战的联军。澳新军团在土耳其加里波利登陆的日期（4 月 25 日）在澳大利亚和新西兰被定为法定假日——澳新军团日，在其他国家的澳新侨民将其作为民族节日庆祝。

澳大利亚人普遍认为在第一次世界大战中最能代表澳大利亚的核心象征是"辛普森和他的驴"。辛普森曾参加 1915 年澳新军团在加里波利的战斗，他用他的驴将受伤的士兵从前线驮运回来接受治疗。为了纪念辛普森，战争结束后他的雕像被放在了堪培拉的澳大利亚战争纪念馆前的台阶上。澳大利亚传记作者称他为加里波利一切纯洁、无私的英雄的象征，1965 年纪念加里波利登陆 50 周年的邮票也印有辛普森和他的驴。但是如果我们再往前追溯，人们对辛普森作为偶像的记述少得多，1956 年出版的一本关于加里波利之战的书根本并没有提到他。20 世纪 30 年代军方并不支持在墨尔本建造辛普森纪念馆的呼吁，1935 年当归国士兵游说政府发行邮票以纪念加里波利登陆 20 周年时，也没有人提出辛普森和他的驴应该印在邮票上。邮政局局长认为一般来说纪念这场战争的邮票应该反映大英帝国的军队而非澳大利亚的军队，因此邮票上印有一张伦敦白厅纪念碑的照片。辛普森本人的形象其实也是随着时间而不断地改变的。他在 1915 年 5 月去世后，一张他与驴的照片被刊发在《悉尼先驱晨报》上，并被广泛用于征兵宣传。有报纸的报道描述他是一个身高一米八的澳大利亚人，会讲一口流利的英式澳大利亚英语。但是，事实上辛普森身高一米七，他到1910年才从英格兰东北部的纽卡斯尔来到澳大利亚，说的也是英格兰口音的方言。因此可以说，符号的力量来自它的起源，以及人们呈现和使用符号的当代方式。

此外，不同的描述动机也可能对国家认同符号产生影响，这些则可以通过澳大利亚国歌的变化看出来。澳大利亚土著田径名将凯茜·弗里曼（Catherine Astrid Salome）在2000年悉尼奥运会上获得了400米跑冠军，在赛后的颁奖仪式上体育场内超过10万名观众集体爆发出热烈的欢呼。长久以来国旗和国歌一直在奥运会颁奖仪式中发挥着巨大的作用，它们能够让现场和观看转播的观众激动不已、心潮澎湃。但是，1952年当澳大利亚人雪莉·斯特里克兰（Shirley Strickland de la Hunty）在赫尔辛基赢得80米栏奥运会冠军时，颁奖礼上分别播放了两首澳大利亚国歌：《前进，美丽的澳大利亚》（Advance Australia Fair）和《天佑女王》（God Save the Queen）。其中，《前进，美丽的澳大利亚》于1984年被正式确定为澳大利亚的国歌。而《天佑女王》是英联邦国家和英国皇家属地作为国歌或皇家礼乐使用的颂歌，它在历史上曾广泛在大英帝国及英联邦国家作为国歌使用，现时在部分英国海外领土仍作为国歌使用。澳大利亚在1984年后、加拿大在1980年后不再将此歌作为国歌，但仍将其作为皇家礼乐或王室颂歌使用。1952年的奥运会组织者认为澳大利亚作为一个独立国家参加奥运会，其国歌应当与英国国歌不同。但是这在当时引起了轩然大波，因为澳大利亚的官方国歌当时还是《天佑女王》。所以这届奥运会采取了史无前例的举措，为斯特里克兰演奏了两首国歌。第二次世界大战后澳大利亚人开始在颁奖典礼上演奏两首国歌，对国歌的态度也发生了一些微妙变化，越来越多的人支持将《前进，美丽的澳大利亚》作为澳大利亚的国歌。

但这种变化并不平顺并且经历了一些波折。在1956年墨尔本奥运会的颁奖典礼之前，澳大利亚新国歌已经获得了一些支持，然而任何提议都必须得到奥组委主席威尔弗雷德·肯特·休斯（Wilfred Kent Hughes）的同意，后者是英帝国坚定的支持者。1956年奥运会后不久，盖洛普发起了一项调查，让澳大利亚人在《天佑女王》和《前进，美丽的澳大利亚》之间做出选择。根据调查结果，2/5 的澳大利亚人希望《前进，美丽的澳大利亚》在体育赛事中作为国歌播放，但《天佑女王》保留在正式的全国性活动中播放。在接下来的 7 年里对《天佑女王》的支持率急剧下降，到 1972年仅有 1/5 的澳大利亚人支持以《天佑女王》作为国歌。战后几年澳大利亚人对国籍的态度也发生了变化，1946 年 7 月 60% 的人自认为英国人，而认为自己是澳大利亚人的占 37%；而到 1968 年底，只有 11% 的人自认为英国人，76% 的人自认为澳大利亚人。这些变化受到澳大利亚人口构成变化的影响，1947 年 90% 的人口出生在澳大利亚，超过一半的海外出生人口来自英国。到 2006 年经过 50 年的移民，76% 的人在澳大利亚出生，而英国人不到海外出生的人口的 1/4。为应对公众态度的变化，1973 年，当时的澳大利亚总理高夫·惠特拉姆（Gough Whitlam）宣布将确定一首独特的澳大利亚国歌。1974 年澳大利亚人口普查和统计局对 60000 人进行了一次全国性的民意调查，一半的受访者表示更喜欢《前进，美丽的澳大利亚》，政府于 1974 年 4 月将其正式确定为澳大利亚国歌。但是，政府仍将《天佑女王》与《前进，美丽的澳大利亚》一起保留作为国歌。到 1984 年，《前进，美丽的澳大利亚》最终被永久确定为澳大利亚官方国歌，此举得到了民众的普遍支持。

随着时间的推移，可以看出澳大利亚人对其国歌的选择决定受到了时代政治气候的影响。这些政治和社会动议也促使澳大利亚人反思他们的另一个重要的国家象征——澳新军团。在 2004 年雅典奥运会上一名垒球运动员鼓励他的同伴队员"想想澳新军团，因为它会激励我们"，队员们也随声附和。20 年前当澳大利亚Ⅱ号帆船在美洲杯的比赛中以 1∶3 落后时，领队艾伦·邦德告诉记者，"我们将光荣地获胜，就像我们曾经在加里波利所做的那样"。除了在这样的比赛时刻，每年 4 月 25 日澳新军团日大家都会想起澳新军团。1915 年 4 月 25 日，作为第一次世界大战击败奥斯曼帝国的战役的一部分，澳新军团与其他盟军部队在加里波利登陆，经过数月的血腥战斗，最后一支澳新军团部队在 1915 年 12 月 19 日晚上离开。1961 年，罗兰德（Betty Roland）作为唯一一位曾经服役于澳新军团的澳大利亚人参加了澳新军团纪念日活动；1965 年，300 人参加了澳新军团登陆 50 周年纪念活动。澳新军团登陆纪念仪式的出席人数逐年增长受到多种因素的影响，一个核心因素是廉航机票开始贩售，这些航班将背包客送到加里波利，随之澳新军团纪念活动的本质也发生了变化，它从 20 世纪 60 年代之前的军事纪念日转向关注战争中的受难人群。

虽然澳新军团在在法国的战斗中遭受了很大伤亡，但加里波利登陆作为澳新军团在战争中的第一次军事行动而被特别铭记。但是，人们对纪念活动的记忆方式存在显著差异。在 2005 年于加里波利举行的澳新军团日纪念仪式上，时任澳大利亚总理约翰·霍华德（John Winston Howard）向澳新军团致敬，他称澳新军团的精神在所罗门群岛、伊拉克和阿富汗服役的年轻澳大利亚人中得以延续。霍华德总理的讲话部分是试图调和安抚前线士兵和他的政府被卷入不受欢迎的伊拉克战争之间的矛盾，而他并不是第一个使用此类说辞的政治家。新西兰航空副总马歇尔·布鲁斯·弗格森（Marshall Bruce Ferguson）也曾称赞澳新军团成员是勇敢者中最勇敢的人，"在加里波利我们学会了摆脱殖民依赖的枷锁，我们学会了必须坚持我们的信念"。尽管对"澳新军团精神"的肯定是强有力的，但不同的人在铭记澳新军团的方式以及具体操作方面存在一些差异。在对澳新军团的纪念中，人们逐渐从强调军事方面的形象转向塑造诸如"辛普森和他的驴"这样温和中性的形象。正如 2005 年澳新军团日仪式的不同基调所表明的那样，不同的叙事方式会强调故事中的不同元素，并建构国家象征的特定用途。

综上所述，本章以体育在澳大利亚民族认同中的作用为中心讨论了三个关键的国家象征符号，这些符号的发展和呈现随着时间的推移而发生了巨大的变化，并且在任何时候不同的观察者和社会群体对它们的看法都有很大的差距。在上述讨论中，澳大利亚国内不同的社会阶层的态度分化较为显著。20 世纪中叶的社会上层亲英派更热衷于将《天佑女王》作为国歌，而工人阶级和爱尔兰裔则更支持《前进，美丽的澳大利亚》。这两个社会群体对纪念澳新军团与英国的联系的态度也各不相同。在时间的变化中，经济发展发挥了重要的作用，更便宜的机票让背包客能够大量参与到庆祝活动中。20 世纪 60 年代，随着经济形势变化，澳大利亚加强了与亚洲而非传统英国市场的贸易联系，澳大利亚人对《天佑女王》和与英国的关系的支持度下降。但社会阶层和经济发展并不是唯一的驱动力，新的政治力量的崛起，以及对退伍军人的重视，直接影响了澳新军团日的庆祝活动，政治动议对国歌的选择产生了强烈的影响。许多澳大利亚人认为体育狂热超越了这种狭隘主义，无论在其他问题上有何分歧，澳大利亚人都热爱体育运动。因此，民族认同各方面的差异和变化对体育运动可能会产生影响，这既体现在特定体育运动项目的发展方式上，也体现在澳大利亚作为一个体育国家的形象的塑造中。

第四节　板球与体育民族主义的市场化

在澳大利亚，板球运动的形象在 20 世纪 70 年代发生了巨大的变化，板球运动历史学家理查德·卡什曼（Richard Cashman）认为，在这以前澳大利亚民众将板球视作善良、公正和知识渊博者的运动。大多数板球爱好者将这种变化归咎于 70 年代后期板球运动的包装工业革命，在其影响之下原先极具绅士风度的板球比赛被商业化表演性比赛所取代，赛事变成了民众口中所谓的一日"马戏团"，球员们穿着彩色的"睡衣"，而不再是传统的板球比赛着装（Cashman，1984）。板球世界杯（Cricket World Cup），又被称作"世界杯板球赛"，是由国际板球理事会举办的一日板球比赛。该项比赛是世界上最多人观赏的体育赛事之一。第一届板球世界杯于 1975 年在英格兰举办，此后基本上每 4 年举行一次。早在板球世界杯比赛开始举办之前，板球的比赛形式就已经开始发生变化。一日板球比赛开始于 1970 年，第一届板球世界杯于 1975 年在伦敦举行。澳大利亚和西印度群岛之间的决赛是澳大利亚在电视上转播的第一场海外板球比赛，澳大利亚广播公司（ABC）将其称为有史以来最受欢迎的体育电视节目。当世界板球系列赛于 1977 年底开始举办时，它不仅包括一日板球比赛，还包括各种各样的其他比赛，比如超级测试赛等。这些新的比赛形式最初都没有获得成功，第一年比赛观众上座率并不高。此外，早期的世界板球系列赛球员都是身着传统的全白服装比赛，1979 年球员开始身着彩色队服进行比赛。

回顾这一段板球发展历史，从 20 世纪 50 年代到 70 年代板球曾经历了低迷的 20 年。1946~1947 年的板球赛季设定了一个非常高的比赛标准，世界公认的历史上最伟大的板球手唐纳德·布拉德曼（Donald George Brad-man）在澳大利亚的最后一场比赛吸引了135万人观看。在1958~1959年和1962~1963年的常规赛中，热门板球比赛每场比赛也可以吸引将近130万人观看。但是，观众数量的增加仍然跟不上人口的增长，实际上座率在60年代后期还有所下降，平局比赛较多使得比赛显得比较无聊平淡。板球比赛在70年代初重新兴起，激烈的常规赛激发了观众更大的观赛兴趣。澳大利亚板球协会大力推广快速球二人组在一定程度上加快了板球复兴，上座率开始飙升，其中1974~1975年对阵英格兰的系列赛是自40年代以来最受欢迎的比赛。当时的观众人数高达35万人，远远高于此前23.5万人的观赛平均人数。此类比赛的普及增加了现场以及电视机前观众的兴趣，但也引来了一些负面评论。

在大获成功的同时板球协会也有疏漏，首先其低估了转播权对于商业电视台的重要性，其次在扩大比赛的观众群方面，他们还高估了新秀球员对球队的忠诚度。最重要的是他们未能有效地满足球员对增加收入的诉求。相对于球员的平均工资，球队的相对收入自30年代以来一直在下降，而在20世纪70年代的繁荣时期，这一情况并没有太大变化。从1974~1975年的测试系列赛的门票收入和赞助收入中，澳大利亚板球协会赚取了90万美元，而澳大利亚队的球员总共获得了40000美元报酬，不到总利润的5%。这样的回报率与其他职业体育运动员相比是微不足道的，这也使一些球员因回报不理想而不愿再继续从事板球运动。

1975年澳大利亚板球队队长雷格·查佩尔（Reg Chappell）与董事会开会，要求为球员支付每年25000~30000美元的薪酬。董事会拒绝并表示球员不专业，如果他们不喜欢这里的条件，澳大利亚还有50万名板球运动员愿意接替他们的位置。虽然董事会在1975年之后增加了薪酬，但对于大多数球员来说增加得还是太少了且太迟了。此外，董事会仍然限制板球运动员从其他渠道赚钱，如为媒体撰稿。同时，板球转播的商业格局发生了变化。澳大利亚板球协会收入长期以来一直与板球比赛转播捆绑在一起，1974~1975年澳大利亚广播公司称其拥有大约80%的电视转播板球比赛观众。但是，由于政府提高了对澳大利亚电视频道内容的要求，这一情况发生了变化，随着高尔夫球覆盖范围的扩大，部分电视频道意识到其他体育运动也可以满足观众对体育内容的需求。1976 年九号电视台向澳大利亚板球协会提供了 150 万美元以获得国内和国际板球比赛的独家播放权。尽管根据当时与澳大利亚广播公司的合同，这是协会原有收入的 7 倍，但澳大利亚板球协会拒绝了。如果澳大利亚板球协会同意，板球会在某种程度上发生变化。电视频道对更高收视率和广告收入的兴趣会鼓励比赛直播中的一些创新，如使用多台摄像机转播比赛和提供更详细生动的比赛解说。为反击澳大利亚板球协会的拒绝，九号电视台在 1977 年 5 月初宣布其自己组织的世界板球系列赛将在 1977~1978 年赛季开始举办，在赛前的几个月里他们签下了几乎所有的澳大利亚测试队球员、大批西印度群岛队以及其他世界领先球队的球员。这些操作在正式宣布之前一直保密，当然这一操作本身就表明了当时许多板球运动员对板球协会的不满，当然，澳大利亚板球协会对这些球员的出走感到震惊。除了为球员提供更高的薪水外，世界板球系列赛主办方还投入了大量资金来提升比赛的电视报道的质量以扩大其吸引力。转播板球报道的评论家也称赞每个赛场使用了更多的摄像机，从而更好地呈现了比赛场面。他们也尝试了新的解说风格，尝试吸引日间板球比赛潜在的女性观众群体。一位解说世界板球系列赛的评论员在现场设置了热线电话，如果观众观看比赛时有理解上的困难，她们可以在板球比赛中拨打热线电话及时了解比赛进程。

一些保守主义者并没有被世界板球系列赛主办方的创新所打动，许多人支持澳大利亚板球协会的做法，并称世界板球系列赛主办方是精明的商业操纵者，这些人预测板球观众会逐渐对这些比赛失去兴趣。世界板球系列赛在第一个赛季的表现并不好，在 1977~1978 年赛季亏损了 300 万美元，它的超级测试赛几乎没有引起人们的兴趣，平均每天有 5300 名粉丝观看，而澳大利亚板球协会与印度的五次测试赛平均每天有 11500 人观看。但是世界板球系列赛的一日赛的观众数据会好一些，1978 年在悉尼举行的一日赛有 25000 人观看。在 1978~1979 年赛季开始时，世界板球系列赛主办方意识到其面临着来自澳大利亚板球协会更激烈的竞争，因此其举办了巡回赛。世界板球系列赛主办方决定增加一日赛，它还发起了一次大规模的营销活动，确定了一个新的目标市场。电视观众将越来越多地选择观看比赛而不是音乐会，而进入这个市场的最佳方式是借鉴棒球在美国营销成功的"家庭日"观赛模式。1978～1979 年赛季举行的第一场世界板球系列赛一日赛吸引了 50000 人，很多观众称这场比赛盛况难以置信，甚至有足球比赛决赛下半场的现场气氛。但是，传统的板球运动仍然处于危机状态。1978～1979 年夏天澳大利亚板球协会的情况相对更糟。新的澳大利亚测试赛耗尽了世界板球系列赛的球员储备，因此在系列赛中澳大利亚队被英格兰队击败；到夏末澳大利亚板球协会已经盈利，从巡回赛中获得127000 美元，然而大多数州级的板球赛事使板球协会面临巨额损失。失去了观众和金钱，澳大利亚板球协会于 1979 年宣布与世界板球系列赛主办方达成协议，澳大利亚板球队重新统一起来。

新的板球赛程包括年度测试系列赛和世界板球系列赛过往的一日赛。许多人也看到了板球观众的变化，新的板球营销手段试图接触更广泛的板球观众，包括女性观众和普通家庭。板球比赛总上座率数据表明，观众人数的增加与 20 世纪 70 年代中期板球运动的兴起所带来的观众增加非常相似。130 万人观看了 1978～1979 年的比赛，135 万人观看了 1982～1983 年的系列赛和一日赛。在 1980 年后的新赛程里提高了一日赛和年度测试赛的比重，以此拉高年平均观看人数，但巡回赛的高峰期总观看人数并没有太大变化。

民族主义的兴起促成了世界板球系列赛的成功，但比赛类型也随之发生了变化，更多的一日赛形式出现了。世界板球系列赛和随后的联合举办的比赛在很大程度上也是通过留住板球比赛的临时观众并营造出一种亢奋的观赛氛围而取得成功的。

第五节　澳大利亚国家体育学院

在 20 世纪 50～60 年代澳大利亚绝大多数对体育运动的政府资助来自地方政府，尤其是在运动场等设施的修建方面。除了对奥运会等备受瞩目的赛事的直接支持外，澳大利亚联邦政府几乎没有直接参与体育投入。1972 年后作为广泛的社会改革计划的一部分，政府成立了一个旅游和娱乐部负责管理与体育活动相关的旅行和教练的补贴，从 1975 年起联邦政府对体育设施开始拨款。联邦政府还编写了两份有影响力的报告：1973 年的《布卢姆菲尔德报告》概述了澳大利亚体育和娱乐的发展，《1974—1975 年的科尔斯报告》为澳大利亚国家体育学院（Australian Institute of Sport）的建设提供了详细的建议。

1975 年保守派政府取消了包括体育领域在内的多个领域的一系列财政投入计划，这导致体育发展资金严重缩减。几个月后媒体报道强调了澳大利亚在 1976 年蒙特利尔奥运会上的糟糕表现，该届奥运会澳大利亚没有赢得金牌，为了平息公众的愤怒，保守派承诺提供额外资金以改善体育运动发展状况。蒙特利尔奥运会后澳大利亚田径队的首席教练约翰·戴利（John Daly）给报社写了一封公开信，他指出自 20 世纪 60 年代初以来澳大利亚的奥运会奖牌数量下降，近年来澳大利亚似乎一直在逐渐遗忘体育，虽然在奥运会上澳大利亚一直在努力争取名次甚至进入决赛。戴利称赞澳大利亚运动员的能力，认为如果有机会他们可以为国家带来成功和自豪感，并为年轻人提供榜样。但是除非澳大利亚的体育发展理念发生根本性的变化，否则他们只会成为有能力的专业领域中勇敢但不成功的业余爱好者。戴利还提到了成功的国家体育体系，比如加拿大和欧洲的国家体育体系。虽然澳大利亚联邦政府在 20 世纪 70 年代后期取消了一些体育领域的发展项目，但州一级政府采取了一些举措。1980 年 1 月澳大利亚政府同意建立国家体育学院，一年后该学院正式成立，当时共有 153 名运动员在 8 项运动中获得奖学金，而这 8 项运动代表了澳大利亚有望在奥运会获得成绩的运动项目。

到了 90 年代，澳大利亚在奥运会上的表现比 80 年代有了很大的提升，在英联邦运动会上的成绩也有所改善，在 1990 年初的英联邦运动会上取得好成绩后，澳大利亚体育恢复了其国际竞争力。澳大利亚国家体育学院在这次复苏中发挥了重要作用。参加 1992 年的巴塞罗那奥运会的 240 名运动员绝大多数来自澳大利亚国家体育学院，或是得到了澳大利亚体育委员会的支持。但是，澳大利亚国家体育学院的成功引起的争议也反映了在体育愿景方面更深层次的分歧。这表现在两个方面。一是领先的体育组织为保持其地位而进行的斗争，二是在支持获得奖牌的精英体育与基于社区的体育项目之间的冲突。1984~1985 年澳大利亚体育委员会成立，其目标是改善澳大利亚的国际体育表现，提升体育参与度，并最大限度地利用私营部门的资金。然而澳大利亚体育组织中的最高机构——澳大利亚体育联合会（CAS）认为这是对其活动的侵犯。到 2000 年体育参与者结构发生了很大变化，早些年大多数体育参与者都是体育运动组织的成员，而 2002 年有450 万澳大利亚成年人热衷体育运动却没有加入任何俱乐部，这与参加有组织体育运动的人数相当。尽管会员人数下降，无组织的体育和娱乐活动得到普及，国家体育组织仍然认为自己应该在体育管理中发挥核心作用。一项旨在促进人们参与各种体育活动的体育委员会计划出台。

澳大利亚联邦政府的资金应该采取广泛还是精准而集中的投放措施。20 世纪 70 年代前期的政府计划资助了精英和大众的体育参与，但 70 年代后期的体育资助主要集中在精英体育和澳大利亚国家体育学院上。80～90年代奥林匹克运动成为最大的赢家，尽管仍有一些资金用于草根运动，但用于支持奥林匹克运动的预算从 1985 年的 4100 万美元增加到 1993 年的8600 万美元。从 1996 年起保守派政府继续资助精英项目，特别是 2000 年悉尼奥运会前大幅减少了鼓励大众参与体育运动的计划。直到 2000 年之后澳大利亚人才开始自信其拥有世界上最成功的体育系统之一，澳大利亚的运动员和运动队的成功使澳大利亚获得了国际认可，民众获得了极强的民族自豪感。这为国家带来了有形和无形的利益，体育成为澳大利亚文化不可分割的一部分。

澳大利亚体育体系的成功还在于 20 世纪 90 年代中期，国际运动队和机构聘用的澳大利亚教练和体育管理人员的数量开始增加。尽管体育民族主义的营销取得了广泛的成功，但分歧仍然存在。一方面，广为接受的体育包容性观点支持普遍参与；另一方面，澳大利亚联邦政府和传统的体育组织都将注意力集中在精英和有组织的体育运动上。

第六节 澳大利亚Ⅱ号

澳大利亚Ⅱ号（AustraliaⅡ）是一艘澳大利亚的 12 米级竞速帆船，于1982 年初次下水。1983 年 9 月 26 日在历史悠久的美洲杯帆船赛（the

America's Cup）中澳大利亚Ⅱ号创造了新的历史。自1851年以来，纽约帆船俱乐部（New York Yacht Club）一直牢牢占据着冠军的宝座。澳大利亚Ⅱ号在这次比赛中夺得了奖杯，终结了美国人占据该奖杯132年的历史。

澳大利亚Ⅱ号是由以商人艾伦·邦德（Alan Bond）为首的一个西澳大利亚财团建造并持有的。澳大利亚Ⅱ号的设计师本·莱克森（Ben Lexcen）设计了一种带有翅膀的龙骨，并通过秘密测试证明了这种龙骨优于传统龙骨。这艘帆船后由当地的造船商斯蒂文·沃德（Steve Ward）在科特斯洛（Cottesloe）进行建造。船员们全都驻扎在珀斯并接受了严格的训练，此外还举行了一系列的比赛来决定将要参加在罗德岛新港举行的美洲杯帆船赛的运动员是谁。

在美洲杯帆船赛上，在7场比赛中取得最佳成绩的队伍才会是最终的赢家。在4场比赛结束后，比赛比分一度达到了3∶1，澳大利亚Ⅱ号的船员们面临着一个巨大的挑战。随后，在看上去毫无胜算的前提下，澳大利亚Ⅱ号最终连续赢得了剩下的3场比赛，其上船员所属的帆船队成为第一支赢得奖杯的非美国队伍。

在最后一场关键性的比赛中，澳大利亚Ⅱ号在借助一阵顺风超过美国队自由号（Liberty）后，快速驶向了最后一个赛道浮标。船身在接近浮标的转弯行驶过程中倾斜到将近9度，之后马上开始了最终冲刺。在最后一段逆风行驶中，澳大利亚Ⅱ号始终顽强捍卫着自己的领先地位，最终在下午5点21分冲线获得了冠军。此后澳大利亚Ⅱ号的船主艾伦·邦德将它卖给澳大利亚政府，其于1991~2000年被转借给悉尼澳大利亚国家海事博物馆，之后被移送往弗里曼特尔西澳大利亚博物馆继续展出。

当澳大利亚Ⅱ号在1983年9月赢得美洲杯时，船主艾伦·邦德说这场胜利是澳大利亚有史以来最伟大的事情。在澳大利亚狂热的体育运动氛围中，艾伦·邦德的夸张形容有一定的合理性。比赛队伍的旗帜上面画了一只拳击袋鼠，这可能成为一个国家的象征，以至于悉尼奥运会主办方从邦德手中购买了该旗帜的使用权，拳击袋鼠的形象在2000年悉尼奥运会的体育场中也出现了。象征是艾伦·邦德营销活动成功的核心，在1983年比赛中的最关键时刻，艾伦·邦德告诉船员，"我们将赢得比赛光荣地获胜，就像我们曾经在加里波利所做的那样"。当然艾伦·邦德也没有否认他竞标背后的商业动机。在 1974 年的澳大利亚建筑业的危机中，艾伦·邦德在珀斯北部的开发项目陷入了严重的财务困境。但邦德相信当他的船只在美洲杯上代表澳大利亚参赛时，曾经贷款给他的银行将不敢轻易取消他的赎回权。艾伦·邦德告诉花旗银行，在比赛期间对他的任何措施都可能登上媒体的头版被大肆宣传，而这是商业银行最不想看到的。其实当年澳大利亚Ⅱ号的比赛并不像后来报道描述得那么轰动，然而回到澳大利亚之后，邦德凭借营销技巧在全澳大利亚宣传这次比赛，媒体普遍称赞这次比赛的重要意义。三年后在纽约的比赛中艾伦·邦德放言要再赢一次比赛。邦德的团队有许多技术创新，包括船的龙骨的新型设计，以及运动心理学家的参与和船员的充分备战，但更为重要的是他尤其擅长公关，发布了大量的媒体新闻稿。当澳大利亚Ⅱ号的龙骨设计出现技术争议时，邦德团队向报道美洲杯的约 1300 名记者第一时间解释了他们的初衷，而当时纽约的其他比赛队伍几乎没有与媒体交流。而且邦德的媒体公关活动针对不同的市场，没有人像邦德那样在赢得美洲杯后，凭借这一赛事的获奖来加强澳大利亚人的国家认同。当时的报纸说澳大利亚Ⅱ号的所有工作人员已经向所有澳大利亚人表明，只要他们努力，他们最终可以获得成功。邦德利用比赛成功制定了越来越宏大的商业计划，而赛艇比赛成功塑造了澳大利亚的国家形象。在同一时间段里澳大利亚的其他体育组织也成功地围绕着民族自豪的主题为新的体育项目赢得了政府的资助。

第七节　体育形象与国家认同

对一些人来说，在夺得美洲杯帆船赛冠军后的狂欢证明了澳大利亚人对体育运动的狂热。美洲杯夺冠是澳大利亚三个备受瞩目的体育事件之一，另外两个则是 1977~1979 年围绕世界板球系列赛的"板球大战"，以及 1981 年澳大利亚国家体育学院的创建。帆船和板球运动都在使用现代营销技术方面开辟了新天地，其在目标市场选择上也具有创新性。体育赛事的观众上座率总体下降发生在普通球迷和临时球迷中，体育组织呈现出保守性，因为他们通常主要关注的仍然是铁杆球迷。相比之下，新的营销活动则试图吸引更广泛的受众。国家形象以前经常被用来提升观众对体育赛事的兴趣，本章前述的在体育发展中使用国家形象的具体案例共同塑造了澳大利亚体育之国的形象。

讨论澳大利亚的体育形象及其与国家认同的关系时，也要关注随着时间的推移这个形象是如何变化的。对体育表现的国际比较显示了澳大利亚在体育参与领域处于领先地位，但是国家形象不仅是对现实的反映，事实上形象和社会现实之间往往存在相当大的差距。例如，尽管有着"体育狂"形象的铁杆粉丝，但澳大利亚体育运动的更广泛社会影响则来自所谓的临时粉丝，即"赛事观众"；尽管澳大利亚运动员的经典形象是年轻、古铜色皮肤的澳大利亚男性，但澳大利亚在国际体坛的成功往往更多地归功于澳大利亚女性；尽管经常出现无知的体育迷形象，但参加体育运动的人比其他人更有可能参加有意义的文化活动和体育锻炼。

虽然国家体育形象由来已久，但体育形象与国家认同的其他组成部分一样，随着时间的推移发生了变化。此外，虽然许多说法将体育形象与广泛的澳大利亚文化或心理联系起来，但这些不断变化的形象往往是由特定群体为特定目的所塑造的。澳大利亚人在谈论民族认同时总是会提到澳新军团的传奇，尤其是加里波利登陆，随着时间的推移人们将各种形象组合成一种整体的国家认同的方式存在相当大的差异。关注国家形象尤其是体育形象如何以及为什么会发生这种变化时，潜在的现实关键因素是经济和技术发展。澳大利亚早期的财富积累，对于参加体育比赛者来说至关重要，同样的力量为体育创造了比其他地方更广阔的市场。新技术产生了巨大的影响，20 世纪 30 年代的收音机、50～60 年代的汽车、70 年代之后电视转播权的变化、廉航机票的出现为体育形象的形成奠定了基础。

民族主义和民族认同观念有形式和程度的不同，当然反映了澳大利亚民族主义的特殊形象会诉诸某些使人们团结在一起的事物。在澳大利亚政府鼓励的文化战争中的特定观点更支持展现澳大利亚的历史和身份。体育尤其是板球是政府所宣称的澳大利亚生活"轻松而舒适"的形象的重要组成部分。此外，形成民族认同的要素实际上并不固定，政府的举措对国家认同的影响程度在很大程度上取决于对澳大利亚国家形象的呈现方式。正如这里所展示的，整体的国家形象是不同的体育和国家愿景以及对体育形象的不同看法之间的相互作用的结果。

小　结

澳大利亚是一个热爱体育的国家，体育活动在澳大利亚社会中被广泛参与和重视。澳大利亚人对体育有着热情和骄傲，视体育为一种国民活动。澳式橄榄球、板球、网球和游泳等运动在澳大利亚社会中受到广泛关注和支持。体育成为澳大利亚国民身份和集体认同的重要载体。澳大利亚拥有许多优秀的体育明星和英雄，他们的成就和故事激励着整个国家。这些体育英雄成为澳大利亚国家认同的象征，激发了人们对体育的热爱和对国家的自豪感。此外，一些传统的体育赛事和活动，如澳大利亚网球公开赛等成为澳大利亚的文化和国家标志。同时，澳大利亚是一个多元文化的国家，体育在促进不同族裔群体的融合和认同方面起着重要作用。体育活动提供了一个平等和包容的环境，不论种族、背景和性别，人们都可以通过参与体育活动来建立联系、开展交流和产生认同。而且澳大利亚举办了许多国际体育比赛和赛事，如奥运会、国际足联世界杯等，这些赛事吸引了全球的关注和参与。澳大利亚作为主办国，通过举办这些大型体育赛事，展示了自己的体育实力和组织能力，加强了国际交流和合作。总体来说，体育在澳大利亚国家认同中扮演着重要的角色。它不仅是一种娱乐和竞技活动，还是澳大利亚人民的共同爱好和文化特征，体现了国家的凝聚力和多元文化的融合。

讨　论　体育与文化人类学的探索

在本书中我们从体育与文化人类学视角关注了体育作为一种文化现象的社会意义，以及体育在塑造和被塑造于不同文化中所扮演的角色。书中涵盖的议题包括体育如何通过身体技能、运动行为和身体符号来塑造文化价值观、社会关系和身份认同，社会层面上塑造和制约体育的因素，文化差异和共通性对体育实践和观念的影响，体育对身体自我认同、情感表达和身体健康的影响，等等。书中探讨的体育与文化人类学的研究方法则包括田野调查、文化比较、文本分析等，并以此探索了体育在不同文化中的多重面向和复杂性，丰富了我们对体育及其在人类社会中意义的理解。

第一节　体育与作为文化批评的人类学

文化人类学的研究强调对社会结构背后的权力的剖析，试图探索以社会包容和社会公平为原则的社会组织形式和经验。我们在书中归纳了以各种文化人类学理论为基础的体育研究经典，概述了作为文化批评的人类学观点如何应用于体育研究。本书的第一部分从文化人类学所偏爱的理论探索开始，通过关于文化人类学和体育的基本理论，让读者充分地认识到社会行动者的结构条件和背景，特别是在权利平等、社会分化和民族认同等方面，还融进了在体育活动中社会行动者的批判性反思和对社会行为的开放性的探讨。总的说来，在本书中这一讨论立场植根于对自上而下的社会权力、政治、经济框架，以及自下而上的日常实践中的社会文化形式之间复杂的相互博弈的批判性分析。类似的反思立场不只属于人类学一个学科，本书中所讨论的各种学科理论和观点均参与了批判性和选择性的互动思考。在其中，贯穿本书的批判性理论起源于最早的文化研究的方法。跨文化研究使我们能够理解体育如何通过不同的身体实践经验来适应、体验、解释和构造我们的社会。

本书的第二部分转向文化人类学的研究方法，这是因为文化人类学最为有效的研究方法是将经验研究尤其是实地田野考察与理论分析相结合。田野调查使文化研究焕发新活力，它将文化阐释主义的见解与社会角色、身份、意义和实践的复杂性联系起来，并对个人和社会群体所处的结构条件和背景进行批判性解读。与此同时全球化理论使这些分散的田野点布阵于全球范围内，并彰显出其自身独特的价值。田野调查应该是一个对话互动的过程，通过持续的研究，在与报道人的沟通过程中，研究目标、假设和初步结论不断被修正。在人类学者的研究中，研究者不断地进行自我批判的反思，以消除研究者的个体偏见，做好批判研究，这些研究偏见主要来自性别、族群、年龄、阶层等方面结构性不平等的主体假设。如果我们将体育与文化人类学的研究转向更广阔的学术领域，那么它的一个重要目标就是通过体育研究充实文化人类学的理论、方法和实践案例。我们提倡体育的人类学研究与主流人类学和其他人文和社会学科进行更充分的接触，以及与自然科学领域的学者进行跨学科的交流，以证明体育运动具有更广泛的社会意义。

通过本书的解读，可以发现体育与文化人类学领域的研究已经与社会学、经济学、历史、法律、哲学、政治科学和社会政策领域的研究产生了深刻的互动，开展了广泛而卓有成效的合作。文化研究的元学科，包括族群、性别、生态等方面的研究为此类跨学科互动提供了一个重要的实践领域。尽管我们的研究变得更加关注跨学科问题，合作研究的外延却被大大延伸了。总之，这种开放性使得与人类学学科以外的学者合作可以极大地增强体育的文化批评功能，这些尝试和努力也将巩固体育人类学的学科地位。具体而言，作为文化批评的人类学体育研究可以尝试解读的问题是关于个人和社会的身体实践经验与体育的社会文化创造的。通过定性的研究能够让人们对体育中的美学、传播、冲突、身份、意义和礼仪有更深入和丰富的理解。日常运动在这些方面的特性具有流动性，将这些特性放置于全球范围内观察可以揭示体育中地方和全球之间复杂的相互依存关系。此外，这些研究还可以让大家能够更深入地了解如何利用和改革体育活动，以赋予社会行动者权力，尤其是对那些处于社会边缘的人们。

第二节　体育与文化人类学的关怀

体育话题涉及范围较广，大型体育赛事的规模也很可观，2024 年巴黎奥运会吸引了 206 个国家参加 329 项赛事，参赛运动员达 10500 名，有超过 2000 名经过认可的媒体工作者进行赛事报道，并有数亿名观众在现场或线上观看奥运会，日常参与运动休闲，特别是足球、篮球、滑雪、体操、田径运动和排球等的人群基数更是庞大。体育具有强烈的跨文化吸引力，它也是将人与人联系在一起的媒介，现代体育为运动员和观众带来了欢乐，不同的体育运动项目促进了人们与特定社会景观的愉快互动。

所有体育活动都有规则，因此它很容易在不同文化之间传播，然而体育运动的规则并未以完全统一的方式得到遵循，因此其倾向于根据地方的需求进行适应性改变。体育还可以使不同的文化探索新旧身份的冲突，特别是在社区、性别、社会阶级和族群方面。从制度上讲，体育运动一直是年轻精英的规范训练场，尤其是在英国贵族和国际商业领袖训练方面。今天价值数十亿美元的体育经济被权力矩阵所控制，该矩阵中包括顶级的体育管理机构、跨国公司和全球媒体网络。

体育的全球吸引力也反映在作为交叉学科的体育学的不断扩展中。在这本书中，我们与读者一起讨论了在不断扩大的体育人文研究领域之中来自文化人类学的关怀，其涉及文化人类学中的基本概念，比如礼物、性别、仪式、民族、风俗习惯等。通过它们，本书以各种形式阐释了体育的全球性和个人性的表达方式，如顶级优秀运动员的跨国流动趋势，鼓励了普通人对于理想、信念和梦想的追逐。我们看到奥运会所涉及的巨额财富，但是我们同时也看到很多年轻的运动员离开自己的出生地在异国打拼。这实际上都是同一系统的产物，它背后的动力来自资本的驱使。正如人类学家马塞尔·莫斯的描述，礼物的流动很容易建立起社会和人群中的关系纽带。此外，体育以及围绕它的一切事物都呈现出独特的社会、文化和政治形态，体育作为探究的对象提供了一个特别新颖的视角，通过它可以回答人类学家最关心的问题之一——在地化情境之中的普通人的日常经历如何形塑国家、地区和全球范围内的大规模社会进程，也就是如何把微观的地方民族志与全球范围内的政治、经济、社会等宏观议题联系在一起。

　　体育向我们展示了社会、文化和政治的构成过程，帮助我们更好地理解了其所嵌入的社会和经济关系、政治进程和符号系统。近年来诸如身体、民族主义、现代性、全球化、跨国主义、国家、公民身份、性别等话题在人类学理论中占据了重要地位，它们也恰好是研究体育的关键概念。我们写作此书，将人类学概念应用于体育研究，试图通过体育的角度来理解人类学的研究对象，突出人类学作为一门现代学科的独特之处。总之，体育是既具有深刻的个人意义又具有深远的社会意义的人类活动形式，通过它可以探索个体的运动能力和形态是如何受制于社会，进而塑造社会的。今天的体育运动已成为全球关注的焦点，体育比任何其他形式的人类活动都更能解答人类学提出的困惑：如何表达社会结构和个人身体实践的关系，身体如何作为地方与全球之间的连接点，为什么在理想公平的竞技环境中却存在不公平的现象……结合新兴的体育与文化人类学研究，我们可以看到体育在各个时代和世界范围内都是社会生活的中心。我们希冀能够通过本书提供文化人类学的佐证，让读者更好地从体育的角度了解我们所身处的充满挑战的未知世界。

参考文献

安德森，本尼迪克特，2011，《想象的共同体：民族主义的起源与散布》，吴叡人译，上海人民出版社。

布尔迪厄，皮埃尔，2015，《区分：判断力的社会批判》，刘晖译，商务印书馆。

布尔迪厄，皮埃尔，2017，《实践理论大纲》，高振华、李思宇译，中国人民大学出版社。

德波，居伊，2007，《景观社会》，王昭风译，南京大学出版社。

古特曼，阿伦，2012，《从仪式到记录：现代体育的本质》，花勇民等编译，北京体育大学出版社。

马林诺夫斯基，布罗尼斯拉夫，2016，《西太平洋上的航海者》，弓秀英译，商务印书馆。

莫斯，马塞尔，2016，《礼物：古式社会中交换的形式与理由》，汲喆译，商务印书馆。

萨义德，爱德华·W.，2007，《东方学》，王宇根译，生活·读书·新知三联书店。

沃尔夫，埃里克·R.，2018，《欧洲与没有历史的人》，贾士蘅译，民主与建设出版社。

Abrisketa, O. G. 2012. *Basque Pelota*. Reno：Center for Basque Studies.

Alexander, C. 2007. "Cohesive Identities：The Distance Between Meaning and Understanding." In M. Wetherell, M. Lafleche, and R. Berkeley (eds.). *Identity, Ethnic Diversity and Community Cohesion*. London：Sage, pp. 115-125.

Amara, M. 2005. "2006 Qatar Asian Games：A 'Modernization' Project from above?" *Sport in Society* 8 (3): 493-514.

Anderson, B. 1991. *Imagined Communities: Reflections on the Origins and Spread of Nationalism*. London: Verso.

Appadurai, A. 1995. "Playing with Modernity: The Decolonization of Indian Cricket." in C. A. Breckenridge (ed.). *Consuming Modernity*. Minneapolis: University of Minnesota Press.

Armstrong, G. 1998. *Football Hooligans: Knowing the Score*. Oxford: Berg.

Asad T. (ed.) 1973. *Anthropology and the Colonial Encounter*. New York: Ithaca Press.

Atkinson, M. and Young, K. 2008. *Deviance and Social Control in Sport*. Champaign, IL: Human Kinetics, pp. 58-66.

Azoy, G. W. 2011. *Buzkashi: Game and Power in Afghanistan*. Long Grove, IL: Waveland.

Bairner, A. 2008. "Still Taking Sides: Sport, Leisure and Identity." In C. Coulter and M. Murray (eds.). *Northern Ireland after the Troubles: A Society in Transition*. Manchester: Manchester University Press, pp. 215-231.

Bairner, A. 2013. "Sport, the Northern Ireland Peace Process, and the Politics of Identity." *Journal of Aggression, Conflict and Peace Research* 5 (4): 220-229.

Bale, J. 1994. *Landscapes of Modern Sport. London*: Leicester University Press.

Bale, J. 2000. "Sport as Power." In J. P. Sharp, P. Routledge, C. Philo, and R. Paddison (eds.). *Entanglements of Power*. London: Routledge.

Bale, J. 2002. *Imagined Olympians: Body Culture and Colonial Representation in Rwanda*. Minneapolis: University of Minneapolis Press.

Barth, F. 1969. *Ethnic Groups and Boundaries: The Social Organization of Cultural Difference*. Oslo: Universitetsforlaget.

Bateman, A. 2009. *Cricket, Literature and Culture: Symbolising the Nation, Destabilising Empire*. Farnham, Hampshire: Ashgate.

Bateson, G. 1972. "A Theory of Play and Fantasy." In *Steps to an Ecology of Mind: Collected Essays in Anthropology, Psychiatry, Evolution, and Epistemology*. Chicago: University of Chicago Press, pp. 177-196.

Bauman, Z. 2001. *The Individualized Society*. Cambridge: Polity Press.

Besnier, N. 2012. "The Athlete's Body and the Global Condition: Tongan Rugby Players in Japan. " *American Ethnologist* 39 (3): 491-510.

BoellStorff, T. 2008. *Coming of Age in Second Life: An Anthropologist Explores the Virtually Human*. Princeton: Princeton University Press.

Boli, J. 2005. "Contemporary Developments in World Culture. " *International Journal of Comparative Sociology* 46 (5): 383-404.

Bourdieu, P. 1984. *Distinction*. London: Routledge.

Bourdieu, P. 1986. "The Forms of Capital. " In J. G. Richardson (ed.). *Handbook of Theory and Research for the Sociology of Education*. New York: Greenwood Press.

Bourdieu, P. 1988. "A Program or the Comparative Sociology of Sport. " In Kang Shinpyo, John MacAloon, and Roberto DaMatta (eds.). *The Olympics and Cultural Exchange: The Papers of the First International Conference on the Olympics and East/West and South/North Cultural Exchange in the World System*. Seoul: Hanyang University Press, pp. 67-83.

Bourne, J. 2007. In Defence of Multiculturalism (briefing paper No. 2, Institute for Race Relations).

Bradley, J. 1995. "Inventing Australians and Constructing Englishness: Cricket and the Creation of a National Consciousness, 1860-1914. " *Sporting Traditions* 11 (2): 35-60.

Brophy, J. 1997. "Mirth and Subversion: Carnival in Cologne. " *History Today* 47 (7).

Burke, P. 2009. *Cultural Hybridity*. Cambridge: Polity Press.

Byers, J. A. 2003. *Built for Speed*. Cambridge: Harvard University Press.

Caillois, R. 1961. *Man, Play and Games*. New York: Free Press of Glencoe.

Carter, T. F. 2007. "A Relaxed State of Affairs? On Leisure, Tourism, and Cuban Identity. " In Simon Coleman and Tamara Kohn (eds.). *The Discipline of Leisure: Embodying Cultures of "Recreation"*. Oxford: Berghahn, pp. 127-145.

Cashman, R. 1984. *Australian Cricket Crowds: The Attendance Cycle Daily Figures* 1877-1984. Sydney: University of NSW.

Castells, M. 1998. *End of the Millennium*. Oxford: Blackwell.

Clarke, J. 1976. "Style." In S. Hall and T. Jefferson (eds.). *Resistance Through Rituals*. London: Hutchinson, pp. 185-189.

Clarke, J. and Critcher, C. 1985. *The Devil Makes Work: Leisure in Capitalist Britain*. London: Longman.

Colley, L. 1996. *Britons: Forging the Nation, 1707-1837*. London: Vintage.

Critcher, C. 1979. "Football since the War." In J. Clarke, C. Critcher, and R. Johnson (eds.). *Working Class Culture: Studies in History and Theory*. London: Hutchinson.

Crowther, N. B. 2010. *Sport in Ancient Times*. Oklahoma City: University of Oklahoma Press.

Csikszentmihalyi, M. 1975. *Beyond Boredom and Anxiety: Experiencing Flow in Work and Play*. San Francisco: Jossey Bass.

Darnell, S. 2012. *Sport for Development and Peace*. London: Bloomsbury.

de Coubertin, P. 1959. *The Olympic idea: Discourses and Essays*. Stuttgart: Verlag Karl Hofmann.

Delanty, G. 2003. *Community*. London: Routledge.

Delanty, G. 2006. "Nationalism and Cosmopolitanism: The Paradox of Modernity." In G. Delanty and K. Kumar (eds.). *The SAGE Handbook of Nations and Nationalism*. London: Sage, pp. 357-368.

Dirks, N. 1993. "Introduction: Colonialism and Culture." In Nicholas B. Dirks (ed.). *Colonialism and Culture*. Ann Arbor: University of Michigan Press, pp. 1-25.

Dyck, N. 2012. *Fields of Play: An Ethnography of Children's Sports*. Toronto: University of Toronto Press.

Eckert, P. 1989. *Jocks and Burnouts: Social Categories and Identity in the High School*. New York: Teachers College Press.

Edmunds, J. and Turner, B. 2001. "The Re-invention of National Identity?" *Eth-

nicities 1 （1）: 83-108.

Eichberg, H. 1994. "Travelling, Comparing, Emigrating." In J. Bale and J. Maguire (eds.). *The Global Sports Arena*, London: Frank Cass.

Firth, R. 1930. "A Dart Match in Tikopia." *Oceania* 1 (1): 64-96.

Flint, R. H. and Rheinberg, N. 1976. *Fair Play: The Story of Women's Cricket*. London: Angus Robertson.

Foley, D. E. 1995. *The Heartland Chronicles*. Philadelphia: University of Pennsylvania Press. *for the Sociology of Education*. New York: Greenwood Press, 241-258.

Foster, R. J. 2006. "From Trobriand Cricket to Rugby Nation: The Mission of Sport in Papua New Guinea." *International Journal of the History of Sport* 23 (5): 739-758.

Foucault, M. 1976. *Discipline and Punish*. London: Allen Lane.

Geertz, C. 1973. *The Interpretation of Cultures: Selected Essays*. New York: Basic Books.

Geertz, C. 1994. "Primordial and Civic Ties." In J. Hutchinson. and A. D. Smith (eds.). *Nationalism*. Oxford: Oxford University Press, pp. 29-34.

Gemmell, J. 2010. "Naturally Played by Irishmen: A Social History of Irish Cricket." In D. Malcolm, J. Gemmell and N. Mehta (eds.). *The Changing Face of Cricket: From Imperial to Global Game*. London: Routledge, pp. 17-33.

Georgiadis, K. 2003. *Olympic Revival: the Revival of the Olympic Games in Modern Times*. Athens: Ekdotike Athenon.

Giddens, A. 1990. *The Consequences of Modernity*. Cambridge: Polity Press.

Giddens, A. 1991. *Modernity and Self Identity*. Cambridge: Polity Press.

Giulianotti, R. and Robertson, R. 2004. "The Globalization of Football: A Study in the Glocalization of the 'Serious Life'." *British Journal of Sociology* 55 (4): 545-568.

Gluckman, M. and Gluckman, M. 1977. "On Drama, and Games and Athletic Contests." In Sally F. Moore and Barbara G. Myerhoff (eds.). *Secular Rit-*

ual. Amsterdam: Van Gorcum, pp. 227-243.

Gramsci, A. 1971. *Selections from the Prison Notebooks*. London: Lawrence & Wishart.

Grossberg, L. 1988. *It's a Sin*. Sydney: Power Publications.

Guthrie-Shimizu, S. 2012. *Transpacific Field of Dreams: How Baseball Linked the United States and Japan in Peace and War*. Chapel Hill: North Carolina University Press, pp. 33-39.

Guttmann, A. 1991. *Women's Sports: A History*. New York: Columbia University Press.

Guttmann, A. 1994. *Games and Empires: Modern Sports and Cultural Imperialism*. New York: Columbia University Press.

Habermas, J. 1970. *Toward a Rational Society*. Boston: Beacon Press.

Habermas, J. 1987. *The Theory of Communicative Action*, Vol. 2. Boston: Beacon Press.

Hamelink, C. 1995. *World Communication: Disempowerment and Self-Empowerment*. London: Zed Books.

Hargreaves, J. 1986. *Sport, Power and Culture*. Oxford: Polity Press.

Harvey, D. 2005. *A Brief History of Neoliberalism*. Oxford: Oxford University Press.

Haseler, S. 1996. *The English Tribe: Identity, Nation and Europe*. Basingstoke: Palgrave Macmillan.

Hassan, D. 2005. "Sport, Identity, and Irish Nationalism in Northern Ireland." In Alan Bairner (ed.). *Sport and the Irish: Histories, Identities, Issues*. Dublin: University College Dublin Press, pp. 123-139.

Headlam, C. 1903. *Ten Thousand and Miles Through India & Burma: An Account of the Oxford University Authentics' Cricket Tour*. London: Dent.

Hebdige, D. 1988. *Hiding in the Light*. London: Routledge.

Herzfeld, M. 1995. "Hellenism and Occidentalism: The Permutations of Performance in Greek Bourgeois Identity." In James G. Carrier (ed.). *Occidentalism: Images of the West*. Oxford: Clarendon, pp. 218-233.

Hobsbawm, E. 1983a. "Mass-Producing Traditions: Europe, 1870 – 1914. " In Eric Hobsbawm and Terence Ranger (eds.). *The Invention of Tradition.* Cambridge: Cambridge University Press, pp. 263–308.

Hobsbawm, E. 1983b. "Introduction. " In Eric Hobsbawm and Terence Ranger (eds.). *The Invention of Tradition.* Cambridge: Cambridge University Press, pp. 1–14.

Hobsbawm, E. 1990. *Nations and Nationalism since 1780: Programme, Myth, Reality.* Cambridge: Cambridge University Press.

Holt, R. 1989. *Sport and the British.* Oxford: Clarendon.

Huizinga, J. 1950. *Homo Ludens: A Study of the Play Element in Culture.* Boston: Beacon.

Humphreys, D. 2003. "Selling out Snowboarding: The Alternative Response to Commercial Cooptation. " In R. E. Rinehart and S. Sydnor (eds.). *To the Extreme: Alternative Sports, inside and out.* New York: SUNY Press, pp. 407–408.

Hutchinson, J. 1987. *The Dynamics of Cultural Nationalism: The Gaelic Revival and the Creation of the Irish Nation State.* London: Allen & Unwin.

Jaireth, S. 1995. "Tracing Orientalism in Cricket. " *Sporting Traditions* 12 (1): 103–120.

Jarvie, G. 1991. *Highland Games.* Edinburgh: Edinburgh University Press.

Jarvie, G. 2003. "Communitarianism, Sport and Social Capital: Neighbourly Insights into Scottish Sport. " *International Review for the Sociology of Sport* 38 (2): 139–153.

Kennedy, P. 2010. *Local Lives and Global Transformations.* Basingstoke: Palgrave.

Kiely, R. 2007. *The New Political Economy of Development.* Basingstoke: Palgrave.

King, A. 2016. " Sport, War and Commemoration: Football and Remembrance in the Twentieth and Twenty-first Centuries. " *European Journal for Sport and Society* 13 (3): 208–229.

Klein, A. 1994. "Trans-national Labor and Latin American Baseball. " In J. Bale and J. Maguire (eds.). *The Global Sports Arena*. London: Frank Cass, pp. 193-194.

Koulouri, C. 1998. "Athleticism and Antiquity: Symbols and Revivals in Nineteenth Century Greece." *International Journal of the History of Sport* 15 (3): 142-149.

Kumar, K. 2003. *The Making of English National Identity*. Cambridge: Cambridge University Press.

Laderman, S. 2014. *Empire in Waves: A Political History of Surfing*. Berkeley: University of California Press.

Langford, P. 2000. *Englishness Identified: Manners and Character, 1650-1850*. Oxford: Oxford University Press.

Latouche, S. 1996. *The Westernization of the World: The Significance, Scope and Limits of the Drive Towards Global Uniformity*. Cambridge: Polity Press.

Leys, C. 1974. *Underdevelopment in Kenya*. Los Angeles: University of California Press.

Long, J. and Sanderson, I. 2001. "The Social Benefitsof Sport: Where's the Proof?" In C. Gratton and I. Henry (eds.). *Sport in the City: The Role of Sport in Economic and Social Regeneration*. London: Routledge.

MacAloon, J. J. 1984a. "Festival, Ritual, and Television." In *Rite, Drama, Festival, Spectacle: Rehearsals Toward a Theory of Cultural Performance*. Philadelphia: Institute for the Study of Human Issues, pp. 21-40.

MacAloon, J. J. 1984b. "Olympic Games and the Theory of Spectacle in Modern Societies." In *Rite, Drama, Festival, Spectacle: Rehearsals Toward a Theory of Cultural Performance*. Philadelphia: Institute for the Study of Human Issues, pp. 241-280.

MacAloon, J. J. 1991. "The Turn of Two Centuries: Sport and the Politics of Intercultural Relations." In Fernand Landry and Magdaleine Yerlès (eds.). *Sport, the Third Millennium: Proceedings of the International Symposium, Québec, Canada, May 21 - 25, 1990*. Sainte-Foy, Québec: Presses de l'Université Laval, pp. 31-44.

MacAloon, J. J. (ed.). 2007. *Muscular Christianity in Colonial and Post-colonial Worlds*. London: Routledge.

MacAloon, J. J. 2011. "Scandal and Governance: Inside and Outside the IOC 2000 Commission." *Sport in Society* 14 (3): 292-308.

Maguire, J. 1993. "Globalisation, Sport and National Identities: 'The Empires Strike Back?'" *Society and Leisure* 16 (2): 293-322.

Malcolm, D. 2013. *Globalizing Cricket: Englishness, Empire and Identity*. London, Bloomsbury.

Mandler, P. 2006. *The English National Character: The History of an Idea from Edmund Burke to Tony Blair*. New Haven: Yale University Press.

Mangan, J. A. 1986. *The Games Ethic and Imperialism*. London: Viking.

Mangan, J. A. 1998. *The Games Ethic and Imperialism: Aspects of the Diffusion of an Ideal*. London: Routledge.

Manning, F. 1981. "Celebrating Cricket: The Symbolic Construction of Caribbean Politics." *American Ethnologist* 8 (3): 616-632.

Marcano, A. J. and Fidler, D. P. 1999. "The Globalization of Baseball." *Global Legal Studies Journal*, 6 (2): 511-577.

Marling, W. H. 2006. *How American Is Globalization?* Baltimore: Johns Hopkins University Press.

Martínez, F. and Laviolette, P. 2016. "Trespass into the Liminal Urban Exploration in Estonia." *Anthropological Journal of European Cultures* 25 (2): 1-24.

Mason, T. 1980. *Association Football and English Society* 1863-1915. Brighton: Harvester.

Mathisen, J. 2005. "Sport." In H. R. Abaugh (ed.). *Handbook of Religion and Social Institutions*. New York: Springer, pp. 279-299.

Morgan, W. J. 2004. "Habermas on Sports." In R. Giulianotti (ed.). *Sport and Modern Social Theorists*. Basingstoke: Palgrave.

Nagel, J. 2005. "Masculinity and Nationalism: Gender and Sexuality in the Making of Nations." In P. Spencer and H. Wollman (eds.). *Nations and National-*

ism: *A Reader*. Edinburgh: Edinburgh University Press, pp. 110–131.

Nandy, A. 2001. *The Tao of Cricket*: *On Games of Destiny and the Destiny of Games*. New Delhi: Oxford University Press.

Nederveen-Pieterse, J. 1995. "Globalization as Hybridization." In M. Featherstone, S. Lash, and R. Robertson (eds.). *Global Modernities*. London: Sage.

Nederveen-Pieterse, J. 2007. *Ethnicities and Global Multiculture*. Lanham, MD: Rowman & Littlefield.

Novick, P. 1999. *The Holocaust and Collective Memory*: *The American Experience*. London: Bloomsbury.

Packard, Jane M. 2007. "Wolf Behavior: Reproductive, Social, Intelligent." In L. David Mech and Luigi Boitani (eds.). *Wolves: Behavior, Ecology, and Conservation*. Chicago: University of Chicago Press, pp. 35–58.

Paxman, J. 1998. *The English*: *A Portrait of a People*. London: Michael Joseph.

Penman, R. 1992. "The Failure of Cricket in Scotland." *International Journal for the History of Sport* 9 (2): 302–315.

Poliakoff, M. B. 1987. *Combat Sports in the Ancient World: Competition, Violence, and Culture*. New Haven: Yale University Press.

Putnam, R. 1993. *Making Democracy Work: Civic Traditions in Modern Italy*. Princeton: Princeton University Press.

Putnam, R. 2007. "E Pluribus Unum: Diversity and Community in the Twenty-First Century. The 2006 Johan Skytte Prize Lecture." *Scandinavian Political Studies* 30 (2): 137–174.

Pycroft, Rev. J. 1948. "The Cricket Field." In J. Arlott (ed.). *From Hambledon to Lords*: *The Classics of Cricket*. London: Christopher Johnson, pp. 56–117.

Robertson, R. 1995. "Glocalisation: Time-Space and Homogeneity-Heterogeneity." In M. Featherstone, S. Lash, and R. Robertson (eds.). *Global Modernities*. London: Sage, pp. 25–44.

Roseberry, W. 1982. "Balinese Cockfights and the Seduction of Anthropology." *Social Research* 49 (4): 1013–1028.

Rowe, D. 2012. "The Bid, the Lead-up, the Event and the Legacy : Global Cultural Politics and Hosting the Olympics. " *British Journal of Sociology* 63 (2) : 293-301.

Sandiford, K. and Stoddart, B. 1995. "The Elite Schools and Cricket in Barbados. "In H. M. Beckles and B. Stoddart (eds.). *Liberation Cricket.* Manchester : Manchester University Press.

Scanlon, T. F. 2002. *Eros and Greek Athletics.* Oxford : Oxford University Press.

Sen, A. 2006. *Identity and Violence: The Illusion of Destiny.* New York : W. W. Norton.

Siggins, G. 2005. *Green Days: Cricket in Ireland*, 1792-2005. Stroud : Nonsuch Publishing.

Smith, A. D. 1981. *The Ethnic Revival in the Modern World.* Cambridge : Cambridge University Press.

Smith, A. D. 1986. *The Ethnic Origins of Nations*, Oxford : Basil Blackwell.

Smith, A. D. 1998. *Nationalism and Modernism: A Critical Survey of Recent Theories of Nations and Nationalism.* London : Routledge.

Smith, A. D. 2010. *Nationalism : Theory, Ideology, History.* Cambridge : Polity Press.

St. Pierre, M. 2008. "West Indian Cricket as Cultural Resistance. " In M. A. Malec (ed.). *The Social Roles of Sport in Caribbean Societies.* Abingdon : Routledge.

Stoddart, B. and Sandiford, K. A. P. (eds.) 1998. *The Imperial Game: Cricket, Culture and Society.* Manchester, Manchester University Press.

Sugden, J. and Tomlinson, A. (eds.) 2002. *Power Games: A Critical Sociology of Sport.* London : Routledge.

Sutton-Smith, B. 1997. *The Ambiguity of Play.* Cambridge : Harvard University Press.

Taylor, M. 2006. "Global Players? Football, Migration and Globalization, c. 1930-2000. " *Historical Social Research* 31 (1) : 7-30.

Thorpe, H. 2012. *Snowboarding : The Ultimate Guide.* Santa Barbara, CA : Greenwood.

Tilly, C. 1990. *Coercion, Capital, and European States, A. D. 990 - 1990*. Oxford: Basil Blackwell.

Tomlinson, J. 1999. *Globalization and Culture*. Cambridge: Polity Press.

Tranter, N. 1987. "The Social and Occupational Structure of Organized Sport in Scotland During the Nineteenth Century." *International Journal of the History of Sport* 4 (3): 301-314.

Turner, V. 1979. *The Ritual Process: Structure and Anti-structure*. Chicago: University of Chicago Press.

Turner, V. 1988. *The Anthropology of Performance*. New York: PAJ.

Uszynski, E. 2016. "Sports Chaplaincy in a Post-Traditional Religious Context." In A. Parker, N. J. Watson and J. B. White (eds.). *Sports Chaplaincy: Trends, Issues and Debates*. London: Routledge, pp. 84-95.

Wallerstein, I. 1974. *The Modern World System: Capitalist Agriculture and the Origins of the European World Economy in the Sixteenth Century*. New York: Academic Press.

Walsh, A. and Giulianotti, R. 2001. "This Sporting Mammon." *Journal of the Philosophy of Sport* 28 (1): 53-77.

Walsh, A. and Giulianotti, R. 2007. *Ethics, Money and Sport*. London: Routledge.

Wardle, H. O. B. , Donnan, H. , and Wardle, H. 2003. *Global Migrants: The Impact of Migrants Working in Sport in Northern Ireland*. Belfast: Sports Council for Northern Ireland.

Watson, N. J. , Weir, S. and Friend, S. 2005. "The Development of Muscular Christianity in Victorian Britain and Beyond." *Journal of Religion and Society* 7 (1): 1-25.

Weber, M. 1946. "Class, Status, and Party." In Hans Gerth and C. Wright Mills (eds. and trans.). *From Max Weber: Essays in Sociology*, New York: Oxford University Press, pp. 253-264.

Weber, M. 1978. *Economy and Society: An Outline of Interpretive Sociology*. Berkeley: University of California Press.

Weiner, A. B. 1978. "Epistemology and Ethnographic Reality: A Trobriand Island Case Study." *American Anthropologist.* 80 (3): 752-757.

Williams, J. 2001. *Cricket and Race.* Oxford: Berg.

Williams, R. 1961. *The Long Revolution.* London: Chatto & Windus.

Williams, R. 1977. *Marxism and Literature.* Oxford: Oxford University Press.

Wilson, T. M. and Donnan, H. 2006. *The Anthropology of Ireland.* Oxford: Berg, pp. 98-102.

Xu, G. 2008. *Olympic Dreams: China and Sports, 1895-2008.* Cambridge: Harvard University Press.

Yelvington, Kevin A. 1995. "Cricket, Colonialism, and the Culture of Caribbean Politics." In Michael A. Malec (ed.). *The Social Role of Sport in Caribbean Societies.* Amsterdam: Gordon and Breach, pp. 13-52.

Yves-Pierre, B. 1994. "The Presidencies of Demetrius Vikelas (1894-1896) and Pierre de Coubertin (1896-1925)." In Raymond Gafner (ed.). *The International Olympic Committee, One Hundred Years: The Idea, the Presidents, the Achievements.* Lausanne, Switzerland: International Olympic Committee: 15-207.

《奥林匹克宪章》, https://stillmed.olympic.org/Documents/olympic_charter_en.pdf, 最后访问日期: 2024 年 9 月 5 日。

图书在版编目（CIP）数据

体育与文化人类学 / 龚方著 . --北京：社会科学
文献出版社，2024.12. --ISBN 978-7-5228-4927-0

Ⅰ. G80-05

中国国家版本馆 CIP 数据核字第 2024MX3275 号

体育与文化人类学

著　　者／龚　方

出 版 人／冀祥德
责任编辑／胡庆英
文稿编辑／陈彩伊
责任印制／岳　阳

出　　版／社会科学文献出版社·群学分社（010）59367002
　　　　　地址：北京市北三环中路甲 29 号院华龙大厦　邮编：100029
　　　　　网址：www.ssap.com.cn
发　　行／社会科学文献出版社（010）59367028
印　　装／三河市龙林印务有限公司

规　　格／开　本：787mm×1092mm　1/16
　　　　　印　张：14.5　字　数：228 千字
版　　次／2024 年 12 月第 1 版　2024 年 12 月第 1 次印刷
书　　号／ISBN 978-7-5228-4927-0
定　　价／89.00 元

读者服务电话：4008918866